Ein *Date* mit dem Berg

Rund um die 40 charmantesten Unterkünfte in den Alpen

INHALT

Deutschland

01 Design Herberge von Nils Holger Moormann
Ab in die »berge« (615 m) 8

02 Traumschloss vor imposanter Bergkulisse
Das Kranzbach (1030 m) 12

03 »Berg Heil!« am Fuße des Wettersteingebirges
Das Graseck (900 m) 16

04 Das coolste Pop-Up-Hotel der Welt
Iglu-Dorf Zugspitze (2600 m) 20

Österreich

05 Jungbrunnen nach Bauernart
Das Karlbad (1693 m) 26

06 Das Schilf-Biwak mit Blick in die Unendlichkeit
Canna Palustre (588 m) 30

07 Aus einer längst vergangenen Zeit
Das REGINA (1002 m) 34

08 Für Feinschmecker mit Abenteuerlust
Im Heustadl (812m) 38

09 Viel Berg vor der Hütte
Das »mama thresl« (788 m) 42

10 Der Berg für Alleskönner
Das Wildseeloderhaus (1854 m) 46

11 Biohotel in der 1. Slow-Food-Travel-Region
Der »daberer« (710 m) 50

12 Im hochalpinen Seenland
Adolf-Nossberger-Hütte (2488 m) 54

13 Tiny House in Osttirol
Ufogel (720 m) 58

14 Am halben Weg zum Großglockner
Stüdlhütte (2801 m) 62

15 Lifestyle & Party am Berg
Die Kristallhütte (2147 m) 66

16 Luxushütten mit Kräuterflair auf Lichteben
Chalets rosuites (1400 m) 70

17 Im Tal der Liebe
Das »hubird« (1600 m) 74

18 Auf der Alm
Muchele Kaser (1357 m) 78

19 Ruhe im Karwendel
Pfeishütte (1922 m) 82

20 Schlafen im Slow-Food-Himmel
Gasthaus Morent (1111 m) 86

21 Hüttenzauber auf der Gampe Thaya
(nat)Ur Hütta (2000 m) 90

22 Über den Wolken
Brunnenkogelhaus (2738 m) 94

Legende:

 Wandern    Am Wasser

INHALT

Italien

23 Dem Gletscher ganz nah
    Bella Vista (2845 m) 100

24 Mediterran-alpines Flair in Meran
    Ottmanngut (325 m) 104

25 Der Pool, der Berge versetzt
    Das Miramonti-Hotel (1230 m) 108

26 Auf dem Rosskopf hoch über Sterzing
    Chalet Stern (1946 m) 112

27 Moderne Architektur in den Bergen
    Edelrauthütte (2545 m) 116

28 Luxus für Kräuterliebhaber
    Biobauernhof Unterstein (1357 m) 120

29 Im Herzen der Dolomiten
    Dreizinnenhütte (2405 m) 124

30 360°-Rundumblick in Cortina D'Ampezzo
    Starlight Room 360 (2315 m) 128

31 Wo die Welt noch in Ordnung ist
    Berghaus Zallinger (2054 m) 132

32 Wanderhotel in den Dolomiten
    Cyprianerhof (1175 m) 136

33 Genusswandern im Trentino
    Nestalp (1979 m) 140

34 Glas, Steinhaus und Prosciutto
    Le Coffret (625 m) 144

Schweiz / Frankreich

35 Kraftplatz in der italienischen Schweiz
    Alpe San Romerio (1793 m) 150

36 Im Jurtenhotel auf der Alp Flix
    Cotti Agricultura (1960 m) 154

37 Biwak am Segnespass
    Mountain Lodge (2672 m) 158

38 Das Matterhorn zum Greifen nah
    **Cervo Mountain Boutique
    Resort (1663 m)** 162

39 Rundumblick in die Walliser Berge
    Whitepod (1400 m) 166

40 Terminal Neige ...
    ... Refuge du Montenvers (1913 m) 170

Inhalt/Legende 2

Vorwort 4

Register 174

Bildnachweis/Impressum 176

 Schöne Aussicht   Essen & Trinken   Kultur   Highlights

VORWORT

Liebe Leserinnen und liebe Leser,

am Schönsten ist es in den Bergen, wenn ich ganz bei mir bin, meinen Atem spüre, in der frischen Luft Energie auftanke und die Schritt für Schritt besser werdende Aussicht genieße. Manchmal auf Umwegen: Es regnet in Strömen. Bisher hat am Anreisetag nichts so geklappt wie geplant, aber immerhin stehen wir jetzt am Anfang der Wanderung. Nur sind wir zu spät dran, und der vorhergesagte Regen ist bereits vor uns eingetroffen. Sollen wir es trotzdem wagen? Ja, wir wagen es. Unsere Regenjacken und Hosen sind binnen weniger Minuten klitschnass. Die Sicht auf die Berge ist bescheiden, die Wolken hängen tief. So hatte ich mir das nicht vorgestellt. Angespornt durch das Ziel – die Hütte und eine warme Suppe – stapfen wir bergauf, und allmählich wird der Regen weniger. Nun zeigen sich sogar blaue Flecken am Himmel, es reißt auf. Rund drei Stunden später stehen wir vor der malerischen Hütte und trauen unseren Augen kaum: Frisch gewaschen ragen die Drei Zinnen in den blauen Himmel empor. Plötzlich zieht es mich gar nicht mehr in die Hütte, der Anblick ist einfach viel zu schön. Dank des Regens sind heute nur wenige Wanderer unterwegs, und ich bin unendlich dankbar, dass wir losgezogen sind. Es ist so schön, dass ich am liebsten sofort auf alle Social-Media-Kanäle posten möchte. Glücklicherweise gibt es kaum Handyempfang. Also genießen wir den Ausblick, und ich verschiebe die Mitteilung aus den Bergen auf später. Es ist eine große Dankbarkeit und Freude, die ich an solchen Orten in den Alpen verspüre.

»Wenn wir glücklich und zufrieden sein wollen, müssen wir eben das machen, was uns glücklich und zufrieden macht!«
Pippi Langstrumpf | Astrid Lindgren

Nirgendwo ist es schöner als in den Bergen – finde ich. Schon um die vorletzte Jahrhundertwende fuhren Städter auf Sommerfrische in alpine Luftkurorte und an Bergseen. Anfang des 20. Jahrhunderts avancierten die Alpen zum Sehnsuchtsort. In den alten Grand Hotels kann man sich noch immer auf eine solche Zeitreise begeben. Der wahre Luxus aus heutiger Sicht war wohl die Zeitspanne, die man früher hier verbrachte: zwei bis drei Monate Sommerfrische am gleichen Ort waren keine Seltenheit! Vielleicht auch etwas, worauf man sich besinnen sollte, wenn man sich erholen möchte. Zeit ist bekanntlich nichts, was man hat, sondern man muss sie sich nehmen. Die Menschen in den Bergen haben sich geschickt an die Gegebenheiten und den Wechsel der Jahreszeiten angepasst. Auf vielen Almen werden alte Traditionen noch heute praktiziert. Das erfordert viel Arbeit und Liebe zum Handwerk. Als respektvoller Besucher dieser Orte kann man die regionalen Bergbauern unterstützen, indem man ihre guten Produkte konsumiert und erwirbt. Zum luxuriösen Relaxen laden hingegen die schicken Hotels in den Tälern ein. Oft sind es auch hier die kleinen Details wie das nachfüllbare Shampoo im Bad, das Frühstücksbüfett mit Bioprodukten oder die natürlichen Baumaterialien, die einen spürbaren Unterschied machen. Modernes Design, uralte Zirbenstuben, eine überragende Küche, phänomenale Ausblicke oder ungewöhnliche Architektur – die hier vorgestellten Unterkünfte sind alle einzigartig. Jede erfüllt auf eigene Art und Weise oft gestellte Wünsche an eine gelungene Reise in die Berge. In diesem Sinn wünsche ich mir, dass dieses Buch ein erster Schritt in Richtung Berge ist. Der ist bekanntlich der wichtigste. Der nächste folgt ganz von alleine, Sie werden sehen!

Lea Hajner
www.escape-town.com, Outdoor- & Reiseblog

VORWORT

Die Sprache der Berge

Von Alpenglühen bis Zmorga: Mit diesen Vokabeln finden Sie sich in den Bergen zurecht.

Almen … sind schützenswertes Kulturerbe und wertvolles Weideland. Der Preisverfall durch die Industrialisierung der modernen Landwirtschaft macht es vielen Bauern unmöglich, die arbeitsintensiven »Hochmäher« zu erhalten. Dabei sind sie für ein funktionierendes ökologisches Gleichgewicht in den Alpentälern unverzichtbar, denn ein »natürliches Verwildern« begünstigt Naturgefahren wie Lawinen und Murenabgänge.

Alpbeizli … heißen in der Schweiz bewirtschaftete Almhütten. In kleinen Alpbeizli verdienen sich die Hirten mit dem Verkauf von einfachen Speisen und Getränken etwas dazu, andere Hütten leben von der Bewirtschaftung.

Alpenglühen … ist für viele die schönste Zeit in den Bergen, denn dann scheinen die Bergspitzen im Licht der tief stehenden Sonne zu glühen. Grund für die optische Erscheinung ist die wellenabhängige Streuung des Lichts in der Atmosphäre. Während das Tal und die Schattenseiten bereits in blaues Licht getaucht sind, erscheint das verbleibende Sonnenlicht orange bis rot.

Blaue Stunde … folgt dem Sonnenuntergang und strahlt eine alles vereinnahmende Ruhe aus. Viele Landschaftsfotografen legen jetzt erst so richtig los.

Gipfelbussi … schöner als jedes »Gipfelselfie«, wenn's vom Richtigen (oder der Richtigen) kommt.

Grias di … oder »Grias enk!« (Tirol), »Ciao!« oder »Salve!« (Italien), »Gruetzi miteinand!« oder »Hoi zämä!« (Schweiz) und »Bonjour!« (Frankreich) – das sind die gängigen Grußformeln. Denn in den Bergen grüßt man sich, egal, ob man sich kennt oder nicht. Bei Atemnot zählt auch ein freundliches Nicken.

Grödel … sind leichte Steigeisen und werden auch Schneeketten für die Füße oder Spikes genannt. Zusammen mit Wanderstöcken lassen sich so die gefährlichen Rutschbahnen auf Altschneefeldern deutlich entschärfen.

Hirten … kann man im Sommer auf der Alm antreffen, wo sie auf die Tiere achtgeben. In der Schweiz nennt man sie Älpler. Senner bzw. Kaser sind hingegen für die Milchverarbeitung auf der Alm zuständig.

Hüttenabende … erhöhen das Unfallrisiko am nächsten Tag, zumindest, wenn sie ausufern. Daher werden sie meist mit einer festgelegten »Hüttenruhe« zeitlich begrenzt. Diese stellt sicher, dass die Wanderer genug Schlaf bekommen, erleichtert aber auch den anstrengenden Alltag der Hüttenwirte.

Hüttendecken … sind wärmende Wolldecken, die in den Matratzenlagern auf Hütten meist zur Verfügung gestellt, aber verständlicherweise nicht täglich gewaschen werden. Ein fataler Fehler wäre, nicht auf das mit »Füße« markierte Ende zu achten. Am besten bringt jeder für sich selbst noch einen dünnen Hüttenschlafsack mit, um eine hygienische Zwischenschicht zu haben.

Kaffeeersatz … ist die frische Luft vor Sonnenaufgang, die den Bergsteiger mit einem Schlag wach werden lässt – ganz ohne Kaffee.

Kühe … sind sanftmütige Tiere mit wunderschönen Augen. Beim Anblick von Hunden können sie jedoch leicht in Rage geraten. Dann den Vierbeiner rasch ableinen oder die Leine einfach loslassen. Auf sich gestellt, kann er den aufgebrachten Tieren schneller entkommen und bringt den Halter nicht in Gefahr.

Rodeln … ist nicht nur eine Riesengaudi, sondern zählt leider zu den gefährlichsten Wintersportarten. Die wichtigsten Sicherheitsregeln sind: niemals Kopf voran (sonst kann man nicht bremsen), nicht alkoholisiert und stets mit Helm. Rodel sind übrigens leichter lenkbar als starre Holzschlitten und können oftmals im Skiverleih, in Hotels und Hütten ausgeliehen werden.

Saubere Berge … heißt die Aktion des Alpenvereins, mit der seit 1970 Bewusstsein für die Müllproblematik in den Bergen geschaffen werden soll. In den hohen Lagen verrottet vieles deutlich langsamer, als man annehmen würde (Bananenschalen: 1–3 Jahre; Papiertaschentücher: 1–5 Jahre, Kaugummis 5 Jahre, Zigarettenstummel 2–7 Jahre, Plastikflaschen 100–5000 Jahre). Darum den eigenen Müll bitte selbst ins Tal tragen und dort entsorgen. Falls es bis zur nächsten Toilette zu weit ist, gilt: Abstand zu Gewässern einhalten, mit dem Fuß eine Mulde in den Boden schlagen und nach vollbrachter Tat alles mit Erde bedecken. Generell verrottet Toilettenpapier schneller als Taschentücher.

Schneefelder … sind die letzten Schneereste aus dem vergangenen Winter und bereiten Wanderern oft Kopfzerbrechen – vor allem in den frühen Stunden des Tages, wenn sie noch gefroren sind. Abhilfe schaffen Grödel.

Schneeketten … sind eine sinnvolle Investition für Autofahrten in winterliche Bergwelten. Extra Punkte gibt's für alle, die sie auch bei Schneesturm in Windeseile selbst auf die Reifen ziehen können.

Zeitangaben … auf Wanderschildern sind lediglich Richtlinien. Meistens werden sie auf Basis einer durchschnittlichen Gehgeschwindigkeit von 4 km/h im flachen Gelände berechnet. Prinzipiell traut man dem durchschnittlichen Wanderer pro Stunde 300 m im Aufstieg und 500 im Abstieg zu. Im Wegehandbuch des DAV und ÖAV heißt es weiterhin: »Die tatsächliche Gehzeit einer Strecke lässt sich errechnen, indem von den für Horizontal- und Vertikalentfernung errechneten Zeiten der kleinere Wert halbiert und zum größeren addiert wird.« Beispiel: Bei einem Höhenunterschied von 900 m (also 3 Std.) und einer horizontalen Entfernung von 8 km (also 2 Std.) kann man mit etwa 4 Std. Gehzeit rechnen – je nach eigener Kondition und tatsächlichem Weg.

Zmorga … ist in der Schweiz die Bezeichnung für das Frühstück. Ein wichtiger Begriff, falls man abends mit dem Hüttenwirt eine Uhrzeit dafür vereinbaren sollte. Zu Mittag folgt dann logischerweise das »Zmittag«.

DEUTSCHLAND

04 03 02   01

»Das Geheimnis des Vorwärtskommens besteht darin, den ersten Schritt zu tun.«
Mark Twain

01 Ab in die »berge« (615 m)
Design-Herberge von Nils Holger Moormann

Kein Small Talk, kein Schnickschnack – im Gästehaus des deutschen Möbeldesigners Nils Holger Moormann findet man Luxus in Form von Einfachheit. Hier ist alles so konzipiert, dass man auch alleine zurechtkommt. Mit der Buchungsbestätigung erhält man eine genaue Anleitung, wo man den Schlüssel des Appartements findet. Die Rezeption ist ausschließlich vormittags besetzt, das muss ausreichen. Doch auch ohne persönliche Ansprache fühlt man sich hier schnell wie zu Hause. Auf gewisse Art und Weise wirken die schriftlichen Infos sogar sehr persönlich, so, als hätte sie ein Freund mit gutem Humor in seiner Wohnung hinterlassen. Die Koffer trägt man selbst aufs Zimmer.

Dort angekommen erwartet die Gäste ein kleines Büchlein mit einer kompletten Bedienungsanleitung – inklusive Empfehlungen für den Zeitvertreib, Shopping-Adressen und Restaurant-Tipps. Den Rest entdeckt man im Laufe des Aufenthalts ohnehin selbst, z. B. wenn sich abends der Hunger einstellt. Dann steht für Neuankömmlinge ein »Stubenhocker«-Paket bereit, denn »berge« ist der Meinung, dass man sein Quartier in vollen Zügen genießen soll, und da darf man abends auch mal zu Hause bleiben. Deshalb in einer großen Papiertüte Rezept und Zutaten für eine einfache »Pasta Moorabbiata«. Die dazu passenden Kräuter darf man nach Belieben im kleinen Bauerngarten vor der Haustüre pflücken. Dazu genießt man ein kühles Bier oder gönnt sich eine Flasche Wein, die man eigenhändig im Weinkeller aussucht und sich selbst auf die Rechnung setzt. Auch morgens bekommt man auf Wunsch ein Frühstückspaket vor die Tür. Darin enthalten sind frische Bio-Produkte von der Alm oder aus der Umgebung. Nur Fernseher sucht man in der »berge« vergebens. Auch der Handyempfang verabschiedet sich immer wieder hinter den alten Gemäuern des denkmalgeschützten Hauses aus dem 17. Jh., das als ehemalige Hofbäckerei im Burgschatten von Schloss Hohenaschau steht. Stattdessen gibt es in jedem Zimmer eine kleine Auswahl an Büchern, eine größere im »Literatenraum« im ersten Stock. Dort kann man auch mehr über die Möbel des Designers erfahren. So hat man dann schnell einen der umherstehenden Hocker in der Hand und staunt über die verblüffende Einfachheit dieser Steckkonstruktion. Der Firmensitz des Unternehmens liegt nur wenige Meter entfernt in Aschau. Die »berge« war anfangs als zusätzlicher Lagerplatz gedacht, erwies sich aber schnell als ungeeignet. So wurde umdisponiert. Zum Glück! Heute genießt man luxuriöse Zimmer, trifft auf dem Sonnendeck im Garten die anderen Gäste oder wärmt sich an kalten Wintertagen im Saunahäuschen auf. Für weitere Kurzweil sorgt der Boule-Pavillon, der neben den Kugeln auch das Regelwerk zum Spiel bereithält.

CHIEMGAU – DIE »BERGE«

> **Wohnen nach Wunsch**
> Wie auch die echten Berge sind die Unterkünfte in der »berge« alle unterschiedlich, aber immer für sich schön. So schläft man in der »Winterstube« in einem gemütlichen Doppelbett im Alkoven. Von der »Liftstation« aus hat man die Gondeln der Kampenwandbahn stets im Blick. In der »Bergbude« warten gemütliche Schlafkojen auf Fans des Hüttenflairs, während man im »Gipfelstürmer« auf 140 qm residiert. Traute Zweisamkeit verspricht das »Gartenglück«; dort kann man das letzte Sonnenlicht auf dem Holzbalkon genießen. Es lohnt sich also, die Zimmer mit Bedacht auszuwählen!

Kampenwand (1669 m)

Die bunten Kabinen der Kampenwandbahn sieht man schon aus der Ferne. Sie verbinden das Tal mit dem Bergrücken, der an einen Hahnenkamm erinnert. Immer wieder ragen schroffe Felsen in die Höhe. Mit einem Hauch von Nostalgie fährt die Bahn aus Aschau Besucher in 15 Minuten bis hinauf zur Sonnenalm. Auf 1467 m hat man eine sensationelle Aussicht auf die Zentralalpen, den Wilden Kaiser, die Loferer Steinberge und die Berchtesgadener Alpen. Das Streckennetz ist vielfältig: Von fast ebenen Panoramawegen bis hin zu ausgiebigen Wandertouren ist für jedes Fitnesslevel etwas dabei. Besonders im Winter ist die Kampenwand geradezu ein Geheimtipp, denn der Berg hat nicht nur Skifahrern, sondern auch Skitourengängern, Rodelfreunden oder Schneeschuhwanderern etwas zu bieten.

Kampenwandbahn, An der Bergbahn 8, 83229 Aschau im Chiemgau, Mai–Juni sowie Sept.–Nov. 9–17, Juli–Sept. 9–18, 25. Dez.–April 9–16.30 Uhr, www.kampenwand.de

Aus der Vogelperspektive

Um den Ausblick von der Kampenwand noch mit einem Adrenalin-Kick zu garnieren, bucht man sich am besten einen Tandemflug mit dem Paragleiter. Zusammen mit dem Piloten geht es per Seilbahn auf die Kampenwand. An der Absprungstelle wird das Gurtzeug samt Helm angelegt und der Startablauf besprochen. Sobald die Startbedingungen es zulassen, trennen nur noch einige energische Schritte nach vorne vom freien Luftraum und einem einmaligen Erlebnis. Das Fotografieren übernimmt der Pilot, so kann man sich voll und ganz auf das Flugerlebnis und die Aussicht auf den Chiemsee konzentrieren. Auf dem Weg zum Landeplatz schwebt man am Schloss Hohenaschau vorbei und setzt schließlich beim Aschauer Freibad wieder auf festem Untergrund auf.

www.tandemfliegenchiemgau.de

Steinlingalm (1467 m)

Von der Bergstation der Kampenwandbahn führt ein gut beschilderter Panoramaweg zur Steinlingalm. Dabei passiert man nach einer leichten Steigung auch das Andachtskreuz, einen Aussichtspunkt hoch über dem Chiemsee. Die Alm erwartet ihre Besucher mit einer großen Sonnenterrasse, auf der Speisekarte findet man bayrische Schmankerln und Brotzeit-

»I gang so gern auf'd Kampenwand, wann i mit meiner Wampen kannt«, ist wohl das bekannteste Sprichwort aus der Region, das zeigt, dass eine Gipfeltour allemal lohnend ist.

DEUTSCHLAND

Varianten. Dazu schmeckt ein Bier aus den regionalen Brauereien. Nahe der Alm befindet sich auch die gleichnamige Kapelle. Das kleine Gotteshaus wurde 1976 zu Ehren von »Maria, Königin des Friedens« geweiht. Es erinnert an die in den beiden Weltkriegen Gefallenen und Vermissten der Chiemgauer Gemeinden.

Länge der Tour 1,5 km, 68 Höhenmeter bergauf, 75 bergab, Gehzeit ca. 30 Min.

 ## Gori Alm (1240 m)

Der etwa zweistündige, steile Aufstieg von der Talstation der Kampenwandbahn zur Gori Alm macht sich bezahlt. Von dort hat man einen schönen Ausblick auf den Chiemsee. Im Sommer locken Grillabende, im Winter führt eine beliebte Pistenskitour hierher, die bis zur Steinlingalm verlängert werden kann. Die Abfahrt von der Gori Alm erfolgt über rote und blaue Pisten, also ideal für Einsteiger.

Länge der Tour 3,6 km, 678 Höhenmeter bergauf/bergab, Gehzeit ca. 1,5–2 Std.

 ## Wildbichlalm (1040 m)

Die in Tirol gelegene Alm erreicht man beispielsweise von der Gastwirtschaft Müllner-Peter im Bergsteigerdorf Sachrang aus. Belohnt wird man mit einem wunderbaren Ausblick auf das Inntal und das Kaisergebirge – oder einer Brotzeit mit Produkten aus komplett eigener Erzeugung. Speck, Kaminwurzen und Wurst gibts aus der Hofschlächterei auch zum Mitnehmen. Gipfelstürmer ziehen weiter bis zur Karspitze auf 1239 m.

Länge der Tour 7 km, 390 Höhenmeter bergauf/bergab, Gehzeit ca. 2,5–3 Std.

 ## Chiemsee

Das »bayrische Meer« sorgt im Sommer für Abkühlung und Strandfeeling. Auf kleinen oder großen Rundfahrten kann man mit dem Dampfer die verschiedenen Ufer erkunden. Oder man nimmt selbst die Ruder zur Hand, z. B. im Ruderboot oder beim Stand-up-Paddling. Mit dem Segelboot oder einem Elektroboot lassen sich auch weitere Ausflüge unternehmen.

 ## Fraueninsel

Ein Landgang auf der romantischen Fraueninsel ist eine Reise in eine eigene Welt. Fernab von jeglichem Autolärm kann man die kleine Insel gut zu Fuß erkunden. Während der Sommermonate blüht die Insel im wahrsten Sinne des Wortes auf und zeigt sich von ihrer schönsten Seite. In der Werkstatt der Inseltöpferei erhält man Einblicke in das jahrhundertealte Handwerk, das hier seit Generationen betrieben wird. Außerdem sollte man sich nicht die Chance entgehen lassen, in der Fischräucherei eine frische Fischsemmel zu verkosten.

Ganzjähr. Schiffsverkehr ab Landesteg Prien, Seestraße 108, 83209 Prien am Chiemsee, www.chiemsee-schiffahrt.de, www.fraueninsel.de, www.inseltoepferei.de

 ## Herreninsel

Auf der Herreninsel befindet sich eines der Prunkschlösser von König Ludwig II., dem sogenannten Märchenkönig. Bei einer Führung durchs Schloss besichtigt man unter anderem den Spiegelsaal, der mit 75 m Länge sogar den Spiegelsaal von Versailles übertrifft. Im Juli finden hier alljährlich die Herrenchiemsee-Festspiele statt. Dabei führen Orchester ersten Ranges klassische Musikstücke an besonderen Spielstätten auf, wie z. B. im Spiegelsaal. Der Kartenvorverkauf beginnt jeweils im Dezember des Vorjahres.

Ganzjähr. Schiffsverkehr ab Landesteg Prien, Seestraße 108, 83209 Prien am Chiemsee,

---

ADRESSE
berge,
Kampenwandstraße 85,
D-83229 Aschau im Chiemgau,
www.moormann-berge.de

ANREISE
Öffentlich: Mit der Bahn z. B. vom Hauptbahnhof München über Rosenheim, Prien nach Aschau.
Mit dem Auto: Von München in ca. einer Stunde über die A8 bis zur Ausfahrt 105, Frasdorf. Die Unterkunft befindet sich im Nachbarort Aschau direkt unterhalb des Schlosses Hohenaschau. Wer aus dem Westen über Innsbruck anreist, kann bereits bei Kufstein die Autobahn verlassen und über Wildbichl fahren.
Flughafen München: 122 km

CHIEMGAU – DIE »BERGE«

Am Wasser und trotzdem schon fast in den Bergen: Am Chiemsee lassen sich unterschiedliche Urlaubsvorstellungen perfekt vereinen. Ein Ausflug zur Fraueninsel darf dabei nicht fehlen.

www.heerenchiemsee.de, www.chiemsee-schiffahrt.de, www.herrenchiemsee-festspiele.de

Schlauchboot ahoi!

An der nördlichen Spitze des Chiemsees entspringt die Alz. Sie schlängelt sich von hier aus in den Norden, bis sie nach 63 km in den Inn mündet. Bei einer Schlauchboot-Tour von Seebruck bis Truchtlaching (circa zwei Stunden) geht es durchaus gemächlich zu, für mehr Adrenalin sorgt die weitere Strecke bis Altenmarkt. Bei geführten Touren ist der Rücktransport inklusive.

Ab 1. Juli tgl. nach Vereinbarung, Buchungen über Tel. +49 086 675 08 oder per Mail, www.alzflossfahrt.de

Bio-Sennerei Hatzenstädt

Einmal über die Staatsgrenze und doch nur 13 km entfernt liegt der Hofladen einer ganz besonderen Sennerei. Hier wird seit 1937 Käse von Hand gemacht, und dabei hat sich nur wenig verändert. Heute wie früher wird die Milch mittels Materialseilbahnen angeliefert. Acht »Linien« mit einer Gesamtlänge von 4,2 km sorgen dafür, dass die Milch aus den insgesamt 37 landwirtschaftlichen Betrieben höchstens 12 Stunden alt ist, wenn sie in die Käsekessel der Sennerei einfließt. Die Anlieferung erfolgt zweimal täglich. Die Milch vom Abend wird herabgekühlt und am nächsten Tag zusammen mit der Frühmilch verarbeitet. 1990 hat die Sennerei auf biologische Landwirtschaft umgestellt. Die Auflagen sind streng: Ein täglicher Weidegang der Kühe ist verpflichtend, im Sommer sind die Tiere 93 Tage auf der Alm. Die Verfütterung von Silage und die Verwendung von Spritzmitteln beim Anbau der Futtermittel sind verboten. Das Geheimnis eines guten Käses liegt eben im hochwertigen, regionalen und biologischen Futter wie auch in der Liebe zu den Tieren und zum Handwerk. Auch beim Heizmaterial hat man sich nach einer regionalen Lösung umgetan und verwendet nun Hackschnitzel. Das Holz dafür kommt von den umliegenden Bauern, die sich so ein kleines Zubrot verdienen. Im Hofladen der Sennerei stehen unter anderem Rohmilch-Bergkäse, Emmentaler, Schnittkäse und Butter zum Verkauf.

Gränzing 22, A-6346 Niederndorferberg, Mo–Fr 9–12 und 14–18, Sa 9–12 und 14–17, So 9–11 Uhr, www.biokäserei-tirol.at

Alpakas

Es ist schier unmöglich, in Gesellschaft eines Alpakas schlecht gelaunt zu sein. Aber davon überzeugt man sich am besten selbst. Denn zum Glück ist die Familie Hasenöhrl in Sondermoning bereit, ihre Begeisterung für die gewitzten Tiere mit interessierten Besuchern zu teilen. Seit 2012 ist sie im Besitz einer kleinen Alpakaherde, um die sie sich liebevoll kümmert. Artgerechte Haltung steht dabei im Vordergrund. Die zutraulichen, flauschigen Tiere lassen jeglichen Stress vergessen und wirken wie Balsam für die Seele.

Eglseer Straße 12, D-83365 Nußdorf, Tel. +49 086 696 704, www.alpakas-am-chiemsee.de

02 Das Kranzbach (1030 m)
Traumschloss vor imposanter Bergkulisse

Als die englische Aristokratentochter Mary Isabel Portman 1913 im Alter von 36 Jahren auf der Durchreise mit der Pferdekutsche das Plateau der Kranzbachwiese entdeckte, war sie hellauf begeistert. Hier sollte ihr Landschloss gebaut werden, als Ort der Zusammenkunft für ihre Musiker- und Künstlerfreunde. Doch leider verstarb die Besitzerin, bevor sie ihr Traumhaus mit Leben füllen konnte. Geblieben ist das Anwesen, das zu einem stilvollen Hotel in 1030 m Höhe umgebaut wurde. Es steht auf einer Bergwiese inmitten eines 130 000 qm großen Naturgrundstücks – rundherum nur Wiesen und Wälder, in der Ferne eine leuchtende Bergkulisse. Nichts stört die wohltuende Beschaulichkeit, denn die Zufahrt über eine Mautstraße ist reglementiert. So schläft man bei offenem Fenster und wird morgens von den Vögeln geweckt. Kinder sind hier erst ab 10 Jahren erwünscht. Die märchenhafte Zeitreise beginnt bereits mit der Anfahrt, die man problemlos und umweltfreundlich per Bahn vornehmen kann. Für die letzten paar Kilometer vom oder zum Hotel besteht ein Shuttleservice. Neben der Rezeption befinden sich im Erdgeschoss des Mary-Portman-Hauses fünf Salons mit perfekt arrangiertem Mobiliar und geschickt in das Gesamtbild integriertem Pflanzenschmuck. Es fällt direkt schwer, sich für nur eine Sitzecke zu entscheiden. Die Zimmer im Altbau sind elegant renoviert, pfiffige Details, wie z. B. eine Tapete mit aufgedruckter Fliege, sorgen für zusätzlichen Pep. Der neu angebaute Gartenflügel beherbergt moderne Zimmer aus Holz und Glas und ist perfekt in die Umgebung eingepasst. Sämtliche Strom- und Gasleitungen sind unterirdisch verlegt.

Wer Ruhe und Erholung sucht, ist im Kranzbach genau richtig. Das Badehaus mit fünf Pools, acht Saunen und Dampfbädern sowie eigenem »Ladies Spa« mit Plauderraum gibt den Blick frei auf eine weitere Bergwiese, auf der Schaukeln und Liegen dazu einladen, den Blick aufs Wettersteingebirge und die Zugspitze zu genießen. Dabei merkt man förmlich, wie der Stress abfällt. Für zusätzliche Entspannung sorgt ein Besuch im Meditationshaus, das von Kenga Kuma aus Tokio geplant und gemeinsam mit dem Innsbrucker Architekturbüro Studio Lois umgesetzt wurde. Kengo Kuma gilt als Meister der sensiblen Einbindung von Bauwerken in die Natur. In den neu geschaffenen Räumen finden spezielle Yoga-Retreats, Meditationsprogramme und Workshops statt. Darauf ist auf Wunsch auch die Wellness-Küche abgestimmt. Besonders hervorzuheben ist das naturreine Trinkwasser aus der Kranzbach-Quelle. Mit eigener Bäckerei, hausgemachten Marmeladen, einem nachmittäglichen Kuchenbüffet und 4-gängigen Abendmenüs kommt die Kulinarik aber auch sonst nicht zu kurz.

Auch wenn es wie eine Zeitreise wirkt: Hier wartet eine gut versteckte moderne Wellness-Welt.

DEUTSCHLAND

⭐ Waldbaden

Was vielen Menschen ohnehin bewusst ist, wurde jetzt von Forschern bestätigt: Aufenthalte im Wald wirken heilsam auf den Menschen. Der sogenannte »Biophilia-Effekt« beruht nicht allein auf der sauerstoffreichen, frischen Waldluft, sondern auch auf bestimmten ätherischen Ölen (Terpenen), die von den Bäumen abgegeben werden und die sich gesundheitsfördernd auf den Menschen auswirken. Vor allem Städter profitieren von dem Plus an Ruhe und Erholung. Positive Folgen: Das Immunsystem wird gestärkt, der Blutdruck sinkt, Stresshormone und Schmerzen nehmen ab, und die Stimmung hellt sich auf. In Japan wird

Ob im Wald oder auf der Wiese, fernab von Straßenlärm ruht man besonders gut. Zudem ist das Areal des Kranzbach weitläufig genug, dass jeder Gast ein Plätzchen für sich finden kann.

»Shinrin-yoku«, zu Deutsch Waldbaden, seit Jahrzehnten erforscht; die Therapie ist Teil der staatlichen Gesundheitsvorsorge.

Waldbaden in den Wäldern rund um das Kranzbach, Termine im Aktiv- und Entspannungsprogramm des Hotels

ADRESSE
Das Kranzbach,
In Kranzbach 1,
D-82493 Krün,
www.daskranzbach.de

ANREISE
Öffentlich: Mit der Bahn bis zum Bahnhof Klais. Von hier werden Hotelgäste mit dem Shuttle abgeholt.
Mit dem Auto: Von München Richtung Garmisch-Partenkirchen (A95), danach B2 bis Klais. Über eine private Mautstraße geht es zum Hotel. Aus Österreich kommend auf der A12 bis Abfahrt Zirl, über die B177 nach Seefeld – Scharnitz – Klais.
Flughafen Innsbruck: 52 km
Flughafen Memmingen: 148 km
Flughafen München: 105 km

⭐ Yoga

Mehrere Yoga-Räume mit ansprechendem Ambiente und der Möglichkeit zu Aerial Yoga laden im Kranzbach zum Durchatmen ein. Die Yogaplattform auf dem Dach des Badehauses bietet Rundumblick auf die Bergspitzen und Baumwipfel der Umgebung. Pro Woche werden mehrere offene Yogastunden angeboten, im Zuge von mehrtägigen Yoga-Retreats kann man sich komplett zurückziehen und mehr Achtsamkeit, Gelassenheit und Klarheit erarbeiten. Bei der fünftägigen Yoga- und Wanderwoche lernt man zugleich die Umgebung besser kennen.

Kranzbach-Yogazentrum, Termine je nach Programmankündigung bzw. Vereinbarung

⭐ Mountainbike-Touren

Die Wiesen, Wälder und Berge rund um das Kranzbach eignen sich perfekt für Radtouren. Eine leichte Tour führt z. B. vom Kranzbach nach Klais, Wallgau, Krün, Mittenwald, den Schmalensee und zurück nach Klais. Der Untergrund ist überwiegend Asphalt, es gibt mehrere Bade- und Einkehrmöglichkeiten. Schon etwas anstrengender ist die Tour in anhaltender Steigung über 750 Höhenmeter

AM FUSS DER ZUGSPITZE – DAS KRANZBACH

> **Zusatzangebote**
>
> Rückzug in ein historisches Kleinod bietet das sogenannte **Torhaus** am Eingang zum Schloss Kranzbach. Das Gebäude ist denkmalgeschützt und wurde im Sinne der Erbauerin renoviert und modernisiert. Zwei Schlafzimmer, ein Wohnzimmer mit offenem Kamin und eine kleine Küche ergeben ein abgeschlossenes Reich für sich. Über einen unterirdischen Gang ist man mit Hotel und Badehaus verbunden.
>
> Für alle, die sich und der Natur noch ein Stück näher kommen wollen, steht mitten im Wald ein kleines **Baumhaus**. Aus Vollholz gebaut, bietet es Idylle pur für zwei Personen. Auf immerhin 50 qm befinden sich ein großes Doppelbett, eine gemütliche Wohnecke, eine Tee-Station und als absolutes Highlight eine XXL-Badewanne mit Blick in die Baumkronen. Die Doppelliege auf der Terrasse in 4 m Höhe über dem Waldboden lässt viel Raum zum Durchatmen. Das Kranzbach selbst ist nur circa 100 m entfernt, der Hotelservice ist bei einer Übernachtung im Baumhaus inklusive.
>
> Nicht nur in der Natur, sondern auch in den 20 speziell ausgestatteten **Hundezimmern** fühlen sich Vierbeiner samt Halter pudelwohl. Neben »Gassi-Sackerln« findet man in den Zimmern Näpfe und Kuschelkissen vor, und in der Tiefgarage gibt es einen eigenen »Hundewaschplatz«. Besonders schöne Wanderungen mit Hunden führen entlang des Isarufers von Wallgau nach Mittenwald, zum Ferchensee oder um den nahe gelegenen Barmsee.

hinweg auf die Wettersteinalm. Ein Abstecher zum »Schachenhaus« (zu Fuß) lohnt sich. Geübte Mountainbiker wagen sich z. B. an eine Tour rund um das Estergebirge (54 km, 1100 Höhenmeter, 5-6 Std.) mit imposanten Aussichtspunkten, wie z. B. an der Gachentod- und Asamkamm. Der Hauptteil der Route führt über Schotterwege. Ein E-Bike erleichtert die Tour.

Ausgangspunkt Hotel Kranzbach, mit Fahrradverleih (sonstiges Equipment inklusive)

Zum Königshaus am Schachen (1866 m)

Auf 1866 m Höhe im Wettersteingebirge ließ König Ludwig II. von Bayern ein Königshaus im Stil eines Schweizer Chalets erbauen (1869–1872). Die mit Zirbenholz verkleideten Räumlichkeiten und ein Prunksaal im maurischen Stil können im Zuge einer Führung besichtigt werden. Der Garten wurde 1901 angelegt und ist eine Außenstelle des Botanischen Gartens in München. Über 1000 Gebirgspflanzen aus aller Welt sind hier zu sehen. Der König selbst verbrachte im Schachenschloss besonders gerne seinen Geburtstag (25. August). Noch heute versammeln sich zu diesem Anlass jedes Jahr treue Fans zu einer traditionellen Bergmesse. Doch während sich Ludwig II. mit der Pferdekutsche über einen eigens angelegten Fahrweg von Schloss Elmau aus in sein Königshaus fahren ließ, ist dieses heute nur noch aus eigener Kraft erreichbar und beschert Wanderern und Radfahrern ein ausgesprochen interessantes Ausflugsziel. Die klassische Tour zum Schachenschloss beginnt in Mittenwald. Vom historischen Ortskern in Gries gelangt man über die Laintalstraße ins Laintal – eine beeindruckende Klamm mit Wasserfall. Der Weg führt durch die Klamm und am Bach entlang zum Lautersee, von dort zum Ferchensee. Weiter geht's über den »Bannholzweg« bis an die Abzweigung zur Wettersteinalm. Hier empfiehlt sich eine Einkehr, um Kräfte für den letzten Anstieg zu sammeln. Über weitere 400 Höhenmeter geht es schweißtreibend nach oben, der Weg wird ausgesetzter und steiler. Am Rückweg kann man ab der Ferchenseehöhe in den Wanderbus steigen.

Länge der Rundtour von Mittenwald aus 16,5 km, 1000 Höhenmeter bergauf/bergab, Gehzeit ca. 8–9 Std. (vom Kranzbach ca. 4 Std., vom Parkplatz in Elmau ca. 3 Std.)

Die hügelige bis bergige Region rund um das Hotel eignet sich perfekt für Mountainbike-Touren jeden Schwierigkeitsgrades.

Einfach wohlfühlen: Individuelle Rückzugsorte sind im »Mountain Hideaway« überall zu finden.

03 Das Graseck (900 m)
»Berg Heil!« am Fuße des Wettersteingebirges

Kaum ein Hotel hat eine so einzigartige »Zufahrt« wie das Graseck: In das ungewöhnliche bayrische Bergresort reist man stilgerecht mit einer kleinen Kabinenseilbahn an. Langsam schwebt sie über die Partnachklamm, was dem Gast ein paar Minuten Zeit verschafft, um den Alltag samt Handyempfang im wahrsten Sinne des Wortes im Tal zu lassen. Von der Bergstation sind es nur wenige Meter zu Fuß, und schon befindet man sich direkt vor den Türen des Grasecks.

Das modern eingerichtete Boutique-Hotel mit 30 Zimmern liegt auf 900 m Höhe am Fuße der Dreitorspitze des Wettersteingebirges. Im Inneren wartet das Graseck mit viel hellem Holz und Natursteinen auf. Designer-Sitzgelegenheiten in Grau und Orange laden zum Verweilen ein, in manchen Zimmern gar der eine oder andere Eames-Schaukelstuhl von Vitra Design. Hin und wieder schmücken Geweihe den Raum, die Wände des Restaurants zieren aus Holz geschnittene Sprüche.

Bereits Ende des 19. Jh. stand an dieser Stelle ein königlich-bayrisches Forsthaus. Von hier startete unter anderem jene Expedition auf die Zugspitze, bei der 1851 das erste Gipfelkreuz auf dem höchsten Berg Deutschlands aufgestellt wurde. Später entwickelte sich das Forsthaus zu einem Berggasthof, der jedoch Ende der 1960er-Jahre abbrannte. Schon damals war das Graseck ein beliebtes Ausflugsziel, das durch die Errichtung der Graseckbahn 1953 noch zusätzlich an Attraktivität gewann. Die Gondel gilt als erste vollautomatische Kabinenseilbahn der Welt und ist für Hotelgäste heute noch der schnellste Weg ans Ziel – und der spektakulärste! Auf einer Strecke von 520 m überwindet man 150 Höhenmeter und überquert dabei die wildromantische Klamm. Ein abenteuerliches Erlebnis, das man sich nicht entgehen lassen sollte! Es sei denn, man hat Höhenangst. Dann lässt man sich besser vom hoteleigenen Shuttleservice über eine (ebenfalls sehr steile) Privatstraße zum Graseck bringen.

Dort fühlt man sich vom ersten Moment an gut aufgehoben. Neben dem freundlichen Empfang und dem stilvollen Interieur sorgt dafür auch das dem Hotel angeschlossene Präventionszentrum (siehe Seite 19). Hotelgäste, die dieses Angebot nicht wahrnehmen, sondern den Aufenthalt unbeschwert genießen wollen, bekommen von dem medizinischen Betrieb kaum etwas mit. Sie können unbehelligt im kleinen Infinity-Pool oder auf der Sonnenliege den Ausblick genießen oder die verschiedenen Sauna-Räume auf die Probe stellen. Wer Lust auf größere Aktivitäten hat, findet beim Wandern oder Mountainbiken Erholung. Entsprechende Touren gibt es für jeden Schwierigkeitsgrad. Im Winter bietet sich eine Schneeschuhwanderung durch die verschneite Landschaft direkt vor der Haustüre an. Dabei darf man sich dann auf jeden Fall schon auf das Gourmetmenü in vier Gängen am Abend freuen!

DEUTSCHLAND

 ## Zum Eckbauer (1237 m)

Der Eckbauer bei Garmisch ist ein Aussichtsberg par excellence. Er eröffnet fantastische Ausblicke auf die Zugspitze, die Alpspitze, die Wettersteinwand und das Karwendelgebirge im Osten. Für das Graseck ist er so etwas wie der Hausberg. Die Wanderung beginnt man entweder im Tal (Ausgangspunkt ist der Parkplatz beim Olympia-Skistadion), oder man steigt direkt beim Graseck ein. Von hier führt der Weg in mehreren Kehren in etwa 45 Minuten zum Eckbauer. Mit der Kultgondel gelangt man bequem in nur 15 Minuten zurück zum Parkplatz.

> **ADRESSE**
>
> Das Graseck – my mountain hideaway,
> Graseck 4,
> D-82467 Garmisch-Partenkirchen,
> www.das-graseck.de
>
> **ANREISE**
>
> **Hinweis:** Zum Graseck geht's **per Seilbahn** (tgl. 7–22 Uhr). Die Fahrt ist für Hotelgäste kostenlos. Alternativ schickt das Hotel ein Shuttle.
> **Öffentlich:** Garmisch-Partenkirchen ist von München oder Innsbruck aus sehr gut mit der Bahn zu erreichen.
> **Mit dem Auto:** Adresse fürs Navi: Wildenau 3A, 82467 Garmisch-Partenkirchen. Die Verbotsschilder am Anfang der Wildenau Straße gelten nicht für Hotelgäste! Hoteleigener Parkplatz an der Seilbahnstation.
> **Flughafen Innsbruck:** 59 km
> **Flughafen München:** 94 km

Ansonsten geht es über den gleichen Weg wieder zurück zum Graseck.

Länge der Rundtour von Garmisch aus 11,5 km, 550 Höhenmeter bergauf/bergab, Gehzeit ca. 3,5 Std. (vom Graseck 1,5 Std.)

 ## Fackelwanderung durch die Partnachklamm

Eine enge Gebirgsschlucht, tosende Wasserfälle, gurgelnde Strudel und mitten zwischen den Felswänden eine Gruppe mutiger Wanderer – die geführten Wanderungen durch die Partnachklamm bei Nacht sind ohne Zweifel ein ganz besonderes Erlebnis. Im Sommer beeindrucken die Schattenspiele an den Felsen, im Winter die glitzernden Schneewände und Eiszapfen. Für die Hängebrücke, 65 m über der Partnachklamm (ca. 10 Minuten vom Hotel entfernt), sollte man schwindelfrei sein, dann allerdings ist sie ein Must-see.

Buchungen über events@das-graseck.de

 ## Zwei-Seen-Wanderung

Eine einfache Wanderung, die auch für Kinder geeignet ist, führt von Mittenwald rund um den Lautersee und den Ferchensee. Einstieg ist der Walderlebnispfad Mittenwald, der spielerisch Wissenswertes über die Welt der Tiere und Pflanzen vermittelt. Weiter geht es zum Ferchensee, in dessen Oberfläche sich die Wettersteinspitze spiegelt. Das Gasthaus Ferchensee lockt mit Forellen und hausgemachtem Kuchen. Wer sich den Rückweg sparen möchte, kann von Mitte Mai bis Mitte Oktober am Ferchensee oder Lautersee den Bus zurück nach Mittenwald nehmen.

Länge der Rundtour 8,3 km, 281 Höhenmeter bergauf/bergab, Gehzeit ca. 2,5 Std.

 ## Rund um den Eibsee

Der türkisblaue Eibsee am Fuße der Zugspitze liegt inmitten einer einzigartigen Landschaft. Die Rundwanderung um den See ist auch im Hochsommer gut machbar, da der größte Teil des Weges im Schatten der Bäume liegt. Die zahlreichen Badeplätze am Ufer laden zum Sprung ins kühle Nass ein. Vor Ort gibt es auch einen kleinen Bootsverleih mit Tretbooten, dazu mehrere Möglichkeiten zur Einkehr. Ob Eisdiele, Biergarten, See-Kiosk der Seerestaurant Eibsee-Pavillon – hier findet jeder etwas nach seinem Geschmack. Ein besonderes Schmankerl im Biergarten ist der »Steckerlfisch«, eine am Stock gegrillte Makrele. In den Sommermonaten füllt sich der Parkplatz am See sehr schnell. Dank der Bayerischen Zugspitzbahn kann man von Garmisch-Partenkirchen her aber auch ohne Auto bequem anreisen.

Länge der Rundtour 7,1 km, 220 Höhenmeter bergauf/bergab, Gehzeit ca. 1,5–2 Std.

 ## Das Skigebiet ums Eck

Am Kreuzeck ist die Tradition von sportlichen Wettbewerben schon lange etabliert, wie zum Beispiel die FIS Ski-WM von 2011. Auf der Kandahar-Abfahrt

GARMISCH-PARTENKIRCHEN – DAS GRASECK

Die erste vollautomatische Kabinenseilbahn der Welt führt direkt zum Hotel und überquert dabei die Partnach-Klamm.

kann man sich auf 940 m Höhe mit den Besten messen, die brauchen nur knapp zwei Minuten bis hinab ins Tal. Solche Streckenabschnitte wie der »Freie Fall« mit 92 Prozent Gefälle überlässt man aber besser den Profis. Der Zusammenschluss von drei Skigebieten rund um Garmisch-Partenkirchen unter dem Namen »Garmisch Classic« bereichert die Auswahl an Abfahrten und gemütlichen Hütten zum Einkehren. Der Hausberg, das Kreuzeck und die Alpspitze haben zusammen 40 Pistenkilometer und vier beschneite Talabfahrten zu bieten. 18 Liftanlagen sorgen für ein schnelles Vorankommen. Mit seiner Lage auf 740 bis 2050 m Höhe gehört das Skigebiet zu den fünf höchstgelegenen in Deutschland.

www.zugspitze.de

 Langlaufen

Traumhafte Berglandschaften und winterliche Stille machen den Reiz des 28 km langen Loipennetzes rund um Garmisch-Partenkirchen aus. Zu den leichten Touren gehört die 3 km lange Runde am Olympia-Skistadion mit schöner Aussicht auf die umliegenden Berge. Von hier startet auch die recht flache Loipe nach Hammersbach. Bei guter Schneelage besteht Anschluss an die Loipen von Grainau. Anspruchsvollere Strecken findet man im Langlaufzentrum Kaltenbrunn, dessen Rundkursloipe bei Bedarf beschneit wird und so auch bei weniger guten Schneeverhältnissen befahrbar ist. Von hier führt eine 19 km lange Loipe nach Klais. Dank einiger Wendepunkte kann man die Tour seinen Kräften anpassen. Alle Loipen sind für klassischen Stil und Skating geeignet. Biathlon-Interessenten vermittelt die Tourist Information Mittenwald die Möglichkeit, den Umgang mit Gewehr und Munition unter fachkundiger Betreuung am Schießplatz auszuprobieren.

www.gapa.de/langlauf

 Richard-Strauss-Festival

Unter dem Motto »Großartige Musik in großartiger Umgebung« findet ausgehend von Garmisch-Partenkirchen alljährlich das Richard-Strauss-Festival statt, in das seit 2018 auch Orte wie Kloster Ettal, Schloss Elmau oder die Sonnenterrasse des Hotels Graseck im Zuge einer Musikwanderung einbezogen sind. Das Festival findet immer Ende Juni statt und ist darauf bedacht, die Klassikszene unkonventionell aufzumischen. Richard Strauss, gebürtiger Münchner, besaß eine Sommerresidenz in Garmisch-Partenkirchen, welche schnell zu seinem Hauptwohnort wurde. Das Richard-Strauss-Institut pflegt die Erinnerung an seine Zeit in Garmisch und an den Komponisten.

Schnitzschulstraße 19, D-82467 Garmisch-Partenkirchen, Mo–Fr 10–16 Uhr,
www.richard-strauss-institut.de

> **Zeit zum Gesundsein**
>
> GAP Prevent ist eine dem Hotel angeschlossene, auf Vorsorgemedizin spezialisierte Arztpraxis. Hier können alle Vorsorgeuntersuchungen an einem Ort vorgenommen werden. Das Zusatzangebot zielt vor allem auf Menschen ab, die sich ungern Zeit für Arztbesuche nehmen und nicht im Wartezimmer sitzen wollen. Die Checkup-Pakete sind individuell abgestimmt und reichen von einer Basisuntersuchung bis hin zu einem Rundum-Paket inkl. Darmspiegelung. Und wer will, schiebt den Termin für die Zahnreinigung einfach zwischen Wandern und Sauna ein. Die Räumlichkeiten sind hell und freundlich, der Ausblick vom Zahnarztstuhl phänomenal. In jedem Fall kann man nach der Untersuchung sofort zurück in den Wellnessbereich huschen und sich von den sonst eher unangenehmen Maßnahmen erholen. Betreut wird man von Dr. Silvia und Dr. Vincens Weingart mit ihrem Fachärzteteam. Die Kosten übernimmt teilweise oder sogar komplett die private Krankenversicherung.

04 Iglu-Dorf Zugspitze (2600 m)
Das coolste Pop-Up-Hotel der Welt

»Romantiker bitte hier entlang!« Das Abenteuer einer Iglu-Nacht auf der Zugspitze beginnt bereits in der Gaststube der Bergstation. Hier werden von den erfahrenen Guides Expeditionsschlafsäcke ausgeteilt. Für Pärchen gibt es Sonderausführungen, die man zusammenzippen kann, alle anderen bekommen dicke Einzelschlafsäcke. Nach einem kurzen Willkommensgruß geht es los. Von der Bergstation zu den Iglus sind es ein paar Minuten Fußweg durch den Schnee. Dafür befinden sie sich ein wenig abseits vom sonstigen Trubel im Skigebiet.

Das Iglu-Dorf selbst ist ein Schneekonstrukt aus Gängen und verwinkelten Räumen. Am Eingang befindet sich ein großer Speisesaal mit Bänken, Tischen, kuscheligen Lammfell-Sitzplätzen und einer langen Bar. Nur Zimmerschlüssel sucht man vergeblich. Dafür sind die Wände mit kunstvollen Eis-Schnitzereien dekoriert. Insgesamt gibt es im Iglu-Dorf etwa 50 Schlafplätze. Dort hat es konstante 0 °C – eine frische, aber durchaus erträgliche Schlaftemperatur. Die Betten bestehen aus einer hohen Schicht Schnee, die mit dicken, isolierenden Matratzen bestückt ist. Alles, was man am nächsten Tag anziehen oder verwenden möchte, muss mit in den Schlafsack. Auch das Handy und die Kontaktlinsen. Waschräume gibt es hier natürlich keine, dafür aber eine Toilette, die mit einer Metallkette abgeriegelt wird. Statt Wasserspülung landet alles direkt in einem Bodenloch, wo es schnell und geruchsneutral einfriert. Wer sich nach heißem Wasser sehnt, zieht sich in einer kleinen Hütte um und springt in den Whirlpool. Mit etwas Glück unter freiem Sternenhimmel. Für Hartgesottene ist es aber auch ein Erlebnis, bei Schneesturm das blubbernde Wasser zu genießen. Dabei gilt: unten Badebekleidung, oben Mütze – denn die Luft kühlt in der Nacht ordentlich ab. Wer sich trotzdem zwischendurch abfrischen will, wagt den Sprung in den Schnee. So machen es auch hin und wieder Saunagäste, die in der Fass-Sauna geschwitzt haben.

Am Abend treffen sich alle Übernachtungsgäste im Speisesaal. Es gibt Käsefondue mit regionalem Bergkäse – ein Essen, das in geselliger Runde schnell verbindet. Heißer Tee ist an der Bar jederzeit zu haben, aber auch alkoholische Getränke lockern den Abend auf. Mutige wagen sich nachts noch mal an die frische Luft und gehen rodeln, dabei wird man schnell warm. Viele Gäste kommen auch deswegen hierher, um frühmorgens die erste Spur auf den frisch präparierten Pisten zu ziehen. Am Morgen wird man mit einem kräftigen Kräutertee geweckt. Das Frühstück findet in den geheizten Räumlichkeiten des Restaurants an der Bergstation statt, bevor man sich von den anderen Abenteuer-Kumpanen verabschiedet.

Von Ende Dezember bis April öffnet das wohl coolste Hotel Deutschlands seine Pforten.

DEUTSCHLAND

 Top of Germany im Winter

Mit 2962 m Höhe ist die Zugspitze der höchste Berg Deutschlands. Über ihren Westgipfel verläuft die Grenze zwischen Österreich und Deutschland – Tirol und Bayern. Das Gipfelplateau ist von beiden Seiten her mit Liften erschlossen und ganzjährig für Besucher geöffnet. Während der Aufstieg zu Fuß im Sommer erfahrenen Bergsteigern überlassen bleiben sollte, kann mit der Zugspitzbahn wirklich jeder das Dach Deutschlands erklimmen. Die Zugspitze hat insgesamt drei Gletscher zu bieten, den nördlichen Schneeferner, den Höllentalferner und den deutlich kleineren südlichen Schneeferner. Zu den Highlights zählt sicherlich ein Besuch der Gipfelterrasse mit Vierländerblick und der Aussicht auf über 400 Alpengipfel. Und wer Lust auf eine rasante Abfahrt hat, aber nicht Skifahren will, nutzt die Möglichkeit zu einer Rodelpartie auf dem Rodelhang Schneefernerkopf oder dem Anfängerhang am Zugspitzplatt.

Zahnradbahn (Garmisch – Eibsee – Zugspitzplatt – Gletscherbahn zum Gipfel): Zugspitzbahnhof, Olympiastraße 27, 82467 Garmisch; Seilbahn Zugspitze (Eibsee – Zugspitzgipfel): Am Eibsee 6, 82491 Grainau

 Skigebiet Zugspitze

In privilegierter Lage auf 2000–2720 m Höhe stehen die Chancen auf Naturschnee und Wintersonne immer noch gut. Alles in allem stehen 20 km Pisten zur Verfügung, die mit sechs Liften bedient werden. Das Gletscherskigebiet eignet sich besonders gut für Anfänger und leicht Fortgeschrittene, bei entsprechenden Schneeverhältnissen kommen aber auch Tiefschneefahrer auf ihre Kosten. Vier Restaurants bieten zudem die Möglichkeit, sich aufzuwärmen und zu stärken.

www.zugspitze.de

 Riffel-Abfahrt

Die längste und am natürlichsten belassene Abfahrt im Zugspitzskigebiet gilt als wahrer Insider-Tipp, ist aber nur bei guter Schneelage freigegeben. Ausgangspunkt ist die Haltestelle Riffelriss auf etwa halber Strecke der Zahnradbahn. Von hier führt ein schmaler Ziehweg unterhalb der Riffelwände zur Waldgrenze. Ab dann verbreitert sich die Piste zunehmend und bietet vor dem Hintergrund der beeindruckenden Naturkulisse ein unvergessliches Erlebnis. Von unten grüßt der malerische Eibsee, von oben das mächtige Zugspitzmassiv. Die Abfahrt endet nahe der Eibsee-Alm, von wo aus man in 5 Gehminuten den Zugspitzbahnhof Eibsee erreicht.

Länge der Piste 4,5 km, 650 m Höhenunterschied, mittlerer Schwierigkeitsgrad

 Schneeschuh-Touren

Auf leisen Sohlen durch den frischen Schnee – geführte Schneeschuhwanderungen ermöglichen sanften Wintertourismus. Einsteigertouren am Zugspitzplatt machen Lust auf mehr, Tagestouren unter der Alpspitze und im Oberammergau vermitteln weitere Technikkenntnisse und Tricks, um im tiefen Schnee kraftsparend und sicher voranzukommen. Ein besonders schönes Panorama auf das winterliche Loisachtal bietet sich bei einer Tour auf dem Wank nach Auffahrt mit der Wankbahn. Die Schneeschuhe können jeweils ausgeliehen werden.

www.vivalpin.com

 Winterwandern

Garmisch-Partenkirchen ist ein Ort mit vielen Facetten. Seine ruhige Seite erlebt man bei einer Winterwanderung. Zu diesem Zweck stehen circa 110 km geräumte

---

ADRESSE
Iglu-Dorf Zugspitze,
An der Bergstation Zugspitzplatt,
www.iglu-dorf.com

ANREISE
Hinweis: Zum Zugspitzplatt gelangt man nur mit der Bayrischen Zugspitzbahn (tägl. im Stundentakt, Bergfahrten von 8.15–14.15 Uhr, Talfahrten von 9.30–16.30 Uhr)
Öffentlich: Mit der Bahn über Innsbruck oder München bis Garmisch-Partenkirchen und weiter mit der Bayrischen Zugspitzbahn.
Mit dem Auto: Von Garmisch-Partenkirchen bis zum Parkplatz der Bayrischen Zugspitzbahn.
Flughafen Innsbruck: 70 km
Flughafen München: 136 km

IGLU-DORF ZUGSPITZE

Wer morgens am Gipfel der Zugspitzplatt erwacht, kann noch vor dem großen Trubel die herrliche Aussicht in die Berge genießen.

Wege bereit. Inmitten der glitzernden Schneelandschaft und vor traumhafter Alpenkulisse ist der Alltag schnell vergessen. Das Wegenetz ist abwechslungsreich und reicht von einfachen Pfaden im Tal über abenteuerliche Fackelwanderungen durch die vereiste Partnachklamm bis hin zu längeren Touren, wie zum Beispiel vom Ort zum Gschantnerbauern am Fuße des Wanks und Rosswanks. Besonders schön dabei ist der Blick aufs Wettersteingebirge.

www.gapa.de/de/Info-Service/Tourenplaner

Segways am Schnee

Wer glaubt, dass Segways im Schnee nicht vorankommen, wird hier eines Besseren belehrt. Auf verschiedenen Touren kann man die Umgebung rund um Garmisch-Partenkirchen erkunden. So führt zum Beispiel die Winter-Nacht-Tour abseits der üblichen Straßen zu Aussichtspunkten auf den beleuchteten Ort und später auch durchs Zentrum. Tagsüber lockt eine Tour durch die verschneite Winterlandschaft zum Skistadion und zur Skischanze. Teilnahmebedingung ist der Besitz eines Führerscheins (Mofa, Motorrad, Pkw).

www.alpenmove.de/segway/

Skisprungschanze

Mehr als 100 Millionen Zuschauer weltweit verfolgen im Fernsehen das alljährliche Neujahrsspringen in Garmisch-Partenkirchen. Die Tradition reicht weit zurück: Schon 1922 sprang man hier auf Ski ins neue Jahr, damals noch über eine Konstruktion aus Holz. Die jetzige, 2007 erbaute Sprungschanze aus 650 t Stahl und mit einer Turmhöhe von 60 m kann man im Rahmen einer Führung näher in Augenschein nehmen. Bei den einstündigen Touren bekommt man dann auch die Gelegenheit, die 332 Stufen der Himmelsleiter zum Anlaufturm zu erklimmen. Oben angekommen herrscht meist sprachlose Stille – entweder aus Atemnot oder aus Bewunderung über den Mut der Skispringer, die sich von hier nach unten wagen. Zusätzlich lädt die Dauerausstellung »IV. Olympische Winterspiele Garmisch-Partenkirchen 1936 – Die Kehrseite der Medaille« im Ostflügel des Stadions zu einem kurzen Besuch ein.

www.gapa.de/Skisprungschanze

Eislaufen

Im Olympia-Eissport-Zentrum von 1936 lassen sich noch heute Runden auf dem Eis drehen. Hier finden auch weiterhin Wettkämpfe und Shows statt. Besucher können sich vor Ort Schlittschuhe leihen oder die eigenen im Eissportzentrum nachschleifen lassen. Aber auch an der frischen Luft gibt es genug Möglichkeiten, Bahnen am Eis ziehen, aber nur, wenn der Winter kalt genug ist, um die Seen zufrieren zu lassen. Dann kann man am Riessersee oder Pflegersee sogar Eisstockschießen.

www.gw-gap.de/eissport-zentrum

Rekordseilbahn

Die 2017 eingeweihte Seilbahn auf die Zugspitze ist ein technisches Meisterwerk. Sie bricht gleich drei Rekorde, nämlich den für die weltweit höchste Stahlbaustütze mit 127 m, den weltweit größten Gesamthöhenunterschied von 1945 m und das weltweit längste, freie Spannfeld mit 3213 m. Für Besucher bedeutet das eine schnelle, bequeme und spektakuläre Fahrt direkt auf den Zugspitzgipfel. Bis zu 580 Personen pro Stunde können in den bodentief verglasten Großraumkabinen nach oben befördert werden. Wer mehr über das Wunderwerk erfahren möchte, schließt sich am besten einer der kostenlosen Führungen an – Treffpunkt ist zweimal täglich (9.45 und 15 Uhr) im Erdgeschoss der Gipfelstation Zugspitze (nur in der Sommersaison).

www.zugspitze.de

ÖSTERREICH

»Nur im Gehen öffnen sich die Räume und tanzen die Zwischenräume. Nur der Geher holt sich ein und kommt zu sich.«

Peter Handke

05 Das Karlbad (1693 m)
Jungbrunnen nach Bauernart

Das Karlbad ist ein über 300 Jahre altes Bauernbad und gilt als das letzte seiner Art in den Ostalpen. Inmitten der schönen Nockberge in Kärnten wird hier während der Sommermonate ein einzigartiger Brauch am Leben erhalten. Denn schon vor Hunderten von Jahren wusste man, wie man den Alltagsstress mit einem warmen Bad lösen und Krankheiten mit mehrtägigen Badekuren heilen kann. Früher wie heute finden die traditionellen Bäder immer morgens statt. Als Badegast reist man daher am besten schon am Vorabend über die aussichtsreiche Nockalmstraße an. Das Gästehaus verfügt über sieben einfach ausgestattete Doppelzimmer – kein Zufall, denn im Untergeschoss befinden sich genau 14 längliche Bottiche aus Lärchenstämmen. Am Vorabend bleibt ausreichend Zeit, um den Familienbetrieb näher kennenzulernen. Beim gemeinsamen Abendessen wird Kärntner Hausmannskost aufgetischt. Der Schweinebraten kommt aus dem Ofen und der Kaiserschmarrn direkt aus der gusseisernen Pfanne. Zeit sollte man mitbringen, denn nur dann kann ein Badeaufenthalt seine volle Wirkung entfalten. Satt und zufrieden schläft man in der Stille des Biosphärenparks Nockberge.

Das Karlbad ist das Sommerwerk der Familie Aschbacher und wird mittlerweile bereits in der neunten Generation betrieben. Schon frühmorgens sammelt Hans-Jörg Aschbacher Steine am Ufer des Karlbachs. Zusammen mit Scheiten aus Lärchenholz schichtet er diese im Heizraum zu einem Haufen auf, dann wird angefeuert. Inzwischen bleibt genug Zeit, um die Badezuber zu reinigen und mit frischem radonhaltigen Quellwasser zu füllen. Nach rund zwei Stunden glühen die Felsbrocken. Mit einer Zirbenschwinge werden sie in die Bottiche gebracht. In Windeseile erwärmt sich das Wasser auf ca. 40 °C, und die Kurgäste dürfen nun in den rustikalen Wannen Platz nehmen. Die Besucher, die den Weg hierher finden, wissen, worauf sie sich einlassen, und erwarten keinen Luxus. Sie schätzen das einfache, bodenständige Erlebnis, zu dem auch das Frühstück im Bademantel gehört. Gestärkt mit einem frisch aufgebrühten »Häferlkaffee« sowie einer Scheibe Schwarzbrot mit Almbutter und Marmelade heißt es nun warten, bis der Ruf ertönt: »Booooodn!« Die dunklen Räume, in denen es ordentlich dampft, lassen einen schnell zur Ruhe kommen. Nur hin und wieder dringt ein Sonnenstrahl durch eine Ritze in der Holzwand. Mit einfachen Brettern werden die Tröge abgedeckt, um die Wärme zu halten. Nach circa einer halben Stunde ist der Zauber vorbei, und man steigt aus dem Wasser. Einmal kurz abtrocknen und zurück ins Bett, denn das Baden strengt an. Hartgesottene hingegen legen sich in den eiskalten Bach, um die Sinne zu beleben. Das macht munter für alles, was der Tag noch so bringt, wie z. B. eine Wanderung rund um den Windebensee oder den Großen Königstuhl.

Nach uralter Bauerntradition wird hier frühmorgens in Lärchentrögen heiß gebadet.

ÖSTERREICH

Die Nockberge

Die Nockberge sind eine alpine Landschaft mit für Österreich einmaligem Charakter. Statt steiler Felsen hat sich die Natur hier für sanfte Hügel entschieden. Weil die Almen heute noch bewirtschaftet sind, wächst hier eine Vielzahl an Kräutern und Blumen, wie z. B. die im Frühsommer rosa blühenden Almrosen, gelbe Arnika oder das im Herbst zu Höchstform auflaufende Heidekraut. Hier blüht auch die Speik-Pflanze, eine alpine Baldrianart, die mit einem intensiven Geruch betört. Weltweit kommt sie in dieser Form nur hier in den Nockbergen vor. Die Standortbedingungen sind für die Pflanze einfach optimal: kalkarme, saure Böden in baumlosen Höhenlagen ab ca. 1800 m. Früher wurde Speik massenhaft ausgegraben und in den Orient exportiert. Heute ist dieses Recht lizensierten Bergbauern vorbehalten. Speik wird unter anderem zur Herstellung von Seife, zum Räuchern und für diverse Kosmetikprodukte verwendet. Ihm wird eine beruhigende Wirkung auf das zentrale und zugleich eine anregende auf das vegetative Nervensystem nachgesagt.

www.nockberge.at

Highlights der Nockalmstraße

Die 35 km lange Erlebnisstraße diente ursprünglich als landwirtschaftlicher Güterweg und wird seit der Asphaltierung 1981 als entgeltpflichtige Mautstraße betrieben. Die Straße folgt zum Großteil alten Almwegen, die sanft in die Landschaft eingebunden sind. Insgesamt 52 Kurven, sogenannte »Reidn«, wollen mit allen Sinnen ausgekostet werden, doch sollte man dabei die Geschwindigkeitsbeschränkungen besser nicht überschreiten. Anfang der 1970er-Jahre plante die Regierung nach dem Ausbau der Straße ein umfangreiches Skigebiet. Doch die Bevölkerung hatte andere Pläne: Bei einer Volksbefragung stimmten 94 % der Wahlbeteiligten gegen diese Art von Tourismus. Und so beschloss man, mit der Nockalmstraße einen Mittelweg einzuschlagen. Neben 15 Berggasthöfen und Almen können Erlebnisstationen für die Sinne, kleine Rundwege und große Gipfel vom Straßenrand aus besucht werden.

www.nockalmstrasse.at

> **ADRESSE**
> Karlbad,
> Winkl 50,
> A-9862 Winkl
> Tel. +43 664 968 39 26
>
> **ANREISE**
> **Öffentlich:** In den Sommermonaten verkehrt an ausgewählten Tagen der Wanderbus Nockberge. Aktuelle Infos erhält man im Tourismusbüro.
> **Mit dem Auto:** Die Nockalmstraße, eine gebührenpflichtige Mautstraße, erreicht man entweder aus dem Norden über Innerkrems oder aus dem Süden über die Ebene Reichenau.
> **Flughafen Graz:** 202 km
> **Flughafen München:** 309 km
> **Flughafen Salzburg:** 145 km

Die Flusssteine werden im Feuer zum Glühen gebracht und dann in einer Zirbenschwinge zu den Badewannen gebracht.

Eisenthalhöhe

Der höchste Punkt der Nockalmstraße ist die Eisenthalhöhe mit 2042 m. Eine große Aussichtsplattform lädt zum Rundumblick in die hochalpine Umgebung ein. Mithilfe von Panoramatafeln kann man die umliegenden Gipfel bestimmen, bei guter Sicht reicht der Blick bis in die Karawanken. Im nahe gelegenen Shop gibt es regionale Produkte zu kaufen, wie beispielsweise Murmeltiersalbe, Speik-Seife und frisch geräucherte Forellen vom Gutsbetrieb. Der Parkplatz kann auch als Ausgangspunkt für kleine Wanderungen dienen. Zum Königstuhl sind es von hier aus beispielsweise nur rund 30 Minuten.

www.eisentalhoehe.at

NOCKBERGE – DAS KARLBAD

 ### Biosphärenpark-Zentrum Nockalmhof

Wer aus dem Norden auf die Nockalmstraße fährt, kommt gleich am Anfang der Tour am Biosphärenpark-Zentrum vorbei. Hier zeigt die Ausstellung »Versteinerte Welten« gut erhaltene Fossilienfunde aus Kärnten, darunter Pflanzen, Bäume, Muscheln, Schnecken und Seeigel, die zum teil mehr als 500 Millionen Jahre alt sind. Manche Formen darf man sogar anfassen.

3 km entfernt von der Mautstelle Innerkrems, Mai, Juni, Sept., Okt. 10–16.30, Juli–Aug. 9–16.30 Uhr, Eintritt frei, www.nockalmhof.at

 ### Pfandlhütte

Neben dem Restaurant mit bodenständiger Küche hat die Pfandlhütte auch eine Ausstellung über Wildtiere zu bieten. Hier erfährt man alles über Gemsen, Rothirsche, Gemsen und andere Wildtiere aus der Region. Mehrere interaktive Stationen machen den Besuch zu einem kurzweiligen Erlebnis für Groß und Klein.

www.nockalmstrasse.at

 ### Naturlehrweg rund um den Windebensee

Ausgehend vom gleichnamigen Parkplatz an der Nockalmstraße umrundet man entlang des Naturlehrwegs »Alpine Lebensgemeinschaften« den idyllischen Windebensee. Der gut ausgebaute Weg eignet sich für Jung und Alt. Unterwegs erfährt man viel Interessantes über das flauschige Wollgras, den Grasfrosch, die wundersame Welt der Zirben und das alpine Ökosystem ganz allgemein. Es lohnt sich, einen kurzen, ca. 15-minütigen Abstecher zur Glockenhütte zu machen. Mit 2024 m Höhe befindet sich dort auch das höchstgelegene Alpengasthaus der Nockalmstraße mit Sonnenterrasse. Auf der Speisekarte stehen Schmankerl, wie z. B. der Bauernbrat'l. Weitere Attraktionen sind ein kleiner Bauernmarkt mit hausgemachten Souvenirs und eine Multivisionsshow über die Nockberge.

Länge des Rundwegs 700 m, ohne größere Höhenunterschiede, Gehzeit ca. 40 Min.

 ### Auf den Königstuhl (2336 m)

Direkt vom Karlbad aus beginnt ein Wanderweg auf den markanten Gipfel des Königstuhls. Zunächst quert man eine kleine Brücke und folgt dem Weg Nr. 122 entlang des Karlbachs zur Zechnerscharte Richtung Friesenhalssee. Nachdem man den Lärchen und Zirbenwald hinter sich gelassen hat, geht es über offene Wiesen, auf denen Murmeltiere hin und her flitzen. Vom idyllischen Friesenhalssee führt der Weg nun etwas steiler zur Königstuhlscharte und von dort auf den Gipfel, den sich Kärnten, die Steiermark und Salzburg teilen. Mit einem kleinen Gegenanstieg erreicht man dann den eher unbedeutenden Karlnock, von wo aus es über den Stangboden zurück zum Karlbad geht.

Länge der Rundtour 7,7 km, 640 Höhenmeter bergauf/bergab, Gehzeit ca. 4 Std.

Kärntner Kasnudeln

Ähnlich wie die Schlutzkrapfen in Südtirol oder die Schlipfkrapfen in Osttirol haben auch die Kärntner ihre Pasta-Spezialität: die sogenannten Kärntner Nudeln, allen voran die Kärntner Kasnudeln. Letztere sind aber nicht, wie der Name vermuten lässt, mit Käse gefüllt, sondern mit einer ganz besonderen Mischung aus Kartoffeln, Bröseltopfen, milder Nudelminze und Kerbel. Andere Füllungen bestehen aus Kletzen (Dörrbirnen mit Quark), Steinpilzen oder auch Fleisch. Äußerliches Merkmal der Kärntner Nudeln ist der »gekrendelte« Rand, der die Teigtaschen abschließt. Die Nudeln werden im heißen Wasser gekocht und mit brauner Butter serviert. Früher aß man sie traditionell am Freitag, dem nach katholischer Tradition fleischlosen Wochentag. Heute bekommt man sie durchgängig in Gasthäusern und sogar im Tiefkühlregal der Supermärkte. Wer's noch eine Spur deftiger mag, macht es wie die Südkärntner und streut ein paar Speckwürfel über das Gericht.

06 Canna Palustre (588 m)
Das Schilf-Biwak mit Blick in die Unendlichkeit

Während Biwaks in den Bergen als Notunterkünfte für hartgesottene Bergsteiger dienen, ist das »Canna Palustre« ein leicht erreichbarer Rückzugsort für erholungsbedürftige Seelen. Rund um den Millstätter See in Kärnten stehen insgesamt sieben dieser modernen Biwaks, die jeweils vom Grundeigentümer betreut werden. Die 15 qm großen Holzbauten sind lichtdurchflutet, durch die vielen Fenster hat man die Natur ringsum stets im Blick. Das Biwak mit dem Namen »Canna Palustre« steht mitten im Schilf. Abends, wenn sich die letzten Hotelgäste ins Zimmer zurückziehen, gehört das Ufer meist ganz den Übernachtungsgästen. Dann kann man am Holzsteg liegen, den sanften Wellen lauschen und die Sterne beobachten. Selbst wenn es kalt wird, muss man auf den Sternenblick nicht verzichten, denn das Glasdachfenster über dem Doppelbett bietet freien Blick in die Unendlichkeit. Für ausreichend Komfort im Biwak sorgt ein kleiner Waschraum im hinteren Teil. Es gibt zwar kein Waschbecken, dafür aber eine Keramikschüssel mit Krug und eine Chemietoilette. An kühleren Tagen heizt ein Infrarot-Paneel die kleine Unterkunft bei Bedarf rasch auf. Für die kulinarische Versorgung sorgt das Hotel zur Post und liefert abends auf Wunsch einen Gourmet-, morgens einen Frühstückskorb. Mit einem kräftigen Schluck Kaffee, frisch gekochten Eiern, knusprigem Gebäck und einer Auswahl an Käse, Wurst und Marmeladen lässt es sich auf der Terrasse direkt am Seeufer gut frühstücken. Spätestens dann schließt man auch Freundschaft mit aufgeweckten Spatzen und neugierigen Enten, die den Frühstückskorb längst kennen und auf herabfallende Brotkrümel spekulieren.

MILLSTÄTTER SEE – CANNA PALUSTRE

🌊 Naturjuwel Millstätter See

Früh am Morgen zeigt sich der zweitgrößte See Kärntens von seiner schönsten Seite. Seine dunkle, fast schwarze Farbe verdankt der See einerseits der Tiefe von bis zu 141 m, andererseits dem gegenüberliegenden, dicht bewaldeten Südufer. Der Naturschatz ist ein Vermächtnis der letzten Eiszeit vor rund 24 000 Jahren. Damals, im Hochglazial der Würmeiszeit, war bis auf 1800 m Höhe noch alles mit Eis bedeckt. Der Schliff vom zurückgehenden Gletscher ist an den Bergflanken von Döbriach noch gut erkennbar. Einzigartig macht den Millstätter See seine Lage zwischen den Nockbergen, den Hohen Tauern, dem Goldegg und dem Mirnock. Durch den Schutz der Berge ist das Klima rund um den See mild, was schon vor mehr als hundert Jahren zahlreiche Reisende dazu verlockt hat, die Sommermonate hier zu verbringen – einer der Gründe, warum das Ortsbild von Millstatt von vielen schönen Villen geprägt ist. Diese ehemaligen Sommerresidenzen von meist Adeligen sind durch Hinweistafeln gekennzeichnet und über einen eigenen Villenweg miteinander verbunden.

↗ www.millstaettersee.com

Stimmungsvoller Sonnenuntergang am See: Wenn sich die letzten Badegäste ins Hotel zurückgezogen haben, hat man den Steg vor dem Biwak ganz für sich alleine.

🥾 Der Liebe wegen

»Was ist das Verrückteste, das du jemals aus Liebe getan hast?« Fragen wie diese lassen Wanderer am 8,5 km langen »Weg der Liebe – Sentiero dell´Amore« innehalten. Ausgangspunkt ist der Parkplatz an der Schwaigerhütte, den man über die Millstätter-Almstraße von Tschierweg her erreicht. Der eigentliche Themenweg beginnt eine halbe Stunde später bei der Alexanderhütte und der »Wall of Love«, dem ersten von sieben Plätzen, die ganz dem Thema Liebe gewidmet sind. Der Weg regt nicht nur zum Nachdenken an, er lädt auch immer wieder zum Mitmachen ein. So kann man in den sieben Büchern entlang des Weges nicht nur Gedichte, Kurzgeschichten und Zitate lesen, man darf auch seine eigenen Gedanken niederschreiben. Die Alexanderhütte selbst ist ein beliebtes Ausflugsziel, unter anderem wegen der klassischen Hüttengerichte aus Zutaten von der eigenen Sennerei und aus der eigenen Biolandwirtschaft. Wer einen regionalen Picknickrucksack vorbestellt, kann diesen hier abholen und mitnehmen. Über drei Stunden und 280 Höhenmeter führt der Weg weiter zum Granattor auf 2066 m. Der eiserne Durchgang weist auf das reiche Vorkommen von Granatstein in der Region hin. Hier endet der »Weg der Liebe« mit einem wunderschönen Ausblick. Anschließend geht es über die Lammersdorferhütte zurück ins Tal.

Länge der Rundtour 8,5 km, 275 Höhenmeter, Gehzeit ca. 6 Std. (mit Pausen)

⛰ Am Höhensteig

Acht Etappen mit vielen Nebentouren führen in etwa 13 Tagesmärschen und auf einer Höhe von 600–2600 m einmal rund um den Millstätter See. Dabei streift man die Welt der Dreitausender ganz im Westen und gelangt vorbei an den schönsten Plätzen über die Millstätter Alpe bis zum Weltenberg Mirnock im Osten. Insgesamt

ÖSTERREICH

ADRESSE
Biwak »Canna Palustre«,
Betreut von: Hotel zur Post,
Hauptstraße 58, A-9873 Döbriach,
www.biwaks.millstaettersee.com

ANREISE
Öffentlich: Mit der Bahn bis Spittal am Millstätter See; Abholservice des Hotels gegen eine kleine Gebühr.
Mit dem Auto: Über die A10 Tauernautobahn bis zur Abfahrt Millstätter See, dann dem Seeufer entlang nach Döbriach.
Flughafen Klagenfurt: 71 km
Flughafen Salzburg: 157 km

gilt es rund 200 km und 6000 Höhenmeter zu überwinden. Wer sich nur die schönsten Streckenabschnitte herauspicken will, kann die Touren individuell in Tagesetappen zusammenstellen.

Länge der Gesamttour 200 km, 6000 m Höhenunterschied, Gehzeit ca. 13 Tage in Tagesetappen von 4–6 Std.

 ## Mit dem Rad um den See

Trainierte Radfahrer umrunden den See in ca. zwei Stunden, verpassen dabei aber alles, was die Strecke so besonders macht. Schließlich gibt es einiges zu entdecken! So z.B. das Sagen-Museum oder auch die Bank im See. Ein Steg aus Felsen führt zu einer kleinen Plattform, von der aus man aus erster Reihe den See betrachten kann. Zudem führt der Radweg direkt an den schönen Habsburger-Villen und dem Stift Millstatt vorbei. Kulturell Interessierte werden an einem Spaziergang durch das Stift samt Kreuzgang ihre Freude haben. Im 1. Kärntner Badehaus von Millstatt, einem Wellnesszentrum mit Seezugang, kann man den Tag entspannt ausklingen lassen, vielleicht sogar mit einem Menü im angeschlossenen Restaurant L'Onda.

Länge der Rundtour 28 km, 255 Höhenmeter, Fahrzeit ca. 3 Std.

 ## Lug ins Land

Am Südufer des Millstätter Sees (Seebodener Bucht) führt ein Abstecher vom See-Radweg zum Egelsee. Das Wasser dieses Moorsees soll besonders wohltuend auf Haut, Haare und Gelenke wirken. Ein kleiner Kneippweg lädt zum Genießen mit allen Sinnen ein. Auf dem Rückweg kann man sich auf dem Bauernhof Lug stärken. Fleisch und Milchprodukte kommen aus der eigenen Bio-Landwirtschaft. Wer dem Charme der Umgebung erlegen ist, kann sich auch ein Zimmer mieten. Vom Aussichtspunkt »Lug ins Land« hat man einen wunderbaren Blick in das untere Drautal.

Länge der Tour 16,5 km, 455 Höhenmeter, Fahrzeit ca. 1,5–2 Std., www.luginsland.at

 ## Klettern über dem See

Der Klettergarten Jungfernsprung wartet mit einem einzigartigen Ambiente auf: ein Felsen direkt über dem See, gesichert wird von einer der schwimmenden Plattformen aus. Die Routen, mit Schwierigkeitsgraden von 3a–6c eignen sich hervorragend für Anfänger und Fortgeschrittene. Der Klettergarten ist südseitig ausgerichtet, man sollte also für ausreichend Sonnenschutz sorgen. Erfrischung verschafft ein beherzter Sprung ins kühle Nass.

zwischen Dellach und Döbriach neben der Millstätter Bundesstraße B98

 ## Das Funkeln der Steine

Die Millstätter Alpe birgt das größte Granatvorkommen der Alpen. Überzeugen kann man sich davon in Radenthein, wo mit dem Wasser aus den Nockbergen eine alte geologische Schicht ans Tageslicht tritt. Die rote Farbe des Schmucksteins

Seine Lage inmitten hoher Berge, das milde Klima und die Schönheit der Natur machen den Millstätter See zu einem Top-Urlaubsziel!

MILLSTÄTTER SEE – CANNA PALUSTRE

erinnert an Blut und wird mit Liebe und Leidenschaft in Verbindung gebracht. Ein Besuch in der Erlebniswelt Granatium bietet neben einer Ausstellung zur Geschichte des Edelsteins auch die Möglichkeit, einen Granatstollen zu erkunden. Wer möchte, kann anschließend mit dem zur Verfügung gestellten Werkzeug selbst Hand anlegen und sich einen der begehrten Edelsteine aus dem Felsen schürfen.

Granatium, Klammweg 10, A-9545 Radenthein, Mai–Okt. 10–18 Uhr, letzter Einlass 17 Uhr, www.granatium.at

 ## Wenn Sagen lebendig werden

Jedes Märchen soll bekanntlich einen wahren Kern haben. Im Haus des Erzählens am Ufer des Millstätter Sees in Döbriach widmet man sich Sagen und ihrem möglichen Ursprung. 30 Überlieferungen aus ganz Kärnten werden hier wieder zum Leben erweckt, wobei das Museum auf multimediale Hilfsmittel setzt. Filme, Audio-Guide und viele interaktive Rätsel machen den Besuch erst richtig spannend. So erfahren die Kinder z. B. etwas über den Kobold Hermelin, die Waldfee Florauna oder den Klagenfurter Lindwurm. Die sogenannten »Sagen-Walks« laden dazu ein, den Erzählungen an den Original-Schauplätzen in der Region zu lauschen.

sagamundo – Haus des Erzählens, Hauptplatz 8, A-9873 Döbriach, Mo–Fr 9–17, Sa, So und an den Feiertagen 10–17 Uhr, www.sagamundo.at

 ## Brugger Haus

Das älteste Haus in Seeboden beherbergt heute das 1. Kärntner Fischereimuseum. Die Ausstellung liefert Einblicke in die Unterwasserwelt des Millstätter Sees wie auch in die Fangmethoden. Weiterhin kann man in den altehrwürdigen Wänden des Rauchstubenhauses eine traditionelle Rauchkuchl mit angeschlossener Lachs- und Speckselche, zwei Wohnstuben und einem kleinen Stall besichtigen.

Fischerweg 1, A-9871 Seeboden, Tel. +43 476 281 699, Mai–Okt. 10–18 Uhr, keine Website

---

Sieben Biwaks am See

Rund um den Millstätter See stehen sieben exklusive Rückzugsorte für wertvolle Stunden zu zweit. Ob als Paar oder als Elternteil mit Kind – in jedem Fall ist man hier gut aufgehoben! Von der Bauart sind alle Biwaks vollkommen gleich, sie unterscheiden sich nur in der Natur, die sie umgibt. »Sonnenuntergang« verfügt z. B. über einen eigenen Steg zum See. Um zum »Himmel« zu gelangen, fährt man erst einmal mit den Goldeck-Bergbahnen nach oben. Im Gourmetkorb findet man unter anderem gemischte Spieße, die man am Feuer eigenhändig grillen kann. Im Winter bieten sich von hier aus mehrere Skitouren an. Im Gegensatz dazu steht »Quelle« mitten im Wald auf einer kleinen Lichtung, der Ausblick ist zum See hin gerichtet. Und wie der Name ja schon sagt, entspringt ganz in der Nähe des Biwaks eine kleine muntere Quelle!

 ## Kaslabn Nockberge

»Wenn der Senner kein Käsekünstler ist, hilft kein Almparadies.« So sagt der Volksmund. Glücklicherweise beherrscht Michael Kerschbaumer die hohe Kunst der Käseproduktion. Mit seinem Rohmilchkäse bringt er ein Stück alte Käsekultur zurück nach Kärnten. Insgesamt 20 Bio-Betriebe beliefern die Kaslabn mittlerweile mit Milch, die bei der Käseherstellung entstehende Molke wird nicht entsorgt, sondern zur Fütterung von Schweinen und Jungvieh verwendet. Michael Kerschbaumer kämpft für die Erhaltung kleinstrukturierter, nachhaltiger Landwirtschaft. Unter anderem, indem er seinen Käse direkt vermarktet. Zu verkosten gibt es die Produkte in Radenthein.

Mirnockstraße 19, A-9545 Radenthein, Mo–Fr 8–18, Sa 8–12.30 Uhr, www.kaslabn.at

 ## Schnapsidee

Laine Adenberger brennt, was ihr in die Arme kommt, wenn sie im Frühling durch Wiesen und Wald streift. Neben den üblichen beliebten Schnapssorten wie Marille oder Williamsbirne entstehen so gänzlich neue Kreationen. Diese kann man unter ihren ungewöhnlichen Namen wie »Knecht Ruprecht«, »Plaudertrepfl« oder »Blütenkelch« bei einer Verkostung besser kennenlernen. Mutige probieren auch den Schnaps aus roten Rüben!

Schnapsbrennerei Adenberger, Tangerner Straße 35, A-9871 Seeboden, Tel. +43 476 281 506

»Bad Gastein is for lovers« – nicht nur das Hotel, sondern auch die Gäste sind hier inspirierend.

07 Das REGINA (1002 m)
Aus einer längst vergangenen Zeit

Um das REGINA zu verstehen, muss man in die Geschichte des Ortes eintauchen. Bad Gastein ist ein durch und durch ungewöhnlicher Flecken in den Alpen, dem ein eigener Zauber innewohnt. Mitten durch das Zentrum, das eher an den Altstadtkern einer europäischen Großstadt erinnert, donnert ein breiter Wasserfall über 250 m tief ins Tal. Neben dem Naturschauspiel gibt es auch einiges andere zu bestaunen, so z. B. die prunkvollen Gebäude aus der Belle Époque. Nur hin und wieder bleibt das Auge verwundert an einem der Betonbunker aus den 1970er-Jahren hängen. Aber auch die sind längst Teil von Bad Gastein. Viele der alten Häuser stehen leer und verfallen, andere werden von einer kleinen, engagierten Szene liebevoll renoviert und belebt. Bad Gastein erwacht aus dem Dornröschenschlaf, und dafür ist unter anderem auch Olaf Krohne verantwortlich, der sich mit dem Hotel REGINA einen Traum erfüllt hat. Olaf war gerade mal acht Jahre alt, als er mit seinen Eltern in den Sommerferien nach Bad Gastein kam. Seitdem zog es ihn immer und immer wieder hierher. Mit 19 Jahren ließ er Deutschland für's Erste hinter sich und zog an seinen Bestimmungsort. Doch die Pläne, eine Bar im alten Pavillon zu eröffnen, scheiterten, die Zeit war einfach noch nicht reif dafür. So begründete er 1997 in Hamburg die legendäre »Bar Hamburg«, um sie 2003 wieder zu verkaufen und erneut nach Bad Gastein zu ziehen. Er baut das Hotel Miramonte im Sixties Look mit auf und eröffnet auf 2161 m Höhe eine Skibar in der futuristischen, kugelförmigen Hütte aus den 1970er-Jahren, konzipiert von dem renommierten Architekten Gerhard Garstenauer.

Ein Hauch von Großstadt inmitten der Berge. Genau dieses Gefühl vermittelt Olaf seinen Gästen auch im REGINA. 2009 übernahm er das Hotel und baute innerhalb weniger Wochen alles Notwendige um. Alte Holzböden wurden wieder freigelegt und neue Matratzen in die alten venezianischen Bettrahmen gelegt. Nach und nach formte sich so das einzigartige Design des Hotels, das viele Stile unter einem Dach vereint. Die Möbel der insgesamt 32 individuell ausgestatteten Zimmer sind größtenteils antik, wurden renoviert oder mit neuen Stoffen überzogen. Die Latschen in den Pflanzkübeln auf den Balkonen sind ebenfalls betagt. Sie scheinen sich hier wohlzufühlen und gehören zum Haus wie die riesigen Kippfenster aus den 1950er-Jahren, die morgens das Sonnenlicht in die Lobby fluten lassen. Hier kann man in Büchern und Magazinen stöbern oder Gedanken austauschen. Zum Frühstück trifft man sich im Erdgeschoss, dann biegt sich die Bar unter den liebevoll angerichteten Tellern. Am Abend stehen köstliche Pasta-Gerichte oder saisonale Speisen auf der Karte. Danach bietet sich ein Besuch des hauseigenen Miniatur-Kinosaals an. Welcher Film gespielt werden soll, darf man selbst entscheiden.

ÖSTERREICH

📷 Der Spirit von Bad Gastein

Nach Bad Gastein kommt man nicht einfach nur zum Wandern oder Skifahren. Zumindest einen Teil seiner Zeit sollte man dafür einplanen, dass man gemütlich den gesamten Ort in Augenschein nehmen kann – und das nimmt rasch ein bis zwei Tage in Anspruch. Denn in den liebevoll renovierten Hotels kann man meistens auch einkehren und sich über aktuelle Entwicklungen im Ort informieren. Zwischen dem morbiden Charme teils leer stehender Prachtbauten und grauer Betonklötze hat sich nämlich eine Liebhaberszene entwickelt, die Bad Gastein so nimmt und weiterentwickelt, wie es ist. Demgemäß werden die Bauten aus dem »Brutalismus«, welche so mancher Gast auf den ersten Blick am liebsten sprengen würde, hier als »wunderschöner Störfaktor« inmitten der prunkvollen Architektur akzeptiert. Tatsächlich sind sie eine Seltenheit in den Alpen, und wenn ein Ort das Potenzial hat, daraus etwas Tolles zu machen, dann sicherlich Bad Gastein. Unübersehbar ist auch das »Grand Hotel de l'Europe«. Es wurde als späthistorischer Bau nach den Plänen des Dombaumeisters Matthäus Schlager von 1906–1909 errichtet. Lange Zeit war es die exklusivste Adresse im Tal und zählte mit zehn Stockwerken zu den größten und modernsten Hotels der österreichisch-ungarischen Monarchie. Rund um den Ortskern befinden sich weitere leer stehende Gebäude, wie das Kongresszentrum, ein 1974 gebauter Betonklotz, und die Prachtbauten am Straubingerplatz. Im Untergeschoss des Hotel Badeschloss kleben noch die Buchstaben des Wiener Traditionsbetriebs Julius Hügler, eines ehemaligen Goldschmieds, über dem Eingang. Das Haus der einstigen öffentlichen Badeanstalt steht gleichfalls unter Denkmalschutz. Ihm gegenüber befindet sich das Hotel Straubinger, welches rund 200 Zimmer bot und damit das größte Hotel des Ortes war. Abbröckelnde Wände, leere Schaufenster – die einen dienen als Fotohintergrund, die anderen werden mit Kunstprojekten belebt. Vieles davon findet im Rahmen der »sommer.frische.kunst«-Wochen von Juli bis August statt. Das kleine, aber feine Festival hat sich im Laufe der Zeit einen sicheren Platz im Kulturprogramm des Ortes erobert. Musikalischen Genuss bietet das Klassikfestival Schubert in Gastein. Kunst, Kultur und Musik – genau das lockt junge Städter an. Bad Gastein gilt in Berlin und Hamburg als Geheimtipp. Vielen von ihnen geht es Olaf: Sie kommen immer wieder.

 www.visitbadgastein.com

ADRESSE
Das REGINA,
K.H.-Waggerl-Straße 5,
A-5640 Bad Gastein,
www.dasregina.com

ANREISE
Öffentlich: Mit der Bahn von München über Salzburg non-stop bis Bad Gastein.
Mit dem Auto: München, Salzburg, Bischofshofen, Gasteinertal
Flughafen München: 256 km
Flughafen Salzburg: 96 km

Verblasster Charme
Seine Blütezeit erlebte Bad Gastein während der K.-u.-k.-Monarchie, als Könige und Kaiser hier auf Sommerfrische und zur Kur kamen. Heiße Quellen fördern radonhaltiges Heilwasser an die Oberfläche, welches man früh zu nutzen wusste. Viele der mehrstöckigen Gebäude, die noch heute das Ortsbild prägen, wurden um die Jahrhundertwende auf engem Raum errichtet. Nach den beiden Weltkriegen verlor der Ort für Sommerurlauber an Attraktivität, stattdessen veränderte der wachsende Wintertourismus das Tal. Viele der alten Hotels waren ausschließlich für die Sommermonate ausgelegt und verfügten über keine Heizung. Darum baute man neue, wintersportgerechte Unterkünfte und wusste nicht so recht, was mit den alten Häusern geschehen soll. Heute gibt es neue Probleme, wie etwa den kuriosen Kampf mit einem Wiener Investor, der Immobilien im Ortszentrum aufgekauft hat, sie dann aber verfallen ließ. Wer Bad Gastein einen Besuch abstattet, wird unweigerlich ein Stück der aktuellen Veränderungen und Träume miterleben.

⭐ Heiße Quellen

Das erste öffentliche Thermalbad Österreichs wurde Ende der 1960er-Jahre eröffnet. Der mit beauftragte Architekt Gerhard Garstenauer hat auch hier seine Spuren im Ort hinterlassen. Architektonisch ordnet man den Betonbau dem Brutalismus zu (béton brut, »roher Beton«). Die Idee

BAD GASTEIN – DAS REGINA

Garstenauers – Baden am Naturstandort – wurde mit dem Bau direkt in den Berg unter Nutzung der natürlichen Felswände umgesetzt. In die Therme strömen täglich eine Million Liter frisches Thermalwasser, nahezu frei von Chlor und Zusätzen. Das Wasser ist mineralisiert, radonhaltig und hat eine Temperatur von 44–47 °C, das je nach Badebereich auf 24–34 °C abgekühlt und für die Gäste entradonisiert wird.

Felsentherme, Bahnhofplatz 5, A-5640 Bad Gastein, März–Dez. 9–21, Jan.–März 9–22 Uhr, www.felsentherme.com

 ### Freestyle in Bad Gastein

Fast schon surreal sieht es aus, wenn die weltbesten Freestyle Skifahrer ihre Skills mitten im Ortszentrum auspacken und über die präparierten und abends beleuchteten Slides und Jumps springen. Als Hindernisse dienen Hausdächer, Zäune und Lücken sowie eine aufwendig über Wochen hinweg aufgestellte Strecke. Und wer nach Beobachtung der waghalsigen Kunststücke noch in Partylaune ist, kommt entlang der Strecke und in der örtlichen Musikbar voll auf seine Kosten.

Termine unter www.redbull.com/at-de/events/red-bull-playstreets

 ### Auf die Poserhöhe (1514 m)

Eine wunderbare Wanderung führt vom Hotel Grüner Baum auf die Poserhöhe. Dabei kann man schon in Bad Gastein in die Wanderschuhe schlüpfen, denn der Weg entlang der Kaiser-Wilhelm-Promenade und der Kötschachtalstraße ist dank der grandiosen Ausblicke ins Tal sehr kurzweilig. Ab dem Hotel windet sich ein steiler Pfad den Berg empor. Rastplätze sind immer wieder vorhanden, genauso motivierende Holztafeln mit »Zwergenhumor«. Weitaus mehr von den Zwergen findet man rund um und in der urigen Hütte auf der Poserhöhe. Von den Liegestühlen vor der Alm hat man einen herrlichen Ausblick auf den zurückgelegten Weg und die Prachtbauten von Bad Gastein. Dazu schmecken hausgemachte Spezialitäten wie der berühmte Kaiserschmarrn. Hinter dem Haus wartet ein Spielplatz auf Besuch von den Kleinen. Retour kann man den Höhenweg einschlagen und so etwas weniger steil zurück ins Kötschachtal absteigen. Übernachtungsmöglichkeiten gibt es auf der Poserhöhe übrigens auch!

Länge der Tour 3 km, 463 Höhenmeter bergauf/bergab, Gehzeit (Grüner Baum) ca. 3 Std.

> **Übernachten in den Sixties**
> Zeichen des neuen Lebensgefühls in Bad Gastein ist auch das Miramonte. Das Hotel im Sixties Look ist ein kosmopolitisch anmutender Treffpunkt für Kreative und Erholungsuchende. Während die Zimmer eher schlicht gehalten sind, reihen sich in Lobby und Restaurant Designobjekte und -möbel aneinander. Hinter dem Design stehen der Wiener Architekt Ike Ikrath und seine Frau Evelyn, Hotelierin aus Bad Gastein.
> Hotel Miramonte,
> Reitlpromenade 3, A-5640 Bad Gastein
> www.hotelmiramonte.com

Aus dem Dornröschenschlaf erwacht: Die prächtigen Bauten der Belle Époque inmitten der Gasteiner Berglandschaft werden nach und nach wiederbelebt.

08 Im Heustadl (812 m)
Für Feinschmecker mit Abenteuerlust

Urige Hütten aus massivem Holz, davon gibt's im Gasteiner Tal viele. Schließlich hat diese Art der Heuaufbewahrung im Salzburger Land Tradition. Direkt an den Feldern gelegen, wurde hier das Heu so lange trocken gelagert, bis man es für den Stall brauchte. Müde Wanderer haben die weiche Unterlage schon vor Hunderten von Jahren gerne zur Rast und Übernachtung genutzt. Aufgrund moderner Erntemethoden bleiben in den letzten Jahrzehnten jedoch immer mehr dieser Heustadl leer stehen und verkommen zusehends. Doch ein kleiner, etwas abgelegener Heustadl am Rande des Dorfes Unterberg hat nun einen neuen Verwendungszweck gefunden. Er beherbergt seit einigen Jahren bis zu sechs Mal die Woche Gäste. Hans Peter Berti, erfinderischer Hausherr des Unterbergerwirts, ist diese ungewöhnliche Übernachtungsmöglichkeit zu verdanken. Er führt ein kleines Hotel, kocht fantastische Gerichte nach den Fünf Elementen und lässt sich immer wieder etwas Neues einfallen. Hotel und Gasthof sind nach den Lehren des Feng Shui ausgebaut. Das gilt auch für den angrenzenden Bio-Stall, und so stehen die Pinzgauer Rinder in einem zu zwei Dritteln blau gestrichenen Stall. Die Harmonie im Raum setzt sich im Heustadl fort. Über eine kleine Holzleiter (oder mit einem großen Schritt) erreicht

man den Holzboden. Hier ist eine dicke Schicht Heu aufgetürmt, umrandet von Strohballen. Über das duftende Heu ist ein Leintuch gebreitet, darauf die kuschelige Bettwäsche. Die Wände sind mit traditionellem Werkzeug geschmückt, wie z. B. einem Heurechen mit Holzzähnen. Mehr braucht es nicht, denn hier fokussiert man sich auf das, was vorhanden ist: Heu, Stroh und die frische Landluft, die von außen hereinströmt. So romantisch es auf den ersten Blick wirkt – die Nacht ist dann doch etwas rustikal. Dessen ist sich der Wirt durchaus bewusst. Wer nicht ganz sicher ist, wie gut der eigene Rücken mitmacht oder ob man nicht doch ein wenig allergisch auf Heu ist, der kann gleich erleichtert aufatmen: Alle Heustadl-Gäste bekommen beim Check-In einen Schlüssel für ein Zimmer mit heißer Dusche und eigenem WC im angrenzenden Hotel. Hier wird auch das im Angebot enthaltene Abendessen und Frühstück serviert. Dank Feng-Shui-Ausrichtung gesellt sich neben die Speisekarte auch eine Schatulle mit Klangkugeln. Der chinesischen Lehre nach ist der erste Gang immer etwas Wärmendes, meist eine Suppe. Danach folgen köstliche Hausmannskost und zum Schluss ein leichtes Dessert. Das Niveau, auf dem hier gekocht wird, ist hoch. Und – man fühlt sich hier rundum wohl. Doch irgendwann wird es Zeit, den kurzen Weg zum Heustadl anzutreten. Mit Stirnlampen ausgerüstet ist dieser aber schnell gemeistert, und dann heißt es nur noch: Augen schließen und tief einatmen.

Hoch hinaus

Der »Hausberg« von Unterberg ist der 2325 m hohe Bernkogel. Am Weg dorthin liegen mehrere Almen, wie z. B. die Amoser Alm. Viele Felsdurchgänge und -tore machen die Wanderung zu dieser bewirtschafteten Alm extrem kurzweilig, zudem ist die Strecke für Mountainbiker gut geeignet. Von der Amoser Alm geht es über den Forstweg zur Amoserhochalm. Vorbei an einem großen Geröllfeld quert man hier die Nordflanke und steigt über die westliche Seite auf den Gipfel. Die Mühen werden mit einem Panoramablick in die nördlichen Kalkalpen, das Hochkönigmassiv und das Salzachtal belohnt.

Länge der Tour 16,4 km, 1338 Höhenmeter bergauf/bergab, Gehzeit ca. 8–9 Std.

Gasteiner Sagenwelt erwandern

Eine gute Option für Familien mit kleinen Kindern ist der einstündige Wanderweg von Unterberg nach Klammstein. Auf zehn Schautafeln verteilt erfährt man hier etwas über die Gasteiner Sagenwelt. Sie alle sind dort angebracht, von wo aus man markante Erhebungen, Felsen und Schluchten sehen kann. Die erste Tafel erzählt die Sage vom Berg Schuhflicker, eine andere berichtet über die »Drei Waller« – eine aus drei Kuppen bestehende Erhebung, die zu den ältesten Wallfahrtsorten Salzburgs zählt. Der abwechslungsreiche Wanderweg ist ganzjährig begehbar.

Länge der Tour 3 km, 100 Höhenmeter bergauf/bergab, Gehzeit: ca 1 Std.

Almwanderung Dorfgastein

Von der Amoser Alm über die Drei-Waller-Kapelle, die Rauchkögerl bis hin zum Hahnbalzköpfl führt eine wunderschöne Almwanderung. Urige Hütten, wie beispielsweise die Stoffalm, erfreuen das Herz jedes Fotografen. Vor der alten Alm steht ein uriger Brunnentrog, dahinter ein riesiger Kraftbaum. Weiter führt der Weg zur Huberalm. Auf dem historischen Waldübergang, einem Pass auf 1425 m Höhe, der bis ins 11. Jh. der einzige Zugang ins Gasteiner Tal war, steht die Drei-Waller-Kapelle. Dieser uralte Wallfahrtsort war bereits verfallen, wurde 1975 aber wieder neu aufgebaut. Es lohnt sich, für den weiteren Aufstieg bis auf 1810 m alle Kraftreserven hervorzuholen. Der Blick vom Rauchkögerl ins weitläufige Salzachtal ist

ÖSTERREICH

beeindruckend. Vorbei an Moränen tritt man schlussendlich, nach einem Besuch des Papernig-Kreuzes, den Rückweg an.

Länge der Tour 12 km, 1040 Höhenmeter bergauf/bergab, Gehzeit ca. 7 Std.

 ## Wanderungen am Fulseck

Die Gipfelbahn Fulseck ist im Sommer an mehreren Tagen der Woche in Betrieb und bringt Passagiere auf 1466 m Höhe. Von der Bergstation aus bieten sich mehrere Wanderwege an. Über das Arltörl, die Heumoosalm und den Pilzlehrpfad führt ein gemütlicher Wanderweg in knapp zwei Stunden zur Mittelstation der Bahn. Die Wanderung von der Bergstation zum Spiegelsee, Kristallplatz und zurück zur Mittelstation dauert in etwa drei Stunden. Am Spiegelsee wartet ein eigens angelegter Barfußweg darauf, müde Füße zu erfrischen. Beim bewussten Gehen über verschiedene Untergründe werden die Fußreflexzonen massiert und die Sinne belebt. Unterhalb des Gipfelsees gibt es die Möglichkeit zur Einkehr in der Wengeralm. Wer Tiere beobachten möchte, dem sei die »Manggei-Tour« vom Arltörl auf die Aukopf-Aualm ans Herz gelegt: Hier sind die Chancen hoch, eines der vielen Murmeltiere (Manggei im ortsansässigen Dialekt) zu Gesicht zu bekommen.

Gipfelbahn Fulseck, Bergbahnstraße 46, A-5632 Dorfgastein, saisonale Betriebszeiten, www.dorfgasteiner-bergbahnen.at

Neben dem Panoramaweg warten am Fulseck auch vier Themenwege darauf, entdeckt zu werden: ein Pilzlehrpfad, die Kraftplätze, der »Jagasteig« und ein Barfußweg.

 ## Hoch über den Bergen

Ob Höhen-, Thermik- oder Streckenflüge – Paragleiter kommen im Gasteinertal voll auf ihre Kosten. Ideale Startpunkte sind der Fulseck oder Stubnerkogel. Doch auch als Laie kann man sich den Traum vom Fliegen verwirklichen, und zwar im Rahmen eines Tandemflugs. Wer zwischen 20–120 kg wiegt, darf mitfliegen. Gemeinsam mit dem Piloten geht es per Seilbahn zum Startplatz. Nach einer kurzen Einweisung läuft man ein paar gemeinsame Schritte den Startabhang hinunter, und schon schwebt man in der Luft. Vorkenntnisse sind unnötig. Die Flüge finden ganzjährig statt. Die Terminvergabe ist jedoch wetterabhängig und erfolgt per Telefon.

Buchung unter Tel. +43 664 423 23 22 bzw. www.tandem-flying.com

---

ADRESSE
Unterberger Wirt,
Unterberg 110,
A-5632 Dorfgastein,
www.unterbergerwirt.com

ANREISE
Öffentlich: Mit der Bahn von München über Salzburg ohne Umsteigen bis Dorfgastein.
Mit dem Auto: Aus Ostösterreich und Deutschland über Salzburg bis Bischofshofen auf der Autobahn. Weiter auf der B311 bis zur Abzweigung Gasteinertal. Aus dem Westen über die A12 bis Wörgl Ost, dann über St. Johann in Tirol Richtung Fieberbrunn, Saalfelden bis auf die B311.
Flughafen Innsbruck: 180 km
Flughafen München: 220 km
Flughafen Salzburg: 80 km

GASTEINERTAL – IM HEUSTADL

📷 Die »Entrische Kirche«

»Show Cave« – ein Schild am Straßenrand ins Gasteinertal kündigt die Abzweigung zur Naturhöhle an. »Entrisch« ist ein altes Wort für unheimlich. Das lässt sich auch ganz gut nachempfinden, schließlich ist die »Entrische Kirche« die größte Naturhöhle der Salzburger Zentralalpen und gilt als Kraftort. In der Zeit der Gegenreformation benutzten Protestanten diesen Ort für geheime Zusammenkünfte und Gottesdienste. Entstanden ist die Höhle vor rund sieben Millionen Jahren. Sie ist von etwa Mai bis Ende September geöffnet. Vom Parkplatz im Tal führt ein Privatweg in circa einer Stunde zum Höhleneingang. Besuchen kann man die Höhle nur im Rahmen einer Führung, die im Eintrittspreis inkludiert ist. Eine spezielle Ausrüstung ist nicht erforderlich, feste Schuhe und warme Kleidung

> **Berge & Musik**
> Geführte Wanderungen mit Musikprogramm, am Ende wartet dann ein Festzelt mit allem, was zu einem ordentlichen Volksfest dazu gehört. Star-Abend inklusive. Die Veranstalter wollen mit dem jährlichen Festival die Tradition im Tal aufleben lassen. Damit jeder Teilnehmer gefordert ist, gibt es leichte, mittlere und anspruchsvolle Wanderungen. An romantischen Aussichtsplätzen kann es durchaus passieren, dass die Gäste mit musikalischen Einlagen überrascht werden. Der Transport auf die Hütten und retour ins Tal wird ebenfalls organisiert.
> www.gastein.com

Eine Führung in der größten Eishöhle der Welt dauert ca 1,15 Stunden. Dabei sollte man sich warm anziehen, die Temperaturen im Inneren liegen meistens unter 0 °C.

sollte man allerdings dabei haben. Denn die Temperatur im Inneren beträgt rund 6 °C. Auf Anfrage sind auch individuelle Besuche zu Meditationen möglich. Man sagt der Höhle nämlich nach, dass sie Krankheiten heilen und schon das eine oder andere Wunder bewirkt haben soll. Auch während der normalen Führung durchschreitet man Kraftfelder, die stärker sind als jene in Lourdes. Auf einer Länge von 2,5 km kommt man vorbei an großen Hallen und diversen Tropfstein- und Sinterbildungen Eine abenteuerliche fünf- bis sechsstündige Höhlentour ist gegen Voranmeldung ebenfalls möglich.

Klammstein 30, A-5632 Dorfgastein, Tel. +43 643 376 95, Führungsdauer 50 Min., Mindestteilnehmerzahl 3 Personen, saisonale Führungszeiten, www.dorfgastein.net/naturhohle-entrische-kirche

📷 Zu Besuch in der Eisriesenwelt Werfen

Die größte Eishöhle der Welt ist von Bad Gastein aus ein gut erreichbares Ziel für einen Tagesausflug. Von Ende April bis Ende Oktober sind ihre Tore für Besucher geöffnet. Wer den Anstieg zur Höhle scheut, benutzt die Seilbahn. Führungen finden jeweils zur vollen und halben Stunde statt. Am Eingang zur Eisriesenwelt werden die Besucher mit Grubenlampen ausgestattet, innen sorgt Magnesiumlicht für eine eindrucksvolle Beleuchtung der bizarren Stalaktiten und Stalagmiten.

Eishöhlenstraße 30, A-5450 Werfen, 1. Mai–27. Okt. tgl. geöffnet, letzte Bergfahrt bzw. Führung: Mai, Juni, Sept. Okt. 15.20 bzw. 15.45, Juli–Aug. 16.20 bzw. 16.45 Uhr, www.eisriesenwelt.at

Mit einem vielfältigen Angebot sorgt das »mama thresl« dafür, dass dem Gast garantiert nie langweilig wird.

09 Das »mama thresl« (788 m)
Viel Berg vor der Hütte

»Urban soul meets the alps« – neben dem treffenden Hotelslogan sticht vor allem der Klettersteig an der Fassade in das Auge des Besuchers. Wer den vertikalen Einstieg wagt, ahnt es längst: Hier ist nichts wie anderswo. Mit dem »mama thresl« haben die Besitzer Huwi und Renate Oberlader eine neue Art von Hotel für sportliche Gäste geschaffen, die abends auch gern mal feiern. Von Donnerstag bis Samstag legt ab 21 Uhr ein DJ auf, aber nur bis 0.30 Uhr, dann herrscht Nachtruhe. Schließlich gibt es in Leogang viel zu erleben. Oberstes Anliegen des Hotels ist, den Gästen das Beste zu bieten und zu zeigen – sei es beim Biken oder im Winter auf der Piste, wobei die Asitzbahn praktischerweise nur einen Katzensprung entfernt ist. Einen Pool sucht man im »mama thresl« vergeblich, dafür kann man die Muskeln in der Panorama-Sauna regenerieren. Im »empty room« wartet ein schwebender Design-Kamin im Stil der 1960er-Jahre darauf, befeuert zu werden, mit dem Hinweis, bitte selbst nachzulegen. Außer Stille, Feuer und einem schönen Blick ins Freie auf die Berge von Leogang gibt es hier weiter nichts.

Sympathisch und direkt – so lässt sich die durchgängige Kommunikation des Hotels am besten beschreiben. Die insgesamt 50 Zimmer und Suiten sind mit duftendem Zirbenholz aus Österreich und natürlichen Stoffen wie Leinen und Filz eingerichtet. Felsenduschen und Steinwaschbecken mit »mama thresls« Wundermittel-Seife im Spender, Hängematten am Balkon und einer separaten Toilette sorgen fürs Wohlbefinden, auch wenn nicht alle Zimmer groß sind. Selbst die Kondome im Bad sind gebrandet »mama thresls Gummiüberzieher«. Immer wieder sind es diese Details, die das Hotel so ungewöhnlich machen und die man erst im Verlauf des Aufenthalts entdeckt.

Was hingegen sofort auffällt ist der Umgangston: Hier ist jeder mit jedem per du – das schafft Herzlichkeit. Herzlich willkommen ist man auch morgens in der offenen Küche, selbst wenn es die meisten Gäste sichtlich Überwindung kostet, die sonst so verbotenen Räumlichkeiten zu betreten. Gestärkt mit ofenwarmem Gebäck und einer Eierspeise startet man energiegeladen in den Tag. Abends changiert die Küche zum Show-Room, in dem Schmankerln wie diverse Flammkuchen, Steaks oder Burger mit eigens bestellten Brötchen aus der Dorfbäckerei serviert werden, nicht zu vergessen das Leoganger Rindfleisch und hausgeräucherte Tomatenkompott. Woher genau die Zutaten stammen, steht auf dem Untersetzer, dort sind morgens auch aktuelle Hinweise (oder Geburtstagsglückwünsche!) für den Tag vermerkt. Womit wir wieder bei den besonderen Details wären! Wer sich am Ende des Aufenthalts nicht von so mancher liebgewordenen Kleinigkeit trennen kann, besucht den Shop und deckt sich für zu Hause ein, denn: »I fühl mi wia dahoam!«

ÖSTERREICH

ADRESSE
mama thresl,
Sonnberg 252,
A-5571 Leogang,
www.mama-thresl.com

ANREISE
Öffentlich: Mit der Bahn bis zum Bahnhof Saalfelden, dann per Bus zur Station Asitzbahn. Alternativ: 5 Min. Taxifahrt vom Bahnhof »Leogang«.
Mit dem Auto: Von Osten her über die Autobahn A8 bis Salzburg, Abfahrt Bad Reichenhall – Lofer – Saalfelden – Leogang. Aus dem Norden: Rosenheim – Abfahrt Oberaudorf (D) – Kössen – St. Ullrich – Leogang.
Flughafen Innsbruck: 123 km
Flughafen München: 177 km
Flughafen Salzburg: 70 km

 ## Bikepark Leogang

Auf neun verschiedenen Strecken finden Anfänger wie Profis neue Herausforderungen. Den Startpunkt der perfekten Spielwiese für Downhiller erreicht man mit der Asitzbahn, deren Talstation nur ein paar Minuten vom Hotel entfernt ist. Anfänger können sich Fahrräder leihen und bei Bedarf einen Guide dazu buchen. Für Kinder gibt es einen eigenen Riders Playground mit Förderband, während Profis auf der WM-Strecke trainieren. Zahlreiche zusätzliche Bike Events und Wettbewerbe sorgen für abwechslungsreiches Programm – auch für Zuschauer.

bikepark.saalfelden-leogang.com

Jazzfestival Saalfelden

Jeweils am letzten Augustwochenende finden sich seit 1978 Künstler aus aller Welt zum Internationalen Jazzfestival von Saalfelden ein. Neben kostenlosen Konzerten am Rathausplatz bringen zusätzliche Events auf Almen und Bauernhöfen frischen Wind in die Szene. Tickets für kostenpflichtige Veranstaltungen kann man vorab über die Website beziehen.

www.jazzsaalfelden.com

 ## Flying Fox XXL

Flying Fox XXL gehört zu den schnellsten und längsten Stahlseilrutschen der Welt. Auf einer Strecke von 1600 m schwebt man Kopf voran in bis zu 143 m Höhe über dem Boden. Dabei erreicht man mögliche Spitzengeschwindigkeiten von 130 km/h – nichts für Angsthasen. Adrenalinjunkies kommen hingegen voll auf ihre Rechnung. Um Wartezeiten zu vermeiden, empfiehlt es sich, einen Termin vorab zu buchen.

www.saalfelden-leogang.com

 ## Zur Sinnlehen Alm (950 m)

Ob zu Fuß oder mit dem Mountainbike – die Sinnlehen Alm ist ein beliebtes Ausflugsziel für Groß und Klein. Der leichte Wanderweg führt durch Almwiesen und auf schattigen Waldwegen aus dem Tal hinauf zur Alm mit angeschlossener Bio-Landwirtschaft. In der hofeigenen Käserei wird die Kuhmilch zu Butter und sechs verschiedenen Käsesorten verar-

Im »empty room« im Wohlfühlbereich lässt es sich vor dem lodernden Feuer und mit Blick auf die Leoganger Steinberge so richtig gut entspannen.

PINZGAU – DAS »MAMA THRESL«

Chaletdorf Priesteregg (1100 m)
Dort wo heute 16 Chalets und ein Restaurant stehen, hat die gemeinsame Karriere von Renate und Huwi Oberlader angefangen: mit einer kleinen Jausenstation am Gehöft der Familie. 1505 erstmals erwähnt, ging Priesteregg im Zuge der Bauernbefreiung 1872 samt seiner Ländereien an die Familie Oberlader. 2009 dann der Neubeginn als Chaletdorf. Die Häuser bestechen durch die Kombination rustikaler Elemente mit modernem Design. Die Außen- und Innenwände sind mit Altholz verkleidet, rundum wachsen im Sommer Almrosen, Kräuter und Obstbäume, von welchen die Gäste gerne schnabulieren dürfen. Einige der Chalets, so z. B. »Luis Trenker« oder »Willy Bogner«, sind besonders luxuriös ausgestattet und nach Themen eingerichtet. Wellness- oder Kosmetikanwendungen sind frei Haus buchbar, z. B. in der Badewanne mit Blick auf den Kamin oder im bequemen Ruhesessel.
Der Almgasthof ist nur wenige Schritte von den Chalets entfernt. Hier sitzt man gemütlich am Kachelofen des alten Bauernhauses und erhält auf Vorbestellung ganz besondere Spezialitäten. Allen voran das Hut-Essen: Mariniertes Schweine- und Rinderfleisch aus hofeigener Erzeugung werden am Tisch auf einem »Eisenhut« fertig gebrutzelt, in der »Krempe« gart die Rinderbrühe mit Gemüse-Julienne – mit Kartoffeln und Saucen die perfekten Zutaten für einen gelungenen Abend!
Chaletdorf Priesteregg
Sonnberg 22, A-5771 Leogang
www.priesteregg.at

beitet, welche man bei einer Almjause verkosten kann. Die Auswahl reicht von Bergkäse über Camembert bis hin zu Pfefferkäse. Alle Produkte sind direkt auf der Alm, im Dorfladen Leogang oder im Saalachtaler Bauernladen erhältlich.

Länge der Tour 2 km, 165 Höhenmeter bergauf/bergab, Gehzeit (ab Leogang) ca. 40 Min.

 ## Auf die Riedlspitz (1480 m)

Durch Wiesen und Wälder erreicht man von Bad Leogang aus über den »Balancierenden Vitalweg« die Riedlalm. Das letzte Stück zum Gipfel geht es noch einmal steil bergan, doch die Mühe lohnt sich! Von der Riedlspitz hat man einen schönen Weitblick auf das Leoganger Becken und den Hochkönig. Besonders schön ist diese Wanderung übrigens im Herbst!

Länge der Tour 7 km, 580 Höhenmeter bergauf/bergab, Gehzeit ca. 3 Std.

 ## Saalachtaler Höhenweg

Ein herrlicher Panoramaweg führt von der Bergstation der Asitzbahn über einen langen Kamm zum Biberg bei Saalfelden. Unterwegs bieten sich tolle Ausblicke auf die Leoganger Steinberge und die Hohen Tauern. Den Abstieg ins Tal verkürzt bei gutem Wetter eine Fahrt mit der Sommerrodelbahn. 61 Kurven auf 1,6 km versprechen Spaß für die ganze Familie.

Länge der Tour 13 km, 287 Höhenmeter bergauf und 924 bergab, Gehzeit ca. 4–5 Std.

Ob Freeride, Jibben im Snowpark oder einfach nur die Pisten hinunterflitzen – im Skicircus Saalbach-Hinterglemm ist alles geboten.

 ## Skicircus Saalbach-Hinterglemm-Fieberbrunn-Leogang

Mit insgesamt 270 Pistenkilometern zählt das Skigebiet zu einem der größten in Österreich. 70 Seilbahnen und Lifte bringen Wintersportbegeisterte zu unzähligen Abfahrtsvarianten, Snowparks und Rodelbahnen sowie zu 60 gemütlichen Skihütten. »The Challenge« fordert gute Skifahrer beispielsweise heraus, an nur einem Tag 72 km, 32 Liftanlagen und 12 500 m Höhenunterschied zu bewältigen. Topmodern sind zudem die Liftstationen: Dank 40 WLAN-Anbindungen kann man den Winterurlaub mit den Daheimgebliebenen teilen.

www.saalbach.com/de/winter/skigebiet

10 Das Wildseeloderhaus (1854m)
Der Berg für Alleskönner

Der Wildseeloder ist der Hausberg der Fieberbrunner und wird auch gerne als »Alleskönnerberg« bezeichnet. Die Lage der dazugehörigen Hütte am Ufer des schwarzen Bergsees ist phänomenal, egal, ob man sportlich unterwegs ist und Gipfel »sammelt« oder im Kreise der Familie eine entspannte Zeit verbringen möchte. Direkt vor der Tür lädt der eiskalte See zu einer Abkühlung ein. Alternativ bleibt man mit dem kleinen Ruderboot auf seiner Oberfläche. Einer alten Sage nach ist der Wildalpsee durch frevelhaften Übermut entstanden. Denn früher befanden sich hier mehrere Sennhütten. Doch die Senner ließen sich zum Übermut verleiten, kümmerten sich nicht um den Herrgott und seine Gebote und verwendeten Brot, Käse und Butter zum Kegeln. Da verfinsterte sich der Himmel, und ein Gewitter zog auf. Blitz und Donner fielen über die Hütten herein, und die Schleusen des Himmels öffneten sich. Als am nächsten Morgen die Sonne wieder zum Vorschein kam, lag an der Stelle der Sennhütten ein tiefer See. Wer genau hinhört, kann ab und an noch ein schmerzlichens Seufzen vernehmen. Viel wahrscheinlicher ist jedoch ein zufriedenes Seufzen zu hören, z. B. von müden Wanderern, die sich auf der Sonnenterrasse niederlassen und bei einem Glas Wein den Tag Revue passieren lassen. Dazu stärkt man sich mit einem in Essig und Öl marinierten Tiroler Graukäse oder mit einem deftigen Rindfleischsalat mit Paprika, Kernöl und Brot. Aus der Region kommen das St.-Johanner-Würstl oder auch die hausgemachten Schlutzkrapfen mit Bärlauchfüllung, brauner Butter, Bergkäse und Salat.

Eine Übernachtung im Wildseeloderhaus ist gerade recht für alle, die sich vorsichtig an ihre erste Hüttentour herantasten wollen. Der leichte Aufstieg von der Bergstation wird zur Genusswanderung mit vielen Stopps, schließlich gibt es am Wegesrand zahlreiche Alpenblumen zu bewundern. Von der Hütte aus kann man zwei Gipfel in knapp einer Stunde erreichen – ideal für eine Sonnenaufgangstour, bei der man pünktlich zum Frühstück wieder in der gemütlichen Stube sitzt. Auch Klettersteig-Fans kommen hier voll auf ihre Kosten und sind einen Tag lang vollauf beschäftigt, indem sie den Marokka-Steig mit der »Henne« kombinieren. Wer lieber länger wandert, ist auf dem Fieberbrunner Höhenwanderweg gut aufgehoben. Im Sommer finden auf der Hütte auch jede Menge Events statt, wie beispielsweise das traditionelle Sonnwendfeuer im Juni, Konzerte wie »Musik am Berg« oder die Bergmesse am Wildseeloder mit musikalischer Umrahmung. Insgesamt stehen 40 Schlafplätze bereit, welche auf zwei 2er-und zwei 4er-Zirbenzimmern sowie auf ein 12er- und ein 16er-Matratzenlager verteilt sind. Die 1892 aus Stein erbaute Hütte wurde mehrmals renoviert und modernisiert. So gibt es getrennte Toiletten und eine kostenpflichtige Dusche in einem modernen Badezimmer.

Tolle Lage, moderne Ausstattung – das Wildseeloderhaus ist ideal für die erste Hüttenübernachtung.

ÖSTERREICH

ADRESSE
Wildseeloderhaus,
Kitzbühler Alpen,
A-6391 Fieberbrunn,
www.wildseeloderhaus.at

ANREISE
Hinweis: Das Wildseeloderhaus ist **nur zu Fuß** erreichbar (siehe unten). Ausgangspunkt ist die Bergstation der Lärchfilzkogelbahn in Fieberbrunn.
Öffentlich: Mit der Regionalbahn über Saalfelden oder Wörgel bis Fieberbrunn.
Mit dem Auto: Von Innsbruck kommend über die A12 Inntalautobahn bis Wörgel, weiter über St. Johann nach Fieberbrunn. Von München kommend zur Autobahnausfahrt Kufstein und ebenfalls weiter über St. Johann nach Fieberbrunn. Wer über das Kleine Deutsche Eck anreist, fährt über Waidring durch das Pillerseetal bis nach Fieberbrunn.
Flughafen Innsbruck: 110 km
Flughafen München: 173 km
Flughafen Salzburg: 66 km

 ## Wanderung zum Wildseeloderhaus

Von der Bergstation Lärchfilzkogelbahn führt ein einfacher Weg in ca. einer Stunde zum Wildseeloderhaus. Man beginnt auf 1640 m Höhe und geht zunächst ein wenig bergab zu den Wildalmen. Dabei quert man schöne Almböden, die im Frühsommer bunt blühen. Anschließend geht es sanft ansteigend um eine kleine Felsrippe und in Serpentinen hinauf zum Wildseeloderhaus. Der Weg ist gut gewartet und auch für Kinder geeignet.

Bergbahnen Fieberbrunn, Lindau 17, A-6391 Fieberbrunn, durchgehender Sommerbetrieb vom 25. Mai–27. Okt. 8.30–17 Uhr, Länge der Tour 2,2 km, 367 Höhenmeter bergauf, Gehzeit ca. 1 Std.

 ## Auf den Wildseeloder (2119 m)

»Loder« ist ein altes Wort für Mann. Und tatsächlich wirkt der »Alleskönnerberg« von Weitem wie ein breitschultriger Mann. Über das Wildseeloderhaus ist der Gipfel schnell erreicht: Rechts vom See führt ein Weg über einen grasbedeckten Steilhang, später dann über Felsen nach oben. Zurück zum See geht's über Geröll und Latschenfelder – unterwegs ist ein Abstecher auf die Henne möglich (ca. 30 Minuten ab der Abzweigung).

Länge der Tour 1,5 km, 280 Höhenmeter bergauf/bergab, Gehzeit ca. 45 Min.

 ## Auf die Henne (2078 m)

Auf die Henne führen zwei Wege: ein Klettersteig und ein Wanderweg, den die Kletterer für den Rückweg nutzen. Der Steig selbst ist mehrfach verzweigt und bietet so unterschiedliche Schwierigkeitsgrade. Für die kräftezehrende D-Variante sollte man gut vorbereitet sein, die leichtere A/B-Tour ist dagegen sogar für Kinder geeignet. Der Einstieg liegt oberhalb der Bergstation Reckmoos. Der Wanderweg

Girlpower auf der schwierigen D-Variante des Klettersteigs zum Gipfel der Henne. Das vielleicht schönste Outdoor-Fitnessstudio der Region?

KITZBÜHLER ALPEN – DAS WILDSEELODERHAUS

führt über das Wildseeloderhaus und kann mit dem Wildseeloder zu einer Zwei-Gipfel-Tour verbunden werden.

Klettersteig: Schwierigkeitsgrad A/B, Variante C/D, 800 Höhenmeter, Steigzeit 1,5 Std., mit Zustieg (vom Lärchfilzkogel) 2,5 Std.

Marokka-Klettersteig

Vom Wildseeloderhaus aus ist der Einstieg in den Marokka-Klettersteig schnell erreicht. Erklommen wird ein kleiner Vorgipfel der Henne. Durch eine steile Rinne geht es dann auf eine Rampe und anschließend in Stufen auf einen leichten Grat. Highlight des Steigs ist eine atemberaubende Seilbrücke, die man allerdings auch umgehen kann. Durch eine Höhle und quer über eine Felsplatte erreicht man schließlich den Gipfel. Den Grat ziert das Gipfelkreuz, ein paar Meter davor kann man auf einem Grasstück seine Jause verzehren. Panoramablick inklusive!

Schwierigkeitsgrad B/C, 200 Höhenmeter, Steigzeit ca. 1 Std., mit Zu- und Abstieg 3 Std.

Digitaler Wanderweg

»Museum goes wild« – in einer einzigartigen Kooperation zwischen den Tiroler Landesmuseen und den Bergbahnen Fieberbrunn ist der sogenannte digitale Wanderweg entstanden. Mittels Gratis-App entdecken Wanderer entlang des Wegs an insgesamt zehn Stationen spannende Fakten rund um Flora, Fauna und Geologie. Die Informationen werden allerdings nur freigeschaltet, wenn sich der Benutzer etwa 10 m im Umkreis der jeweiligen Station befindet. Der ungewöhnliche Museumsbesuch ist also zwingend an die Wanderung gebunden. Die vermittelten Fakten basieren auf fundiertem Expertenwissen. So lernt man, welcher Enzian im Schnaps steckt, wie ein Gebirge auf Reisen gehen kann und warum Pflanzen zuweilen echte Verräter sind.

 www.museumgoeswild.at

Am Fieberbrunner Höhenweg

Der erste Teil des Fieberbrunner Höhenwegs führt vom Dorf aus über die Streuböden- und Wildalm zum Wildseeloderhaus. Weitere Stationen sind der Seeneider (1933 m) und Niedermahdstein (1899 m), von wo aus es in Richtung Gebrakapelle und Gebrajoch weitergeht. Ein schöner, aber langer Wanderweg. Um den Gaisberggipfel herum kommt man zur Lengfilzalm, dann zur Schlinach- und Grundalm. Der letzte Teil der Tour führt auf einer Forststraße über den bewirtschafteten Almausschank Pletzer zurück ins Dorf. Verkürzen kann man die Tour mithilfe der Lärchfilkogelbahn, oder man macht sie in zwei Etappen mit Übernachtung im Wildseeloderhaus.

Länge der Rundtour 31 km, 1534 Höhenmeter bergauf/bergab, Gehzeit ca. 9–10 Std.

Badeseen

Im Sommer laden der Badesee Waidring, der erfrischende Pillersee in St. Ulrich und der Lauchsee in Fieberbrunn zum Planschen ein. Der Pillersee ist das smaragdgrüne Herz des Tals und auch bei Fischern ein beliebtes Ziel. Er hat selten mehr als 20 °C Wassertemperatur und wird von mehreren Gebirgsbächen aus den Loferer Steinbergen gespeist. Bekannt ist er unter Anglern vor allem für seinen Forellenreichtum. Die Strecke vom Seeabfluss bis zur Adolaribrücke ist eine reine Fliegenfischstrecke. Einsteigerkurse und Leihruten gibt's auf Anfrage. Zudem können am See-Kiosk SUP-Boards geliehen werden. Im Sommer finden sogar Yogakurse am Paddelboard statt. Der Lauchsee, etwas oberhalb von Fieberbrunn gelegen, soll dank seines Mooranteils eine heilsame Wirkung bei Rheuma, Verspannungen und Bandscheibenleiden haben. Die warmen Wassertemperaturen machen ihn zum perfekten Familienausflugsziel.

Nicht verpassen!
Diese drei Speisen sollte man bei einem Aufenthalt in Tirol unbedingt probieren:
Kaspressknödel: In der Pfanne herausgebackene Käseknödel, die je nach Region unterschiedlich zubereitet werden. Die einen schwören auf Kartoffeln, die anderen nehmen Semmelwürfel. Ob mit oder ohne Graukäse ist gleichfalls Geschmackssache.
Kaichl: Hefeteigfladen mit Preiselbeermarmelade (Granten) oder Sauerkraut, die in der Pfanne herausgebacken werden.
Moosbeernocken: Traumhafte Nachspeise aus Heidelbeeren, ummantelt mit Pfannkuchenteig und etwas Zucker.

Köstliches Essen und Komfort – das Biohotel »daberer« verbindet beides mit Nachhaltigkeit.

11 Der »daberer« (710 m)
Biohotel in der 1. Slow-Food-Travel-Region

Wer ein paar Tage im Biohotel in Kärnten verbringt, merkt schnell: Es geht hier um weit mehr als »nur bio«. Die Familie Daberer, repräsentiert durch die Geschwister Marianne und Christian und deren Eltern, führt das Hotel seit mehr als 40 Jahren als Biobetrieb. Schon damals wurde auf biologisch angebaute Lebensmittel und natürliche Materialen geachtet und das Hotel zum Nichtraucherbereich erklärt – auch wenn viele damals noch nicht wussten, wozu das eigentlich gut ist. Damals waren sie die Spinner im Tal, über die viele Einheimische nur den Kopf schüttelten. Vielleicht passt auch deswegen der kürzlich hinzugekommene Slogan so gut: »die mit dem Vogel«. Bei Daberers wird eben alles ein wenig anders gemacht, und das mit viel Bedacht und Liebe zum Detail. Das Hotel liegt auf einem sonnigen Südhang etwas versteckt am Waldrand. Das Obere Gailtal zählt gemeinsam mit dem angrenzenden Lesachtal zur weltweit ersten Slow-Food-Travel-Region. Es zeichnet sich also durch besonders viele engagierte Lebensmittelproduzenten aus und bietet zahlreiche Workshops an, bei denen die Gäste zu Co-Produzenten werden können. Da passt das gut vernetzte Biohotel natürlich perfekt dazu und ist der ideale Ausgangspunkt für Erkundungen. Doch zuerst gilt es, das Haus selbst zu entdecken, und dafür sollte man sich Zeit nehmen. Gleich nach dem Eingang hält eine Bibliothek spannende und abwechslungsreiche Urlaubslektüre für die Gäste bereit. Dahinter befindet sich der moderne Speisesaal mit bunten Lodenstoffen und runden Glaskugellampen. Die Beschriftung am Frühstücksbüfett informiert über die Herkunft der angebotenen Lebensmittel. So kann man z. B. am Nachmittag den Produzenten einen Besuch abstatten, deren Käse man in der Früh genossen hat. Eine kleine Sammlung von Kochbüchern und einige Bände über alpine Erzeugnisse vervollständigen das Angebot für kulinarisch Interessierte. Insgesamt gibt es 44 Zimmer in unterschiedlichen Kategorien. Im Preis inbegriffen ist die Nutzung des Wellnessbereichs mit mehreren Saunen und Ruheräumen. Insbesondere der Besuch der Waldsauna, deren Öfen mit Holzscheiten selbst beheizt werden, ist ein Erlebnis. Im eiskalten Tauchbecken vor der Waldhütte kommt der Kreislauf danach so richtig in Schwung. Unweit entfernt liegen die eigene Fischzucht und ein Naturteich, der im Sommer zum Baden genutzt werden darf. Am Weg dorthin kommt man auch an der hauseigenen Kalzium-Magnesium-Hydrogen-Carbonat-Quelle vorbei, welche 1928 als Heilbad erfasst wurde. Der »daberer« ist aber nicht nur Mitglied von Slow Food Travel, sondern auch von den Wanderhotels – best alpine. So werden vom Hotel aus mehrmals die Woche Wanderungen, im Winter auch Schneeschuhausflüge oder Langlauf-Touren angeboten. Das entsprechende Equipment kann im Hotel geliehen werden.

ÖSTERREICH

 Edelgreißler Herwig Ertl

Marianne Daberers Mann führt einen ausgezeichneten Lebensmittelladen im Nachbarort Kötschach-Mauthen. Hier gibt es Produkte aus der Umgebung, der Alpe-Adria-Region und Spezialitäten von weiter weg. Guter Speck, frischer Käse, italienische Grissini und Eingekochtes erschweren die Qual der Wahl. Schon mal eingelegte Hopfensprossen, Tomaten-Umami-Würze (Tomami) oder Waldstauden-Kräcker probiert? Wer Appetit bekommen hat, bucht am besten eine Verkostung mit den entsprechenden Geschichten und Erklärungen vom Chef.

Hauptplatz 19, A-9640 Kötschach-Mauthen, Tel. +43 4715246, www.herwig-ertl.at

 Biermanufaktur im Gailtal

Was vor 15 Jahren in bescheidenem Rahmen begann, ist zu einer innovativen Craft-Bier-Brauerei herangewachsen. Loncium, der altkeltische Name des Ortsteils Mauthen, war dabei namensgebend. Die beiden Gründer sind stets bemüht, ihren Bieren das gewisse Extra zu verpassen, und so kommen sie mittlerweile auf 12 verschiedene Sorten, wie das Classic oder das Carinthipa-Bier in der Flasche. Neben dem Ab-Hof-Verkauf besteht auch die Möglichkeit einer Verkostung, z. B. im Zuge des Slow-Food-Travel-Programms.

Mauthen 60, A-9640 Kötschach-Mauthen, Mo–Fr 8–12 Uhr, www.loncium.at

 Auf den Jauken (1934 m)

Der Jauken ist der Hausberg von St. Daniel. Wer die entsprechende Kondition hat, kann diese Wanderung sogar direkt vom Hotel aus starten. Nach der Überquerung des Bachs geht es der Asphaltstraße folgend zunächst auf den Goldberg. Bis hierher könnte man auch mit dem Auto fahren, in den Sommermonaten ist sogar die Alm über eine kostenlose Mautstraße zu erreichen. Für Wanderer zweigt jedoch vor der Kirche am Goldberg der Weg rechts ab und führt als Schotterweg zur Jaukenalm. Der zweite Abschnitt ist dank seiner Südlage oft sehr sonnig und heiß, das sollte man bei der Planung bedenken. Die bizarre Bergkette der Karnischen Alpen bietet unterwegs herrliche Fotomotive. Zurück geht es am gleichen Weg. Eine prima Tour auch für Mountainbiker!

Länge der Tour (von Goldberg aus) 13 km, 1260 Höhenmeter bergauf/bergab, Gehzeit ca. 6 Std.

 Freilichtmuseum an der Grenze

Vom Plöckenpass (Passo di Monte Croce, 1357 m) aus gibt es mehrere Möglichkeiten, den Spuren des Ersten Weltkriegs in den Karnischen Alpen zu folgen. Eine Wanderung verläuft am Bergrücken des Kleinen Pals (1867 m) entlang der Grenze zwischen Italien und Österreich. Rekonstruierte Schützengräben, Stellungsbauten und Stollen vermitteln ein authentisches Bild der damaligen bewegten Zeit.

Länge der Tour 7,5 km, 730 Höhenmeter bergauf/bergab, Gehzeit ca. 6 Std.

 Aqua-Trail Bergwasser

Ein schönes Ausflugsziel für die ganze Familie ist der 1,5 km lange Aqua-Trail nahe der Bergstation des Millenium-Express-Lifts am Nassfeld. Der asphaltierte Weg ist auch für Kinderwägen geeignet und bietet zahlreiche interaktive Erlebnissta-

---

ADRESSE
Biohotel Daberer,
St. Daniel 32,
A-9635 St. Daniel,
www.biohotel-daberer.at

ANREISE
Öffentlich: Aus dem Norden mit dem Zug über Salzburg–Spittal am Millstätter See bis zum Bahnhof Oberdrauburg. Aus dem Osten oder Westen gibt es eine direkte Zugverbindung zwischen Klagenfurt und Lienz über Oberdrauburg. Von hier geht es mit dem Taxi zum Hotel.
Mit dem Auto: Aus dem Osten kommend über Graz–Villach weiter Richtung Italien auf der B111 nach Hermagor und Kötschach-Mauthen. Aus dem Westen geht es über Südtirol oder die Felbertauern bis Lienz und weiter über den Gailberg. E-Ladestation im Hotel, keine Tiefgarage.
Flughafen Klagenfurt: 113 km
Flughafen Ljubljana: 148 km
Flughafen Salzburg: 208 km

GAILTAL – DER »DABERER«

tionen. Vom Staudammbau über eine Segelbootfahrt bis hin zu Picknickplätzen mit Trampolinen am Speicherteich bietet der Trail jede Menge Abwechslung und Spaß. Als Erweiterung wurde erst kürzlich der Dolce-Vita-Weg angelegt. Der gemütliche Rundweg führt über Italien zurück zum Madritschenkofel. Wer noch mehr Action sucht, kann mit der Sommerrodelbahn zurück ins Tal sausen. Mit 400 m Höhenunterschied und 2 km Länge ist die Pendolino-Bahn die längste in Kärnten.

www.nassfeld.at

Canyoning

Beim Canyoning, hierzulande auch »Schluchting« genannt, durchwandert man eine Schlucht im Neopren-Anzug mit Kletterausrüstung. Mal muss man springen, mal schwimmen, und hin und wieder steht auch Abseilen an. Ein reizvoller Canyon in der Nähe von Kötschach ist die Valentin- bzw. Mauthnerklamm. Die Felsrutschen und 6 m hohen Sprünge ins eiskalte Wasser bieten Spaß und Spannung pur. Für das drei- bis vierstündige Unterfangen sind jedoch ein Mindestalter von 14 Jahren und gute Kondition gefragt.

www.fitundfun-outdoor.com

Fliegenfischen mit Trinkwasserqualität

Über 40 km umfassen die Angelreviere an der Gail und ihren Nebenbächen. Zusätzlich zu Äschen und Forellen können hier auch Huchen gefangen werden. Besonders schön ist zudem das Befischen des Hochmoors Zollnersee auf 1780 m Höhe.

www.flyfish-gail-lesachtal.com/de

Skigebiete

Mit Kötschach-Mauthen (6 Pistenkilometer, ein Sessellift, drei Schlepplifte) und dem 300 m langen Tellerlift für Kinder und Anfänger in Griminitzen befinden sich zwei kleinere Skigebiete in unmittelbarer Nähe zum Hotel. Wer mehr Wert auf Ganzkörpertraining legt, wird seine Freude an den ca. 30 km langen Loipen haben. Nur 20 Minuten Fahrzeit entfernt liegt Kärntens größtes grenzübergreifendes Skigebiet: das Nassfeld. Wer das Auto stehen lassen möchte, steigt einfach in den Skibus, der direkt zur Talstation fährt.

> **Slow Food**
>
> Das Gailtal und das Lesachtal gehören zur weltweit ersten Slow-Food-Travel-Region. Im Sinne des langsamen und bewussten Genießens lassen sich die heimischen Produzenten über die Schulter schauen. Die Reise zu den Wurzeln des guten Geschmacks führt z. B. in Kräuterküchen, Selch- und Reifekammern, zu Bierbraumeistern, Brotbäckern und sogar zu emsigen Bienenvölkern. Entsprechende Workshops finden von April bis November an verschiedenen Orten statt und lassen sich oft mit einem Ausflug kombinieren. Immerhin zählt die Landschaft hier zu den ursprünglichsten Alpenregionen!
>
> www.slowfood.travel

Klein, aber fein – in der Biermanufaktur Loncium in Kötschach-Mauthen kann man sich zu einer Führung mit anschließender Verkostung anmelden.

12 Adolf-Nossberger-Hütte (2488 m)
Im hochalpinen Seenland

Nicht weniger als drei Bergseen umgeben die Adolf-Nossberger-Hütte im Nationalpark Hohe Tauern in Kärnten. Türkisblau leuchtet der größte von ihnen: der Große Gradensee, an dessen Ufer auch ein Kanu liegt. Es wartet hier auf abenteuerlustige Wanderer, die etwas Besonderes erleben wollen. Wo sonst kann man, umgeben von 15 Dreitausendern auf einem Bergsee eine Runde paddeln? Die Bergkulisse bietet für jeden Alpinisten einen passenden Gipfel, egal ob Friedrichskopf, Georgskopf, Hoher Perschitzkopf, Keeskopf oder Petzeck, den höchsten Berg in der Schobergruppe. Und sollte es beim Paddeln zu kalt werden, steht danach auf Vorbestellung das große, mit Holz beheizte finnische Badefass am Seeufer bereit. Mit einfachen Mitteln bietet die Hütte Actionprogramm für Groß und Klein. Die Slackline steht auch Tagesgästen zur Verfügung. Auf der Seilrutsche kann man den Gradensee ganz nah, aber dennoch trocken bestaunen. Und immer wieder finden sich ruhige Plätze rund um die Hütte, an denen man einfach nur die Landschaft genießen kann. Ein Schild am Eingang der Hütte verdeutlicht: willkommen in der stressfreien Zone! An den Ufern der kleinen, flacheren Seen im Gradental wächst im Sommer das Schmalblättrige Wollgras, eine Alpenblume, die an Wattebällchen erin-

nert und sich sanft im Wind bewegt. Die Hütte wurde 1929–1931 von der Alpenvereinssektion der Wiener Lehrer erbaut und im Laufe der Jahre mehrmals erweitert und renoviert. Adolf Nossberger war ein leidenschaftlicher Bergsteiger und bei vielen Erstbegehungen in der Umgebung dabei. Ihm zu Ehren wurde die Schutzhütte, die anfangs noch Gradenseehütte hieß, umbenannt. Sie beherbergt 50 Schlafplätze, aufgeteilt in Dreibett- und Fünfbett-Zimmer sowie in kleine Lager mit sieben bis zehn Betten. Sie ist mit dem Umweltgütesiegel des Alpenvereins ausgezeichnet. Christian Krüger, der Hüttenwirt, ist unter anderem gelernter Koch und zaubert aus einfachen Zutaten köstliche Gerichte. Die Lebensmittel dafür werden alle paar Wochen mit dem Helikopter aus dem Tal zur Hütte geflogen. Nachlieferungen mit frischen Zutaten gelangen mindestens einmal die Woche im Rucksack zu Fuß zur Hütte. Neben regionalen Spezialitäten und den beliebten Fleischknödeln mit Weinkraut versteht er es vor allem, normale Gerichte zu verfeinern. Es verwundert also nicht, dass die Hütte mit dem Gütesiegel »So schmecken die Berge« ausgezeichnet ist. Das Siegel bestätigt den Bezug von regionalen Produkten und eine saisonabhängige Gestaltung der Speisekarte. Und so kann man an heißen Sommertagen nach einem Sprung in den eiskalten Bergsee einen hausgemachten Eistee im Liegestuhl genießen. Dreitausender-Bergblick inklusive.

Der malerische Zustieg übens Gradental

Für den etwa dreistündigen Weg vom Wanderparkplatz im Gradental zur Hütte sollte man sich Zeit nehmen. Immer wieder geht es steil bergauf, sodass man öfter mal stehen bleiben muss, um Luft zu holen, aber auch zu staunen. Nach einem lichten Nadelwald und der ersten Steilstufe erreicht man einen weiten Almboden. Hier weiden Kühe und Pferde friedlich vor sich hin. Das Gradenmoos durchwandert man auf der rechten Seite, bis sich der Weg für den letzten Teil des Weges trennt. Solange es noch Schneefelder gibt, hält man sich besser rechts, denn links geht es etwas ausgesetzter über den Seeplattenweg bergauf. Oben angekommen, plätschert der Gradenbach durch eingeschnittene Felsen in den Vordersee, ein Stück weiter erreicht man den Mittersee. Die Hütte ist nun schon von Weitem zu sehen. Für die Nummern am Wegesrand gibt es einen eigenen Kurzführer »Gradental«, der bei der Nationalpark Verwaltung in Großkirchheim erhältlich ist.

Länge der Tour 5,7 km, 931 Höhenmeter bergauf, Gehzeit ca. 3 Std.; Kondition und Trittsicherheit erforderlich, besondere Vorsicht bei feuchtem Untergrund

Der erste 3000er

Hinter dem Großen Gradensee fließt das Wasser vom Keeskopf ins Tal. Je länger der Sommer dauert, umso weniger wird es. Der Keeskopf selbst ist ein verhältnismäßig einfacher Dreitausender (3081 m) und daher eine beliebte Tour von der Hütte aus. Sein Gipfel befindet sich genau an der Grenzlinie zwischen Kärnten und Osttirol. Um ihn zu erklimmen, muss man trittsicher unterwegs sein und darf die an die Felsen gemalten Markierungen nicht aus dem Auge verlieren.

Länge der Tour 2 km, 581 Höhenmeter bergauf/bergab, Gehzeit von der Adolf-Nossberger-Hütte zum Gipfel ca. 1,45 Std.

Zweitagestour von Kärnten nach Osttirol

Geübte Wanderer sollten sich bei einem Besuch der Adolf-Nossberger-Hütte die Möglichkeit einer Überschreitung zur

ÖSTERREICH

Lienzer Hütte im Debanttal nicht entgehen lassen. Nach dem Aufstieg vom Mölltal ins Gradental wartet am nächsten Tag der Keeskopf (3081 m) darauf, erklommen zu werden. Danach geht's über die Niedere Gradenscharte gut versichert bergab zur Lienzer Hütte (1977 m). Nach einer Stärkung, z. B. mit Osttiroler Schlipfkrafen, führt der Natur- und Kulturlehrweg entlang des Debantbachs zurück zum Wanderparkplatz. Der malerische Bach wird aus Karseen und Quellen genährt und hat kaum Gletscherwasseranteil. Verschiedene Schautafeln bieten zusätzliche Informationen über Flora und Fauna. Auf der am Weg gelegenen Hofalm gibt es ein kleines Almmuseum zu besichtigen und frische Butter, Käse und Speck zu kaufen. Mit etwas Glück erspäht man die hier ausgewilderten Bartgeier in der Luft. Am Wanderparkplatz Seichenbrunn angelangt, lässt man sich am besten vom vorab bestellten Taxi aus dem Tal abholen, denn das Debanttal ist mit 16 km das längste in sich geschlossene Almtal Österreichs.

Länge der Tour 20,9 km, 1951 Höhenmeter bergauf, 1316 bergab, Gehzeit ca. 8–10 Std.

ADRESSE
Nossberger Hütte,
Nationalpark Hohe Tauern
www.nossberger.at
Tel. +43 676 496 69 31

ANREISE
Hinweis: Die Nossberger Hütte ist **nur zu Fuß** erreichbar (siehe Text). Ausgangspunkt ist der Wanderparkplatz im Gradental.
Öffentlich: Mit dem Postbus z. B. aus Lienz bis Putschall. Die zusätzlichen zwei Stunden Aufstieg zum Wanderparkplatz Gradental kann man sich mit einem Taxi ersparen.
Mit dem Auto: Aus dem Norden über die Großglockner Hochalpenstraße nach Heiligenblut – weiter nach Putschall. Von hier folgt man den Schildern bis zum Wanderparkplatz.
Flughafen Salzburg: 148 km

Wilde Wasser
Landschaften und Lebensräume werden vom Wasser geprägt und ständig umgeformt. Das auf den Gletschern der Hohen Tauern von der Sonne geschmolzene Eis fließt zunächst in unzählige Bergseen und von dort weiter ins Tal. Auf seinem Weg überwindet es auch immer wieder Steilstufen. So gibt es im Kärntner Teil des Nationalpark Hohe Tauern mindestens 24 grandiose Wasserfälle, die sich im Rahmen von leichten bis schwierigen Wanderungen bestaunen lassen.

 ## Gartlfall

Der Gartlfall bei Großkirchheim zeichnet sich durch ein spezielles Mikroklima aus. Wer hier am Wasser einen Aktivurlaub verbringt, verbessert nachweislich sein Immunsystem. Die fein verteilten, elektrisch aufgeladenen Wassertropfen haben zudem eine positive Wirkung gegen Stress.

Länge der Rundtour 2,5 km, 103 Höhenmeter bergauf/bergab, Gehzeit ca. 1 Std.

 ## Jungfernsprung

Der Jungfernsprung ist der höchste Wasserfall des Mölltals. Über zwei Fallstufen fällt das Wasser mehr als 130 m ins Tal. Eine Jungfrau soll sich hier bei ihrer Flucht vor dem Teufel über die Felsen gestürzt haben. Von Engeln getragen hat sie den Sturz überlebt. Ausgangspunkt der Wanderung ist der gleichnamige Parkplatz.

Länge der Tour 1 km, 100 Höhenmeter bergauf/bergab, Gehzeit ca. 1,5 Std.

 ## Gössnitzfall

Direkt in Heiligenblut ragt eine 100 m hohe Felswand empor, die von einer Kerbe geteilt wird. Der Legende nach hat diese ein Riese mit seiner Axt in den Fels geschlagen. Nun bahnt sich der Gößnitzbach seinen Weg durch die Kerbe und stürzt von dort 70 m tief ins Tal. Das beeindruckende Naturschauspiel erreicht man über den Naturlehrweg vom Parkplatz Reschitzbrücke aus.

Länge der Tour 3 km, 120 Höhenmeter bergauf/bergab, Gehzeit ca. 2 Std.

 ## Gößfälle im Maltatal

Hier zählt nicht die Höhe, sondern die umgebende Landschaft. Die Naturarena rund um die Wasserfälle wurde im Zuge einer Landesausstellung errichtet. Die erste Kaskade (ca. 150 m) ist barrierefrei für geh- und sehbehinderte Menschen

NATIONALPARK HOHE TAUERN – ADOLF-NOSSBERGER-HÜTTE

> **Events**
> **Großglockner Berglauf:** Einmal im Jahr, Mitte Juli, sind 1200 Bergläufer im Eiltempo von Heiligenblut bis zur Kaiser-Franz-Josefs-Höhe unterwegs. Auf den insgesamt 13 km werden 1494 Höhenmeter zurückgelegt.
> **Kräuterweihe:** Weniger schweißtreibend geht es bei der berühmten Kräuterweihe der Trachtenfrauen in Heiligenblut am 15. August (Hoher Frauentag) vonstatten. Die selbst gebundenen Kräutersträuße werden vormittags in der Kirche geweiht und am Dorfplatz zum Verkauf angeboten. Besonders schön anzusehen sind die traditionellen Trachten der Frauen.

erreichbar. Von hier führt ein Wasserthemenweg zum oberen Ende der Gößschlucht. Geleitet von Zitaten berühmter Persönlichkeiten rund um das Thema Wasser ist man eingeladen, sich selbst Gedanken zu machen und das Rauschen der Fälle zu genießen. Absolutes Highlight ist die Hängebrücke über die Gößklamm am Ende des Themenweges.

Länge der Rundtour 2,14 km, 136 Höhenmeter bergauf/bergab, Gehzeit ca. 1,5 Std.

 Goldgräberdorf Heiligenblut

Im Fleißtal, nahe Heiligenblut, wurde auf historischem Boden eine alte Goldgräbersiedlung rekonstruiert. Nach einem Besuch des Freilichtmuseums kann man sein Glück beim Goldwaschen im Fleißbach versuchen. Mit viel Ausdauer und etwas Glück lassen sich immer mal wieder kleine Nuggets im Sieb finden.

www.graeberdorf-heiligenblut.at

 Klettersteig in der Möllschlucht

Ein neu angelegter Klettersteig erschließt mutigen Abenteurern die verborgene Möllschlucht. Der Steig zeichnet sich vor allem durch extrem lange Seilbrücken aus. Mit etwas Glück kann man bei Schönwetter vom Ausstieg des Klettersteigs aus den Gipfel des Großglockners erspähen. Für die eineinhalbstündige Tour bucht man am besten einen ortskundigen Bergführer.

Schwierigkeitsgrad C–D, 60 Höhenmeter, Steigzeit 1 Std., mit Zu- und Abstieg 1,5 Std.

 Die Großglockner Hochalpenstraße

Was einst nur mutigen Bergsteigern vorbehalten war, ist mittlerweile eine beliebte Tour für Groß und Klein. Seit der Eröffnung der 48 km langen Alpenstraße im Jahr 1935 hat sich einiges verändert. Unter anderem ist die Pasterze, der größte Gletscher Österreichs, deutlich zurückgegangen. Von der Kaiser-Franz-Josefs-Höhe kann man ihn aber immer noch sehen. Zudem wartet das Besucherzentrum mit Ausstellungen und Attraktionen zum Großglockner, dem höchsten Berg Österreichs, auf. Entlang der Hochalpenstraße gibt es immer wieder Möglichkeiten, Wanderungen in unterschiedlichen Schwierigkeitsgraden zu unternehmen.

www.grossglockner.at

Die Schobergruppe ist ein Eldorado für Bergsteiger. Auf der Niederen Gradenscharte sorgt in 2796 m Höhe ein kristallklarer Bergsee für wohltuende Erfrischung.

Eine der ungewöhnlichsten Ferienwohnungen steht in einem kleinen Dorf in der Nähe von Lienz.

13 Ufogel (720 m)
Tiny House in Osttirol

Mitten auf einer Wiese steht neben einem alten Bauernhaus ein seltsames Objekt aus Holz. Es sieht aus wie ein überdimensional großes Biwak, doch dafür ist es dann doch zu extravagant. Manchmal erinnert der Bau an einen seltsamen Urvogel, ein andermal eher an ein UFO. Seitenwände und Dach sind mit traditionellen Lärchenholz-Schindeln gedeckt, die unter dem Einfluss des Sonnenlichts über die Jahre schön langsam ergraut sind. Und da der gesamte Bau auf Stelzen steht, schwebt er leicht erhaben über der Wiese. Vielleicht doch ein Vogel im Landeanflug?

So exotisch, wie der Ufogel von außen wirkt, so gemütlich ist er im Inneren. Trotz der schrägen Wände und kleinen Außenmaße findet alles seinen Platz. Die große Sitzbank und der Tisch lassen sich versenken, der Küchenblock wird zur Theke. Den Schrank findet man platzsparend unter der Treppe eingebaut. Über diese erreicht man am lederüberzogenen Handlauf den Zwischenstock und das Obergeschoss mit Schlafzimmer. Das große Doppelbett aus duftendem Zirbenholz steht direkt unter dem Dach und ist ein angenehmer Rückzugsort. Daneben gibt es noch eine kleinere Schlafkoje für zwei weitere Personen. Gegenüber eine kleine Ablage, um das Reisegepäck zu verstauen – mit Glasboden. Wer hier durchspäht, sieht direkt in die darunter liegende Dusche, welche von Tageslicht durchflutet wird. Das Badezimmer ist klein und einfach eingerichtet, ebenso die kleine Kochnische mit Spüle und Kochfeld. Für die Grundwärme sorgt eine Fußbodenheizung, für wohlige Wärme im ganzen Haus ein Kaminofen mit optionaler Kochplatte. An heißen Sommertagen läuft dagegen ein vollautomatisches Sonnenschutzsystem zur Hochform auf und bedeckt die großen Fensterflächen mit einer Jalousie. Unterstützt wird dies durch eine Klimaanlage. Ein riesiges Panoramafenster macht das Zwischengeschoss rasch zum Lieblingsaufenthaltsort. Hier liegen weiche Matratzen, Decken und kuschlige Kissen aus der Villgrater Schafwoll-Manufaktur. Die fantastische Aussicht auf die Lienzer Dolomiten ist besonders beeindruckend bei einem Gewitter. Dann blitzt und donnert es über der Bergkulisse, während der Ufogel als zuvorkommender Gastgeber Plätze in erster Reihe zur Bewunderung des Naturschauspiels bietet.

Thomas Pitterl, Eigentümer und Vermieter des Ufogels, wohnt nebenan in einem alten Bauernhof. Er gab den Architekten Peter und Lukas Jungmann den Anstoß für den extravaganten Bau. 2012 landete der Ufogel dann auf der Obstwiese und wird seitdem von Architektur-Interessierten aus aller Welt heimgesucht. Es scheint, als würden die Lärchenholzwände den Alltagsstress geradezu aufsaugen, so rasch schreitet der Erholungsprozess mit den hier verbrachten Stunden voran. Einziger Wermutstropfen: Im Ufogel sind mindestens zwei und maximal fünf Übernachtungen am Stück möglich.

ÖSTERRECH

 Durchs Debanttal zur Lienzer Hütte (1977 m)

Ausgangspunkt ist der Parkplatz Seichenbrunn, erreichbar mit dem Auto oder per Wanderbus. Hier beginnt der Natur- und Kulturlehrpfad, ein einfacher Wanderweg entlang des malerischen Debantbachs. Durch Moore, über Almwiesen und durch kleine Waldstücke geht es immer direkt auf den Glödis, einen markanten Berg, zu. Auf Schautafeln werden Flora und Fauna erklärt. Der erste Stopp am Weg ist die Hofalm. Hier gibt es ein Almmuseum zu besichtigen und hofeigene Produkte zu kaufen. Die nahe gelegene Steinkapelle ist ebenfalls einen Blick wert! Von der Hofalm führt der Weg nach oben, bis sich ein weiter Talkessel öffnet. Zwischen Glödis und Hochschober liegt das Ziel der Wanderung: die Lienzer Hütte am Ufer des Debantbachs. Der vom Hüttenwirt selbst mit viel Liebe zum Detail gebaute Kinderspielplatz schließt direkt an die Tische vor der Hütte an. Auf der Speisekarte stehen deftige einheimische Gerichte, zum Kaffee schmeckt ein Stück vom frisch gebackenen Apfel- oder Topfenstrudel. Direkt von der Hütte aus kann man anschließend noch auf einen kleinen Vorsprung nach oben steigen. Dafür quert man den Bach und folgt dem Wegweiser Richtung Keeskopf. Der Weg führt kurz bergab, dann sanft nach oben zu einem kleinen Holzbankerl, von dem aus man einen grandiosen Blick ins Tal hat. Die Lienzer Hütte ist von Anfang Juni bis Oktober bewirtschaftet.

Länge der Tour 4 km, 377 Höhenmeter, bergauf/bergab, Gehzeit 1–1,5 Std.

> **ADRESSE**
> Ufogel,
> Gaimbergstraße 1a,
> A-9990 Nussdorf-Debant,
> www.ufogel.at
>
> **ANREISE**
> **Öffentlich:** Mit dem Bus oder der Bahn bis Lienz. Von hier mit dem Postautobus bis Nussdorf-Debant.
> **Mit dem Auto:** Aus dem Norden über den Felbertauerntunnel nach Osttirol. Weiter bis nach Lienz, dann in den kleinen Vorort Nussdorf-Debant. Aus dem Süd-Westen über das Südtiroler Hochpustertal und Sillian nach Lienz. Von Kärnten über Villa-Spittal in Richtung Lienz.
> **Flughafen Innsbruck:** 188 km
> **Flughafen Klagenfurt:** 150 km
> **Flughafen Salzburg:** 189 km

 Tristacher See (820 m)

In einem kleinen Tal südlich von Lienz liegt am Fuße der Lienzer Dolomiten der wunderschöne Tristacher See. Die Tiefenwasserableitung trägt dazu bei, dass sein Wasser immer kristallklar und von bester Qualität ist. Im Sommer erwärmt es sich sogar auf bis zu 24 °C. Das angeschlossene Strandbad bietet Liegestühle und Sonnenschirme, im Terrassen-Café gibt es Snacks, kühle Getränke und die wichtigste Zutat für einen perfekten Badetag: Eis. Rund um den See verläuft ein romantischer Wanderweg, von dem aus man unter anderem das Naturdenkmal »Alter See« besichtigen kann. Wer eine Nacht am See verbringen möchte, kann sich am Campingplatz oder, viel nobler, im 4-Sterne-Parkhotel einquartieren. In den Sommermonaten ist der Parkplatz am See gebührenpflichtig. Alternativ bringt der kostenlose Bäderbus die Badegäste von Lienz zum Strandbad.

www.lienz.gv.at

 Lienzer Dolomitenrunde

Auf den Spuren der Rad-Profis überwindet man auf der Rennradstrecke der Superlative 122 km, 2300 Höhenmeter und 3 Pässe. Zunächst geht es auf den noch gut erreichbaren Gailbergsattel. Die Abfahrt nach Kötschach verschafft eine kurze Erholungspause, bevor man sich technisch anspruchsvoll durch das Lesachtal auf den Kartitscher Sattel hinauf müht – aufgrund der Länge der Strecke und den unzähligen Gegenanstiegen kein Kinderspiel. Das Highlight der Tour ist die Pustertaler Höhenstraße. Mit bis zu 17 % Steigung fordert sie die letzten Kraftreserven. Es lohnt sich, früh zu starten.

Länge der Tour 122 km, 2300 m Höhenunterschied, Fahrzeit 4–5 Std.

 Vitalpinum

Mit einer Kombination aus Gartenanlage, Schaubrennerei und Shop gibt es im Vitalpinum in Assling so einiges zu erleben. Im Garten werden gleich zu Beginn die Sinne mit einem Barfußpfad geweckt, bevor man in der kleinen

LIENZ – UFOGEL

Die Lienzer Hütte empfängt Wanderer mit heimischen Schmankerln und einem grandiosen Ausblick, z. B. auf die Schobergruppe.

Schaubrennerei demonstriert bekommt, wie aus Latschenkiefern hochwertiges Latschenöl gewonnen wird. Danach lockt der Kräutergarten mit Kinderspielplatz. Die beiden Brüder Stefan und Michael Unterweger führen den Betrieb bereits in vierter Generation und geben in einem kleinen angeschlossenen Museum auch immer wieder Einblick in die Anfangszeiten des Unternehmens. Begründer des Vitalpinum waren 1886 ebenfalls zwei Brüder, die schon damals eine gute Aufgabenverteilung festlegten. Während der eine im heimatlichen Betrieb arbeitete, zog der andere in die Welt und brachte auf Wirtschaftsausstellungen und Messen ihr gemeinsames Produkt unter die Leute: das Latschenöl. Das Vitalpinum als erste Tiroler Latschenölbrennerei exportiert heute in 38 Länder und stellt inzwischen auch aus vielen anderen alpinen Pflanzen hochwertige Pflegeprodukte her.

Vitalpinum, Thal-Aue 13, A-9911 Assling, Jan.–Juni, Sept.–Okt. 10–17, Juli, Aug., Nov., Dez. 9–18 Uhr, www.vitalpinum.com

⭐ Klettersteig

Mit ihren bizarren Felsformationen sind die Lienzer Dolomiten wie geschaffen für Kletterer. Der 2015 eröffnete Klettersteig »Verborgene Welt« führt spektakulär an einem Wasserfall vorbei. Der Klapffall hat sich über Jahrhunderte tief in den Felsen eingeschnitten und ein beeindruckendes Schluchtensystem geschaffen. Dank zahlreicher Seilbrücken bekommt man immer wieder tolle Einblicke in die Wasserwelt. Der Zustieg erfolgt vom Parkplatz Klammbrückl auf dem markierten Weg zur Kerschbaumeralm. Vom Ausstieg des Klettersteigs geht es wieder zurück zum Parkplatz oder man steigt in 20 Minuten zur Kerschbaumeralm auf, von wo aus man zu weiteren Klettersteigen starten kann, wie z. B. auf die Weittalspitze oder die Gamswiesenspitze.

Schwierigkeitsgrad C–D, 110 Höhenmeter, Steigzeit 1,5 Std., mit Zu- und Abstieg 3,5 Std.

Aguntum

Eine der eindrucksvollsten ehemaligen Römersiedlungen im Gebirge lockt Archäologen aus aller Welt nach Osttirol. Noch längst ist in Aguntum nicht alles wieder aufgefunden, das Grabungsgelände mit Museum wächst stetig weiter. Unter Kaiser Claudius (41–54. n. Chr.) erlebte Aguntum einen imposanten Aufschwung. Damals ernannte der Kaiser die Siedlung zur Stadt. Stadtmauer, zahlreiche Gebäude wie auch eine Therme zeugen von ihrer Blütezeit. Im 3. Jh. verlor die Stadt jedoch an Wichtigkeit und geriet nach und nach in Vergessenheit. Der Schutzbau über dem Atriumhaus fungiert zugleich als Museum, in dem die Besucher anhand verschiedener Exponate einen spannenden Einblick in den Alltag der Römer bekommen. Der Aussichtsturm bietet einen guten Überblick über das Grabungsgelände.
🔗 www.aguntum.info

🥾 Karlsbader Hütte (2260 m)

Direkt am malerischen Laserzsee thront die Karlsbader Hütte mitten in den Lienzer Dolomiten. Sie liegt am Gailtaler Höhenweg und lockt neben Wanderern auch Mountainbiker und Kletterer an. Der kürzeste Weg zur Hütte führt vom Parkplatz an der Dolomitenhütte entlang der Laserzwand nach oben. An den Felswänden sind zahlreiche Kletterrouten der Schwierigkeitsgrade II–XI angelegt. In der gemütlichen Stube oder auf der Sonnenterrasse der Hütte kann man sich nach vollbrachter Tat mit selbst gemachten Strudel oder Kuchen belohnen. Marmeladen und Quark stammen ebenfalls aus Eigenproduktion. Wer länger verweilen will, dem bieten sich 58 Schlafplätze in Mehrbettzimmern und 43 im Matratzenlager.

Länge der Tour 4,2 km, 640 Höhenmeter bergauf, Gehzeit 1,5–2 Std.

14 Stüdlhütte (2801 m)
Am halben Weg zum Großglockner

Wer die extravagante Hütte auf dem Weg zum Gipfel des höchsten Berges Österreichs betritt, hat bereits einiges erlebt. Vorausgesetzt, man hat am Weg nach oben hin und wieder innegehalten und sich umgesehen. Denn die Chancen auf tierische Begegnungen stehen bei der Wanderung vom Parkplatz am Lucknerhaus über die Lucknerhütte zur Stüdlhütte ausgezeichnet. Ob Steinbock oder Murmeltier, hier sind die Alpenbewohner heimisch und auch so weit an die Wanderer gewöhnt, dass sie sich öfter mal zeigen. Schon aus der Ferne fällt die ungewöhnliche Form der Hütte auf, ähnlich einer Tonne. Der Bau wurde 1993 vom Deutschen Alpenverein als Ersatz für die sanierungsbedürftige Vorgängerhütte in Auftrag gegeben. Der deutsche Architekt Albin Glaser berücksichtigte beim Entwurf vor allem die exponierte Lage und den Wunsch nach einer energieeffizienten Lösung. So trotzt das auf einer Seite abgerundete und aluminiumgedeckte Haus Windgeschwindigkeiten von mehr als 200 km/h und jeglichem Wetter. Ansonsten ist es mit traditionellen Holzschindeln verkleidet. Die Energieversorgung wird durch Solar- und Photovoltaikanlagen gesichert, womit der Neubau den »Kriterien für Bauen im alpinen Raum« des Nationalparks Hohe Tauern entspricht.

Die 1996 neu eröffnete Stüdlhütte liegt mitten in der Kernzone des größten Nationalparks Österreichs und bietet zahlreichen Alpinisten willkommene Rast bei der Besteigung des Großglockners. Aber auch ohne Gipfelambitionen bekommt man von hier einen grandiosen Einblick in die hochalpine Bergwelt. Wer von der Stüdlhütte aus weiter nach oben möchte, braucht entsprechende Gletscherausrüstung, Erfahrung und im Idealfall einen ortskundigen Bergführer. Wer lediglich die Natur und die gute Küche genießen will, dem genügen zwei gesunde Füße und ein wenig Ausdauer. Lebensmittel kommen per Materialseilbahn von der Luckner Hütte im Tal nach oben – ein Schauspiel, das man als Gast mehrmals täglich beobachten kann. Schließlich wollen etwa 120 Gäste pro Tag versorgt sein. Die Matratzenlager sind einfach ausgestattet, für die Stockbetten wurde heimisches Holz verwendet. Neben gut ausgestatteten Waschräumen gibt es eine Dusche, diese jedoch nur auf Nachfrage und gegen Aufpreis. Am Abend stellen die Wirtsleute unter Beweis, dass man auch hoch oben am Berg nach allen Regeln der Kunst auftischen kann. Dabei ist das Angebot nicht allein auf regionale Spezialitäten beschränkt, sondern überrascht z. B. mit einer Lachs-Zander-Variation. Auch sonst ist vom Antipastibüfett über mehrere Hauptspeisen bis hin zum Dessert und zur Käseplatte alles dabei. Luxus, den vielleicht nicht jeder Bergsteiger braucht, der aber für eine genussvolle Stärkung sorgt.

 ## Wanderungen zur Stüdlhütte

Ausgangspunkt der leichten Wanderung durch das Ködnitztal zur Stüdlhütte ist der Parkplatz am Lucknerhaus am Ende des Kalser Tales. Von hier folgt man der breit ausgebauten und viel begangenen Forststraße vorbei an Huter- und Jörgenalm bis zur Lucknerhütte. Weitaus beschaulicher führt der Weg dann durch das Ködnitztal und über malerische Almböden weiter zur Stüdlhütte. Deutlich ruhiger, aber auch anspruchsvoller steigt man vom Taurerwirt durch das Teischnitztal zur Stüdlhütte an. Den Parkplatz an dem prächtigen, altehrwürdigen Gasthof erreicht man mit dem Auto ab Kals oder mit dem Wanderbus. Von hier geht es über Wiesen steil bergan auf die Straße zur Moaralm und von dort über einen Abzweig auf die Forststraße, die hinein ins malerische Teischnitztal führt. Durch die Teischnitzklamm steigt man dann zur Hochebene im Teischnitztal an. Für den sich anschließenden Herrensteig über die Hänge der Freiwandspitze hinauf zur Fanatscharte mit der Stüdlhütte ist Trittsicherheit gefragt, denn auf dem steil ansteigenden, steinigen Pfad sind auch mehrere seilgesicherte Passagen zu bewältigen. Die fantastischen Ausblicke auf den Großglockner und den Stüdlgrat, welche sich auf diesem Wegstück beinahe ständig bieten, lassen aber alle Mühen vergessen.

Durch das Ködnitztal: Länge der Tour 5,4 km, 890 Höhenmeter, Gehzeit ca. 3 Std.
Durch das Teischnitztal: Länge der Tour 7,8 km, 1320 Höhenmeter, Gehzeit ca. 4 Std.

 ## Hausberge der Stüdlhütte

Absolutes Muss für jeden Gast ist eine kurze Wanderung auf den Fanatkogel (2905 m), der direkt hinter der Stüdlhütte emporragt. Von hier hat man nicht nur eine großartige Aussicht auf den Großglockner, den Stüdlgrad und die Erzherzog-Johann-Hütte, sondern auch auf den gigantischen Gletscherabbruch des Teischnitzkees. Spätestens dann wird man sich der hochalpinen Lage so richtig bewusst. In nur 30 Minuten ist zudem der Gipfel der Schere (3031 m) erreicht, von dem aus man zusätzlich den Blick auf den Ködnitzkees und die Adlersruhe genießen kann.

Fanatkogel: 104 Höhenmeter, Gehzeit 30 Min.
Schere: Länge der Tour 0,8 km, 210 Höhenmeter, Gehzeit ca. 1 Std.

ÖSTERREICH

 Zur Erzherzog-Johann-Hütte (3451 m)

Die Erzherzog-Johann-Hütte erreicht man nur über Gletschertouren. Entsprechende Ausrüstung und Kenntnisse oder aber ein erfahrener Bergführer sind also Voraussetzung, um Österreichs höchstgelegene Schutzhütte zu erreichen. Die Zustiege führen unter anderem von Tirol oder Kärnten in 5–6 Stunden bergauf, der weitaus meist begangene Weg zur Adlersruhe ist jedoch der vom Lucknerhaus über die Stüdlhütte. Ausgehend von der Stüdlhütte hält man sich Richtung Osten und erreicht um den Salzkopf herum das Ködnitzkees. Über den Gletscher geht es hinauf zum Blaukopfgrat und zum Kampl, von wo aus ein versicherter Steig entlang des Felsgrates direkt zur Hütte führt. Wer konzentriert am Felsen nach oben geturnt ist, wird seinen Augen kaum trauen. In der kleinen Hütte, die auf dem Felskopf thront und bereits 1880 errichtet wurde, herrscht gemütliche Wohnlichkeit. Auch heute noch ist sie die letzte Rast vor dem Anstieg zum Gipfelkreuz und wird daher gerne für Übernachtungen vor oder nach dem Gipfelerlebnis genutzt. Drei kleine Zimmerchen und 100 Schlafplätze in den Matratzenlagern stehen hierzu bereit. Der Gastraum ist klein, aber gemütlich, die Aussicht von jedem einzelnen der Fenster ein Traum. Die Küche ist ganztägig in Betrieb, und bei Gulasch, Osttiroler Schlipfkrapfen oder den angeblich besten Hütten-Spaghetti weit und breit kehren die Kräfte schnell wieder. Für Übernachtungsgäste gibt es abends ein dreigängiges

> **ADRESSE**
> Stüdlhütte
> Nationalpark Hohe Tauern,
> www.stuedlhuette.at,
> Tel. +43 4876 82 09
>
> **ÖFFNUNGSZEITEN**
> im Winter für Tourengeher ca. von März bis Mitte Mai, im Sommer von Mitte Juni bis Mitte Oktober
>
> **ANREISE**
> **Hinweis:** Die Stüdlhütte ist **nur zu Fuß** erreichbar (siehe Text).
> **Öffentlich:** Im Sommer fahren Wanderbusse von Lienz über Kals zum Lucknerhaus oder Taurerwirt.
> **Mit dem Auto:** Aus dem Norden kommend durch den Felbertauerntunnel bis nach Kals, von hier führt eine Mautstraße zum Lucknerhaus oder man biegt rechts ab und fährt über Kals Burg zum Taurerwirt. Die Informationsstelle der Nationalpark Ranger ist im Sommer durchgehend besetzt.
> **Flughafen Innsbruck:** 183 km
> **Flughafen Salzburg:** 226 km

In diesen Höhen sind die Chancen besonders groß, Steinböcken zu begegnen. Mit dem Fernglas kann man sie gut beobachten.

> **Johann Stüdl**
> Die Stüdlhütte wurde mithilfe des Prager Kaufmanns Johann Stüdl im Jahre 1868 gebaut. Als begeisterter Bergsteiger und Visionär hat er die Geschichte auf der Osttiroler Seite des Großglockners nachhaltig geprägt. Er war allerdings nicht nur leidenschaftlicher Alpinist, sondern auch alpiner Schriftsteller und hat seine unzähligen Bergabenteuer in zahlreichen Schriften dokumentiert. Unter anderem war er maßgeblich an der touristischen Entwicklung der Glockner- und Venedigergruppe in den Ostalpen beteiligt. Als er 1867 das erste Mal nach Kals kam, entschloss er sich, die Gemeinde bei ihrem Vorhaben, eine neue Route auf den Glockner zu erschließen, zu unterstützen. Er finanzierte den Bau der ersten Stüdlhütte am Fuße des Südwestgrads. Auf Anregung des Pfarrers Franz Senn aus Vent im Ötztal gründete Stüdl 1869 den ersten Bergführerverein des Landes und legte den Grundstein für das heutige Bergführerwesen. Weiterhin war er Gründungsmitglied des Deutschen Alpenvereins und 50 Jahre lang Obmann der Sektion Prag. Die Route über den Südwestgrat auf den Gipfel des Großglockners wurde Anfang des 20. Jh. ihm zu Ehren Stüdlroute benannt.

NATIONALPARK HOHE TAUERN – STÜDLHÜTTE

Osttiroler Schlipfkrapfen

Osttiroler Schlipfkrapfen sind mit Kartoffeln, Kräutern und Gewürzen gefüllte Teigtaschen. An der Frage, ob auch Quark mit in die Füllung gehört, scheiden sich von jeher die Geister. Absolutes Muss bei der Zubereitung des Schlipfkrapfenteigs ist jedoch der Roggenmehl-Anteil, der ihnen ein bräunliches Aussehen verpasst. Serviert werden die Teigtaschen in reichlich brauner Butter und mit frisch geschnittenem Schnittlauch bestreut.

Menü und ein Gläschen Glocknerwein für den guten Schlaf. Auf Ohrstöpsel sollte man trotzdem nicht verzichten!

Zustieg von der Stüdlhütte: Länge der Tour 3 km, 663 Höhenmeter, Gehzeit ca. 2,5 Std.

Top of Austria

Der Normalweg auf den Großglockner führt von der Stüdlhütte über das Ködnitzkees zur Erzherzog-Johann-Hütte. Von hier sind es noch 344 Höhenmeter und rund 1,5 Stunden zum Gipfel, der über das Glocknerleitl, den Kleinglockner, die Scharte und einen letzten felsigen Anstieg erreicht wird. Je nach Jahreszeit und Schneeverhältnissen sieht der Weg immer wieder anders aus, und es empfiehlt sich, mit einem ortskundigen Führer zu gehen.

Länge der Gesamttour Lucknerhaus – Stüdlhütte – Erzherzog-Johann-Hütte – Großglockner: 18,3 km, 2021 Höhenmeter, Gehzeit ca. 12 Std., www.bergfuehrer-kals.at

Gletscherreise ins ewige Eis

Die zweitägige Gletscherreise wird mit einer Übernachtung auf der Stüdlhütte kombiniert. Den ersten Teil der Wanderung übernimmt ein Nationalpark-Ranger, den oberen Teil am Gletscher ein Bergführer. Mit Fernglas und Spektiv ausgerüstet durchwandert man so zunächst vom Lucknerhaus ausgehend verschiedene Vegetations- und Klimazonen, wie man sie sonst nur bei einer 4000 km langen Trekkingtour durch die Arktis erleben kann. Begegnungen mit den »Big Five« der Alpen – Gämse, Steinbock, Murmeltier, Adler und dem seit 1990 wieder angesiedelten Bartgeier – sind dabei eingeschlossen. An Tag 2 der Gletscherreise dreht sich dann alles um das ewige Eis. Dabei kann man sich getrost den Kalser Bergführern anvertrauen. Ihr Ruf ist legendär, und sie waren schon Ende des 20. Jh. als mutige Führer in entlegene Gebiete der Welt bekannt. Mit Gurt und Helm ausgestattet geht es ein Stück bergauf bis zum Teischnitzkees. Jetzt heißt es Steigeisen anlegen und den Karabiner vom Klettergurt am Seil einklinken. Der versicherte Spaziergang an den Rand des Gletschers mit Blick ins Teischnitztal sorgt dennoch schnell für weiche Knie. Doch so nah kommt man den gewaltigen Eismassen nur selten. Je nach Wetterlage sind die Spalten im Eis besser oder schlechter zu erkennen. In eine von ihnen darf man sich bei Interesse auch abseilen, bevor die spektakuläre Gletscherreise mit dem Abstieg zurück ins Tal ihr Ende nimmt.

Anmeldung im Kalser Tourismusbüro, Ködnitz 7, A-9981 Kals am Großglockner, Tel. +43 502 125 40, www.hohetauern.at

Aufbruch zum Gipfel des Großglockners, dem höchsten Berg Österreichs. Dieser scheint kurz nach Verlassen der Stüdlhütte noch in unerreichbarer Entfernung zu sein.

15 Die Kristallhütte (2147 m)
Lifestyle & Party am Berg

Sie liegt mit den meisten Gipfeln der Tuxer, Zillertaler und Kitzbühler Alpen scheinbar auf Augenhöhe – die Kristallhütte im Skigebiet Hochzillertal. Im Winter ist sie ein cooler Szenetreff, im Sommer kehren neugierige Gäste wieder und mischen sich unter die Wanderer. Die Atmosphäre ist locker, die Musik macht gute Laune, und die Drinks schmecken auf der Sonnenterrasse einfach besonders gut. Zusätzlich zum Restaurant hat die Hütte acht »Panorama Superior«-Doppelzimmer zu bieten, in einem Anbau weitere vier »Maisonette Alpine Lodge«. In einem verspiegelten Kubus vor der Hütte befindet sich der Saunabereich mit dem vielleicht schönsten Ausblick auf die Berge im Zillertal, daneben ein Ruheraum, ein Dampfbad und eine Tee-Ecke. Schöner könnte es in einem Luxushotel nicht sein. Immerhin wurde die Kristallhütte bereits mehrfach als beste Skihütte in Österreich ausgezeichnet. Nicht zuletzt, weil hier auch die Kulinarik ganz groß geschrieben wird. Übernachtungsgäste bekommen ein raffiniert ausgetüfteltes Menü in fünf Gängen serviert. Obendrein verlockt eine umfassende Weinkarte, noch etwas länger am offenen Kamin im Restaurant zu verweilen. Am Morgen kann man dann als Wintergast direkt von der Hütte aus über frisch präparierte Pisten die 1500 Höhenmeter hinab nach Aschau fahren, ohne auch nur einmal stehenzubleiben. Die Anreise zur Kristallhütte ist sommers wie winters spektakulär. Bei Schnee geht es nur per Seilbahn auf den Berg, ansonsten reist man mit dem Auto über die Zillertaler Höhenstraße an. Vom Parkplatz am Speichersee fährt das hoteleigene Shuttle das Gepäck und auf Wunsch auch die Gäste zur nahe gelegenen Hütte.

ZILLERTAL – DIE KRISTALLHÜTTE

 ## Zillertaler Höhenstraße

Als eine der schönsten Alpenstraßen der Region wurde die Straße in den Sechzigerjahren ursprünglich zur Bewirtschaftung der Almen gebaut. Zudem sollte sie die Wildbachverbauung und die Anlage anderer Sicherheitsvorkehrungen zum Schutz vor Lawinen und Muren erleichtern. Mittlerweile ist die Straße aber auch für Besucher geöffnet und hat sich zum wahren Publikumsmagnet entwickelt. Sie ist über fünf Zufahrten erreichbar (Ried, Kaltenbach, Aschau, Zellberg und Hippach). Der höchste befahrbare Punkt liegt auf 2030 m Höhe. Neben Autos sind auf der Straße auch viele Radfahrer und Biker unterwegs, weshalb man vor allem im unteren Abschnitt vorsichtig um die Kurven biegen sollte und hin und wieder einen Stopp auf einem der Ausweichplätze einlegen muss. Alternativ kann man bereits im Tal in den Bus umsteigen und die Ausfahrt ganz ohne Nervenkitzel genießen.

www.zillertaler-hoehenstrasse.com

 ## Mit dem Mountainbike zur Kristallhütte

Gut trainierte Mountainbiker starten in Kaltenbach im Tal und folgen der Zillertaler Höhenstraße bis zur Abzweigung Mizunalm. Wer den Ausflugsverkehr meiden will, beginnt erst hier. Der Anstieg zur Hütte ist dann kurz und knackig, die kulinarische Belohnung entschädigt.

Länge der Tour (vom Tal aus) 13 km, 1221 Höhenmeter, Fahrzeit ca. 2–3 Std.

Klein, aber oho! Die moderne Saunalandschaft im verspiegelten Kubus vor der Kristallhütte wartet mit großen Glasfronten und einem gigantischen Ausblick in die Berge auf.

 ## Rundwanderung auf den Wimbachkopf (2442 m)

Ausgangspunkt für die Bergtour ist die etwas unterhalb der Kristallhütte gelegene Hirschbichlalm (1822 m). Zunächst führt der Weg bergauf in westliche Richtung, dann über saftige Almen, auf denen von Juni bis Juli die Almrosen blühen. Kurz vor der Wedelhütte zweigt rechts ein Zubringer auf den Stoanmandlweg ab. Ein Abstecher auf die Hütte zahlt sich jedoch aus, sie ist für kulinarische Extravaganz bekannt. Frisch gestärkt nimmt man so die Steigung auf den Gipfel des Wimbachkopfes in Angriff. Von hier geht es auf dem Stoanmandlweg zurück zur Kristallhütte bzw. Hirschbichlalm.

Länge der Tour 7 km, 624 Höhenmeter bergauf/bergab, Gehzeit ca. 5 Std.

 ## Wetterkreuzspitze (2256 m)

Die mittelschwere Wanderung beginnt an der Kaltenbacher Skihütte. Nach einem kurzen Stück auf der Zillertaler Höhenstraße abwärts kehrt man der viel befahrenen Strecke den Rücken und zweigt auf den Schotterweg zur Hubertuskapelle ab. Ein Blick in das Kirchlein lohnt sich, bevor es weiter zur Hochalm geht. In den Sommermonaten werden hier frische Milch, Buttermilch und Käse verkauft. Der Weg leitet direkt an den Gebäuden vorbei. Der letzte Teil der Tour ist steil und führt in Serpentinen zum Gipfel mit fantastischem Rundumblick auf die Zillertaler Alpen und die hohen Spitzen von Karwendel, Rofan und Sonnwendsteingebirge.

Länge der Tour 5 km, 610 Höhenmeter, Gehzeit ca. 2,5 Std.

ÖSTERREICH

ADRESSE
Kristallhütte im Zillertal,
A-6272 Kaltenbach,
www.kristallhuette.at

ANREISE
Öffentlich: Mit der Bahn von Innsbruck, Salzburg oder München aus bis Jenbach. Umsteigen in die Zillertalbahn bis Kaltenbach. Weiter geht es mit der Seilbahn in Kaltenbach. Im Sommer bestellt man das Genuss Shuttle Service der Kristallhütte und wird im Tal abgeholt.
Mit dem Auto: Im Winter parkt man kostenlos im Parkhaus der Seilbahn in Kaltenbach. Im Sommer geht es über die gebührenpflichtige Mautstraße in Kaltenbach/Ried im Zillertal bis zum Speichersee nach der Platzlalm. Hier holt einen das Hütten-Shuttletaxi ab. Im Winter ist die Hütte nur mit Ski zu erreichen. Übernachtungsgäste, die nicht Ski fahren, werden nach Absprache mit dem Schneemobil von der Bergstation abgeholt.
Flughafen Innsbruck: 57 km
Flughafen München: 172 km
Flughafen Salzburg: 209 km

 Murmeltiere

Entlang der Zillertaler Höhenstraße tummeln sich während der Sommermonate viele, viele Murmeltiere. Grund genug, sich mit deren Alltag etwas genauer zu beschäftigen. Die Möglichkeit hierzu hat man im Murmelland bei der Kaltenbacher Skihütte, an der man auf dem Weg zur Kristallhütte unmittelbar vorbeikommt. Neben Informationen über Biologie und Leben der vielleicht niedlichsten Alpenbewohner sind im hauseigenen Shop auch Naturprodukte erhältlich, wie z.B. eine Murmeltiersalbe, die aus deren Fett gewonnen wird. Sie enthält Anteile von natürlichem Cortison und wirkt sich positiv bei Gelenk- und Muskelschmerzen aus. Auf Kinder warten zudem ein Streichelzoo und ein Spielplatz mit Rutschen und Schaukeln. Während sie dort beschäftigt sind, können die Eltern geruhsam auf der Terrasse entspannen.

Neuhütten 8, A-6272 Kaltenbach, Eintritt frei, www.murmelland-zillertal.at

 Gipfelwanderung auf den Marchkopf (2499 m)

Ein kurzes Stück westlich der Hirschbichlalm zweigt von der Zillertaler Höhenstraße der markierte Wanderweg auf den Marchkopf ab. Über die weitläufigen Viehböden der Krössbunnalm geht es mit Blick auf einen malerischen Bergsee bergauf zum Übergangsjoch, wo der Wanderer mit einem herrlichen Ausblick auf die Almhütten von Hochfügen belohnt wird. Dem aussichtsreichen Felsgrat folgend erreicht man schließlich den steinigen Gipfel des Marchkopfs. Für den Rückweg wählt man die Abstiegsroute über die Wedelhütte, von der aus der Wanderweg durch den Talkessel zurück zum Parkplatz an der Hirschbichlalm führt.

Länge der Tour 8 km, 685 Höhenmeter bergauf/bergab, Gehzeit ca. 5 Std.

 Wanderung durch das Wildgerlostal

Eine wunderschöne Wanderung führt vom Gasthaus Finkau durch das Wildgerlostal auf die Zittauer Hütte. Auf dem ersten Abschnitt der Wanderung ist das Naturdenkmal Leitenkammerklamm zu bewundern. Kurz danach führt der Weg an der urigen Trisslalm (1583 m) vorbei und weiter durch das Wildgerlostal – das westlichste Tal des Nationalparks Hohe Tauern. Die Schlüsselstelle, eine Steinstufe, ist mit Seilsicherungen erschlossen. Jetzt sind es nur mehr 100 Höhenmeter bis zur Zittauer Hütte. Abkühlung findet man im Unteren Wildgerlossee, der direkt an der Hütte liegt. Anschließend kann man sich auf der Sonnenterrasse der Hütte mit typischen Pinzgauer Schmankerln stärken.

Naschkatzen werden dem Kaiserschmarrn mit Apfelmus und Zwetschgenröster in der Kristall-Lounge kaum widerstehen können.

ZILLERTAL – DIE KRISTALLHÜTTE

Die längste Rodelbahn Tirols garantiert Spaß für die ganze Familie. Über 9,1 km geht es am Kellerjoch munter bergab. Der untere Abschnitt wird bei Nacht sogar beleuchtet.

Die Zittauer Hütte ist Ausgangspunkt für weitere Touren, wie beispielsweise zum Rosskopf oder der Rainbachscharte. Hierzu bietet sich eine Übernachtung an, wofür sieben Zimmerbetten und 66 Schlafplätze im Matratzenlager bereitstehen.

Länge der Tour 12,6 km, 1000 Höhenmeter, Gehzeit ca. 6 Std., www.zittauerhuette.at

 FeuerWERK

Einen spannenden Einblick in die Holzindustrie bekommt man im FeuerWERK der Binderholz GmbH am Standort Fügen. Bei einer Führung durch das »BioMasse-HeizWerk« erhält man auf zehn Stationen mittels Audio-Guide interessante Informationen rund um das Thema Ökostrom, Fernwärme und Klimaveränderung. In der SichtBAR im obersten Stock kann man zu Mittag essen oder bei einem Kaffee den Blick auf die Holzstapel und die Zillertaler Alpen genießen. In den angeschlossenen Räumlichkeiten des FeuerWERKs werden Konzerte und Lesungen veranstaltet, weiterhin sind in der Galerie Wechselausstellungen namhafter nationaler und internationaler Künstler zu bewundern.

Binderholz Straße 49, A-6263 Fügen, Mai–Okt. Mo–Sa 9–16, Nov.–April Mo–Fr 9–16 Uhr, www.binderholz-feuerwerk.com

 Skigebiet Hochzillertal

Das Skigebiet am Eingang des Zillertals wartet mit 90 Pistenkilometern auf und verbindet Kaltenbach, Hochfügen und das Spieljoch über 39 Liftanlagen und mehrere Skibuslinien. Der sogenannte Betterpark erfreut die Herzen der Freestyler und Snowboarder. Auf 320 m Länge finden sich Obsticals für jedes Können, von Beginner Line bis Professional Line. Auch einige Jib-Links und XL-Kicker, also extra große Sprungschanzen, stehen parat. Wer lieber zuschaut, schnappt sich einen der Liegestühle und genießt bei Musik das lebhafte Treiben im Park.

Bergbahnen Skizentrum Hochzillertal, Postfeldstraße 7, Talstation Seilbahn, A-6272 Kaltenbach, Tel. +43 5283 28 00, saisonale Betriebszeiten, www.hochzillertal.com

 Die längste Rodelbahn in Tirol

Für die Rodelbahn am Eingang des Zillertals braucht es Ausdauer und Sitzfleisch. Insgesamt 9,1 km windet sich die Strecke von der Bergstation der Kellerjochbahn über Grafenast bis zum Schloss Freundsberg im Tal hinunter. Der »Anstieg« per Seilbahn erfolgt bequem von Arzberg aus. Dort kann man sich auch Schlitten ausleihen. Auf die richtige Ausrüstung ist zu achten. Beim Rodeln sollte man immer feste Schuhe tragen und einen Helm aufsetzen. Gamaschen oder eine Skihose sind hilfreich, ebenso dicke Handschuhe. Denn bei der langen Bergabfahrt kann es durchaus frisch werden.

Länge der Strecke 9,1 km, 1200 m Höhenunterschied, mittlerer Schwierigkeitsgrad; Kellerjochbahn: Innsbrucker Straße, A-6130 Schwaz, saisonale Betriebszeiten, info@kellerjochbahn.at

16 Chalets rosuites (1400 m)
Luxushütten mit Kräuterflair auf Lichteben

»Mir hem a bisl verruckt, sogn die Leut' an Tol. Des isch guat a so. Sogn miar. Mir hem wia ma hem.« Über eine kurvige Bergstraße bei Hippach entflieht man der Hauptverkehrsader im Zillertal. Was man hier etwas oberhalb des Almhofs Roswitha findet, ist außergewöhnlich. Fünf Chalets, manche eckig, manche spitz und eines rund, stehen leicht versetzt auf einer kleinen Lichtung im Wald. Sie sind das Ergebnis einer Idee, die über viele Jahre hinweg in den Köpfen von Rudi, Sepp und Michl – drei Zillertaler Bergbauern – gewachsen ist. Zusammen mit Rudis Frau Roswitha fingen die drei an, ihre Ideen aufzuzeichnen. Und so entstanden die fünf modernen Almhütten mit den Namen Silberdistel, Arnika, Erika, Alpenrose, Steinquendel – allesamt Almkräuter, die in der unmittelbaren Umgebung heimisch sind. Die Rückzugsorte sollen Ruhe in das gestresste Leben von Städtern bringen. Jedes Chalet ist mit einem offenen Wohn- und Essbereich, getrennten Schlafzimmern, einem großzügigen Bad, einer hochwertigen Küche, einem Weindepot und einem Kamin für gemütliche Stunden ausgestattet. Die Wände sind mit Schafwolle gedämmt, der Strom für das Licht und die Beheizung der Infrarotpaneele kommt aus der hauseigenen Photovoltaikanlage. Vor der Hütte laden Sitzgelegenheiten zum Sonnen ein. Auch eine Sauna gehört zu jeder Unterkunft dazu, und für echte Wellness-Fans gibt es im runden Chalet Erika einen Außen-Whirlpool.

Am Morgen wird ein Frühstückskorb zur Hütte geliefert, darin enthalten sind neben den hofeigenen Produkten ausschließlich regionale Lebensmittel, wenn möglich aus biologischer Erzeugung. Nachhaltigkeit wurde auch beim Bau der Chalets ganz groß geschrieben, daher verwendete man viel heimisches Fichten- und Lärchenholz, gerade so, wie es im umgebenden Wald bereits nebeneinander wächst. Auch bei der Einrichtung dominieren natürliche Material wie Stein, Filz, Wolle und Holz. Es fällt nicht schwer, sich auf Anhieb wohlzufühlen. Vielleicht sind daran aber auch die wohltuenden Düfte schuld, wie z. B. das phänomenal gute und selbst gemachte Heu-Salz oder der Tee vom Almkräuterer, der sich nur ein paar Gehminuten entfernt niedergelassen hat. Für die Verpflegung sind die Gäste hier selbst zuständig, nur bei der Ankunft stehen schon einige Lebensmittel für eine kleine Kaffeepause bereit. Alles Weitere besorgt man sich bei Roswitha, im Bauernladen in Hippach oder in den Supermärkten im Tal. Wer nicht kochen, sondern sich lieber verwöhnen lassen will, spaziert einfach zum Restaurant im Almhof. Spezialität des Hauses sind die typischen Tiroler Schmankerl, die aus heimischen Produkten zubereitet werden. Dabei findet man im Salat oft selbst gesammelte Bergwiesenkräuter, die in neue Geschmackswelten eintauchen lassen. Kräuter spielen hier insgesamt eine große Rolle. In den Bergen weiß man eben, was gut tut. Und das färbt ab.

Fünf durchdachte Luxus-Chalets mit liebevollen Details erfüllen auf Lichteben alpine Urlaubsträume.

ÖSTERREICH

 ## Paragleiten am Melcherboden

Der Melcherboden ist ein beliebter Start- und Landeplatz für Paragleiter, wie auch verschiedene Flugschulen hier die Möglichkeit nutzen zu unterrichten. Die Kurse reichen von Anfängerkursen bis hin zu speziellen Trainingsflügen. Wer zum ersten Mal alleine den Luftraum betreten möchte, sollte etwa eine Woche für einen Intensivkurs einrechnen. Oder man gönnt sich einfach einen Tandemflug, für den keinerlei Vorkenntnisse notwendig sind. Nur ein wenig Mut und eine Portion Abenteuerlust sollte man mitbringen.

www.zillertaler-flugschule.com

ADRESSE
Lichteben beim Almhof Roswitha,
Hochschwendberg 532,
A-6283 Hippach,
www.lichteben.at

ANREISE
Öffentlich: Mit der Zillertalbahn nach Ramsau im Zillertal – Hippach. Von hier fährt der Postbus nach Schwendberg (Haltestelle Mösl/Roswitha).
Mit dem Auto: Über Innsbruck oder Kufstein auf der A12 bis Jenbach, Abzweigung ins Zillertal. Weiter geht es auf der Bundesstraße bis Hippach. Von hier führt eine kleine Bergstraße direkt zu den Chalets beim Almhof Roswitha auf den Hochschwendberg.
Flughafen Innsbruck: 78 km
Flughafen München: 191 km

 ## Wanderung zur Rastkogelhütte (2124 m)

Direkt vom Almhof Roswitha führt ein Wanderweg vorbei an Pointalm und Sindalalm stetig bergauf zur Rastkogelhütte. Wer noch höher hinaus will, steigt von dort aus in rund 30 Minuten hinauf zum Kreuzjoch (2290 m) oder Sindanjoch (2127 m). Zum Rastkogel sind es noch weitere zwei bis drei Stunden Fußmarsch. Neben regionalen Gerichten kann die Rastkogelhütte auch mit Tirols wohl höchstgelegenem BBQ-Smoker punkten, auf dem nach Ankündigung Rippchen und Spanferkel zubereitet werden. Für Mountainbiker ist die Einkehr direkt über Route Nr. 420 zu erreichen. Highlight im Winter ist die Rodelabfahrt von der Hütte bis zum Parkplatz bei der Sportalm. Die Strecke wird bei entsprechender Schneelage mehrmals täglich präpariert.

Länge der Tour 6,7 km, 740 Höhenmeter, Gehzeit ca. 2 Std.

 ## Skigebiet Mayrhofen

Mit der nagelneuen Möslbahn geht es in 10er-Kabinen hinauf auf den Horberg im Skigebiet Mayrhofen. Die Talstation ist vom Almhof Roswitha nur etwa 100 m entfernt, damit ist der Anschluss an das Skigebiet Mayrhofen perfekt. Letzteres ist vor allem berühmt für seine Harakiri-Piste – mit 78 % Gefälle eine der steilsten Österreichs. Wer es ruhiger angehen möchte, findet am »Genießerberg Ahorn« auch anfängertaugliche Carving-Pisten. Auf dem »Actionberg Penken« lässt dagegen der Penken Snowpark das Herz der Freeskier und Snowboarder höher schlagen. Ob Anfängerbereiche, Medium Lines oder Pro Area für die wahren Künstler der Luftsprünge – für jeden ist etwas dabei.

Fünf erstklassige Flugberge im Zillertal laden Para- und Hängegleiter dazu ein, die fantastische Bergwelt aus der Luft zu betrachten.

www.mayrhofner-bergbahnen.com

 ## Einkehr auf der Schneekarhütte

Der zunehmende Tourismus im Zillertal hat viel verändert: Aus Almen wurden Skipisten und aus Bergbauern eifrige Unternehmer. Einer davon ist Josef Bair. Auf der Hochalm Unterberg hat er mit der Schneekarhütte einen eigenen Weg eingeschlagen. Während in der Wintersaison das Hauptaugenmerk auf der Unterbrin-

ZILLERTAL – CHALETS ROSUITES

gung und Bewirtung der Wintersportgäste liegt, wird die Hütte in der Sommerpause nach biologischen Richtlinien bewirtschaftet. Rindfleisch, Speck, Butter, Schnaps und Tees wie auch das Brennholz – alles stammt aus eigener Erzeugung. Die Weine werden von Aloisia Bair, Wirtin und Diplom-Sommelier, persönlich ausgesucht. Dafür reist sie gerne Ende des Sommers nach Frankreich, sodass es auch immer eine spezielle Auswahl an Champagner gibt. Im Winter stehen dann feine Gerichte wie z. B. eine karamellisierte Karottensuppe, »Schneekar Tapas«, heimischer Bachsaibling oder die beliebten Flammkuchen auf der Speisekarte.

www.schneekarhuette.at

 ## Spaß und Action am Penken

Schwerelos über das Wasser laufen? Wie das funktioniert, kann man in der Funsportstation nahe der Bergstation der Penkenbahn ausprobieren. In riesigen, durchsichtigen und mit Luft gefüllten Plastikbällen bewegt man sich bis zu zehn Minuten über die Wasseroberfläche. Für die einen eine Mordsgaudi, für die anderen ein sehenswertes Spektakel. Weitere Attraktionen für Groß und Klein sind verschiedene E-Trials, der Motorik-Parcours oder der Bergspielplatz. Wer mehr Action braucht, fährt im Stand auf Bergrollern den Berg hinab. Ob Genusstour, Panoramatour oder Bergroller-Route bleibt jedem selbst überlassen. Helm und Protektoren können mit ausgeliehen werden.

nahe der Bergstation Penkenbahn

 ## Sonnenaufgangsfrühstück am Genießerberg Ahorn

Noch vor der Morgendämmerung fahren bei Schönwetter die ersten Gondeln der Ahornbahn auf das Ahornplateau empor. Von der Aussichtsplattform genießt man die Aussicht auf die umliegenden Gipfel, die sich im ersten Sonnenlicht rotgolden verfärben. Das Naturschauspiel wirkt von hier oben noch viel beeindruckender. Ein herzhaftes Bergfrühstück sorgt obendrein für einen guten Start in den restlichen Tag.

Kunstraum der Bergstation Ahornbahn, nur nach Voranmeldung, Tel. +43 528 562 277

> **Die Almkräuterei**
>
> Unweit der Chalets rosuites befindet sich in einer Hütte die Almkräuterei von Joseph Heim. Auf den prächtigen Almwiesen ringsumher sammelt er bekannte und weniger bekannte Pflanzen zur Zubereitung von Tees, Gewürzen, Ölen, Tinkturen, Sirupen und Edelbränden. Getrocknet werden die Kräuter in einem uralten Heustadel inmitten einer Wiese. Dunkelheit und Wärme garantieren dort ein schonendes Trocknungsverfahren, sodass möglichst viele der pflanzlichen Wirkstoffe erhalten bleiben. Auch die Weiterverarbeitung zu Seifen, Badezusätzen, Wickeln und Duftkissen sowie zu Räucherwerk ist Teil der Arbeit von Joseph Heim. Sein über Jahre hinweg angesammeltes Wissen gibt er im Zuge von Kräuterwanderungen oder bei einem gemeinsamen Kochkurs mit Begeisterung und Leidenschaft an andere weiter.

 ## Greifvogelvorführungen

Einmal pro Woche kann man im Sommer den König der Lüfte auf der Adlerbühne am Ahorn hautnah erleben. Aber auch Uhu, Bussard und Falke werden vorgestellt. Didi Wechselberger, Hausherr der höchsten Greifvogelstation Europas, erzählt dazu spannende Fakten über die majestätischen Tiere und gibt Einblicke in den Beruf des Falkners. Auch Pflege und Fütterung sind fixer Bestandteil der Show.

Buchungsmöglichkeit unter
www.mayrhofner-bergbahnen.com

 ## Schaukäserei

In der Zillertaler Heumilch Sennerei schauen Klein und Groß dem Käsemeister bei der täglichen Arbeit über die Schulter. Die Milch wird von 250 Bergbauern aus der näheren Umgebung täglich frisch angeliefert und dann zu Butter und Käse verarbeitet. Im Rahmen der Führung vermittelt zunächst ein Film allerlei Wissenswertes zur Käseherstellung, bevor es weiter in die Produktionsräume geht. Ein kleines Museum erzählt die Geschichte der Sennerei und wie vor 100 Jahren mit einfachsten Geräten und Hilfsmitteln Käse produziert wurde. Im Anschluss dürfen die Käsesorten verkostet und bei Bedarf im angeschlossenen Shop erworben werden. Dieser ist auch ohne Führung von Montag bis Samstag geöffnet.

Sennereistraße 22, A-6263 Fügen,
Mo–Fr 8–18, Sa 8–14 Uhr,
www.heumilch.tirol

17 Das »hubird« (1600 m)
Im Tal der Liebe

»Feel free – feel home« – das selbst gemalte Schild an der Hauswand ist nicht nur irgendein netter Spruch, er kommt von Herzen. Und damit sich die Gäste im ehemaligen Gasthof Hubertus auch wirklich wohlfühlen, haben sich Chrissi und Waldemar so einiges einfallen lassen. Das »hubird« ist bereits ihr zweites Hostel-Projekt, nachdem sie sechs Jahre das legendäre und mittlerweile geschlossene Bluebird Mountain Hostel im Zillertal erfolgreich führten. Mit ihnen sind auch ihre Gäste älter geworden. Viele haben Kinder, viele meiden den Trubel der Skigebiete und konzentrieren sich auf's Tourengehen. Das »hubird« bietet mit 24 Betten in sechs gemütlichen Zimmern eine perfekte Homebase dafür. Die Räume sind unterschiedlich gestaltet. An jedem Bett hängt eine Wärmflasche. Sollte es im Winter mal richtig kalt sein, kann man sich so gemütlich ins Bett kuscheln. Im Obergeschoss gibt es zwei Doppel-, ein Drei-, ein Vier- und ein Sechsbettzimmer. Toilette und Bad sind am Gang. Im Erdgeschoss befinden sich neben Toilette und Dusche ein weiteres Drei- und Vierbettzimmer sowie der Yoga- bzw. Seminarraum. Vor allem Gruppenreisende wissen das »hubird« zu schätzen, z. B. für Yoga-Retreats. Besondere Attraktion ist das Splitboard-Touren-Camp für Mädels (Splitboard: in der Länge teilbares Snowboard), das vom Haus selbst organisiert wird. Der kleine Schlepplift vor der Haustür ist perfekt für Kinder und bietet Tourengehern die Möglichkeit, auch die gegenüberliegenden Hänge zu erkunden, ohne aus eigener Kraft wieder aufsteigen zu müssen. Die Tourenmöglichkeiten lassen bei Anfängern wie auch Freeride-Profis keinen Wunsch offen. Nicht zuletzt sind die verschneiten Forstwege im Winter prima mit dem Rodel zu erkunden. Hier bleibt viel Zeit, die Natur an sich zu entdecken. Was man sonst noch so braucht, um eine gute Zeit zu verleben, stellt das »hubird« bereit: zahlreiche Hängematten, um die Seele in der Sonne baumeln zu lassen, eine Slack-Line für all die, die eine Herausforderung suchen, einen beheizbaren HotPot mit Blick in die Berge als Extraportion Luxus. Acht Holzöfen sorgen im Winter für kuschelige Wärme. Das Abendessen wird von Hand zubereitet, wobei nur Bio-Fleisch aus Tirol auf den Tisch kommt. Auch die Milchprodukte stammen aus biologischer Erzeugung oder zumindest aus regionalen Betrieben. Denn den Betreibern des »hubird« ist es ein Anliegen, ihre Leidenschaft für Natur, gutes Essen und Kreativität mit den Gästen zu teilen, genauso ihre »good vibes«. Ihr Sinn für Nachhaltigkeit geht sogar noch ein Stück weiter: Beim Putzen legt man Wert auf biologisch abbaubare Produkte, schließlich soll sich an diesem Ort auch die Natur wohlfühlen, damit noch viele Besucher Freude an ihr haben.

NAVISTAL – DAS »HUBIRD«

> **HotPot mit Panoramablick**
>
> Das große Badefass mit Bergblick steht direkt vor der Haustür des »hubird« und kann für einen Hot-Tub-Abend gebucht werden. Sechs Stunden Vorbereitungs- und Einheizzeit sind notwendig, um das Wasser auf Wohlfühl-Temperatur zu bringen und dem einmaligen Erlebnis mit Blick auf die Berge frönen zu können. Deshalb gibt es das Badevergnügen nur auf Vorbestellung.

 ## Aufs Wetterkreuz (2148 m)

Der Hausberg des »hubird« ist das Naviser Wetterkreuz, das in etwa eineinhalb Stunden zu Fuß erreichbar ist. Auch wenn das Wetterkreuz eine bewaldete Erhöhung und kein Gipfel im ursprünglichen Sinn ist, lohnt sich der Besuch. Es eröffnen sich wunderschöne Tiefblicke in das Navistal sowie nach Westen zu den Stubaier Alpen. Im Sommer kann man auf der Seapenalm (2090 m) zu einer deftigen Jause einkehren. Im Winter bietet sich die Runde für eine leichte Skitour an. Die Abfahrt über die hindernislosen Hänge ist ohne Flachstücke und so auch für Snowboarder ideal.

Länge der Tour 3 km, 548 Höhenmeter, Gehzeit ca. 1,5–2 Std.

 ## Naviser Almrunde

Direkt vom »hubird« aus kann man in die Naviser Almenrunde, einen prämierten Wanderweg, einsteigen. Zu Fuß oder mit dem (E-)Bike geht es dann von Alm zu Alm im Tiroler »Tal der Liebe«. Vier Einkehrmöglichkeiten machen die Wanderung zum wahren Genuss. Erstes Ziel ist die Stöcklalm, die man über Almwiesen und vorbei an der Naviser Hütte erreicht. Spezialität des Hüttenwirts sind köstliche »Schwammerlgerichte«. Die Pilze stammen aus dem umliegenden Wald. Weiter geht's zur Poltenalm mit wunderschönem Ausblick auf das malerische Almparadies. Von dort führt ein wildromantischer Steig durch Almrosenteppiche zum höchsten Punkt der Tour, der Klammalm (1947 m). Mit Panaoramablick auf die Tuxer Alpen geht es nun bergab zur Peeralm auf der anderen Talseite. Von hier ist es nicht mehr weit bis zum Ausgangspunkt. Mäßige Höhenunterschiede, bestens markierte Wege, die zahlreiche Möglichkeiten zur Einkehr und die Bewirtung mit regionalen Schmankerln machen den Rundwanderweg zu einem wahren Vergnügen. Die Strecke kann natürlich auch in entgegengesetzter Richtung begangen werden.

Länge der Rundtour 13,6 km, 828 Höhenmeter, Gehzeit ca. 3,5–4 Std.

 ## Obernberger See (1590 m)

Ein schönes Ausflugsziel ist der Obernberger See in den Stubaier Alpen. Vom Parkplatz beim Gasthaus Waldesruh führt ein schmaler Wald- und Wiesenweg oder die breite Forststraße nach oben zum See. Dort angekommen, hat man die meisten Höhenmeter bereits gemeistert und kann sich auf das Wesentliche konzentrieren: den wunderschönen Bergsee. Die Seeumrundung ist nur bis zur Hälfte mit Kinderwagen machbar, abgesehen davon

Die Bettrahmen haben die Besitzer des »hubird« aus alten Balken eines ehemaligen Dachstuhls in liebevoller Handarbeit selbst gezimmert. Für jede Schlafstatt gibt's eine eigene Wärmflasche.

ÖSTERREICH

ist der Obernberger See jedoch ein prima Ausflugsziel für Familien mit Kleinkindern. Im eiskalten Wasser tummeln sich Forellen, und wer im Hochsommer hier ist, kann sich mit einem Sprung ins Wasser rasch abkühlen. Die Kapelle Maria am See in der Mitte des Sees ist einen kleinen Abstecher über die Brücke wert!

Länge der Rundwanderung 6 km, 256 Höhenmeter, Gehzeit bis zum See ca. 30–45 Min., bei Umrundung des Sees ca. 2,5–3 Std.

Auf die Serles (2718 m)

Es herrschte einst ein wilder Bergkönig namens Serles, dessen Jagdsucht ihn eines

> **ADRESSE**
> Hubird,
> Grün 4,
> A-6145 Navis,
> de.bluebirdmountainlodges.com
>
> **ANREISE**
> **Öffentlich:** Mit der Bahn bis Matrei am Brenner, Abholung möglich.
> **Mit dem Auto:** Von der Brennerautobahn (Mautstraße) bei Matrei am Brenner abfahren, dann den Schildern Richtung Navis folgen. Am Ende des Tals am Wanderparkplatz »Grün« darf man sein Auto abstellen, Abholung von Gepäck und bei Bedarf auch von Personen vom Hostel mit dem Geländewagen. Im Winter fährt der kleine Skilift bis vor die Haustür.
> **Flughafen Innsbruck:** 32 km

Der Obernberger See wurde schon 1935 zum Naturdenkmal erklärt. Mit frischen 11–14 °C sorgt er im Sommer für Abkühlung.

Tages zu weit trieb. Bei der Hirschjagd rissen seine Hunde nicht nur den Hirschen, sondern auch eine Herde umherstehender Rinder nieder. Die Hirten versuchten, dies abzuwehren, wurden jedoch selbst angegriffen und zerfleischt. Da verfinsterte sich der Himmel, und als die Sonne wieder zum Vorschein kam, fand man anstelle des Königsschlosses einen Berg mit drei felsigen Gipfeln: König Serles, seine Frau und die Räte. Die Hunde wurden ebenfalls versteinert und liegen als Felsbrocken verstreut um den Berg. In stürmischen Nächten ist ihr Heulen oben in den Felsen vernehmen, so sagt der Volksmund. Heute ist der Aufstieg auf die Serles vor allem eine bei Einheimischen und Touristen gleichermaßen beliebte Wanderung zu Sonnenaufgang. Man startet am Parkplatz des Klosters Maria Waldrast, steigt dann zunächst durch den Wald bergauf und gelangt dann am Rand von Geröllhalden zum Serlesjöchl. Ab hier muss man immer wieder die Hände beim Aufstieg über den felsigen Kamm zu Hilfe nehmen, kommt so aber problemlos bis zum Gipfel. Ein kurzes Stück des Wegs ist seilversichert.

Länge der Tour 8,3 km, 1066 Höhenmeter bergauf/bergab, Gehzeit ca. 5 Std.

Zur Sattelberg Alm (1637 m)

Ein nettes Ziel für eine einfache Wanderung ist die Sattelberg Alm, die man über die ehemalige Skipiste unterhalb der Autobahnbrücke bei Gries am Brenner erreicht – im Sommer zu Fuß, im Winter per Tourenski oder mit dem Schlitten. Die Hütte ist von Mai bis Oktober sowie von November bis Anfang April geöffnet und bewirtet hungrige Wanderer mit köstlichen Tiroler Speisen. Wer noch höher hinauf will, kann der ehemaligen Skipiste weiterhin folgen und die letzten Meter über den Kamm zum Sattelberg Kreuz aufsteigen (2115 m). Das Gebiet gilt bei entsprechenden Schneeverhältnissen als recht lawinensicher. Für konditionsstarke Mountainbiker zählt eine Tour auf der alten Brenner Grenzkammstraße zum Highlight: Diese führt von Vinanders zum Obernberger See und von dort weiter aufs Portjoch. Am Bergkamm geht es entlang italienischer Grenzbefestigungen aus dem Zweiten Weltkrieg, bis man den Trail Richtung Sattelbergalm erreicht.

Länge der Tour 4 km, 440 Höhenmeter, Gehzeit ca. 1,5 Std., www.sattelbergalm.at

NAVISTAL – DAS »HUBIRD«

> **Der Naviser**
>
> Unweit entfernt in Matrei am Brenner produziert die Firma Gasser Rodel seit mehr als 100 Jahren Rodeln. Die Spitzenmodelle werden auch von den Profis im österreichischen Rodelverband genutzt. Der »Naviser« Rodel ist dagegen bei Freizeitrodlern begehrt, da er durch die spezielle Kufenform und die Gummilagerung für gute Lenkbarkeit und einen bequemen Sitz steht – beides nicht unwichtig, wenn man gerne rodeln geht.
> www.gasserrodel.at

 ## Peer Alm (1163 m)

Die perfekte Rodelstrecke für Familien mit kleinen Kindern: Der Ausgangspunkt, die Peeralm, ist in kurzer Zeit zu erreichenk, und die Bahn ist relativ flach und weist kaum Kurven auf. Die Alm ist sommers wie winters geöffnet.

Zustieg ca. 30–40 Min., Streckenlänge 1,5 km, 147 m Höhenunterschied, kein Rodelverleih

 ## Naviser Hütte (1767 m)

Deutlich mehr Fahrt nimmt man auf der Rodelstrecke von der Naviser Hütte (1767 m) zum Parkplatz Schranzberg auf. Die Hütte mit moderner Holzfront ist vom Tal aus über einen breiten Weg erreichbar. An sonnigen Tagen kann man von der Terrasse aus die Aussicht genießen. Auf der liebevoll formulierten Speisekarte findet man verschiedene Arten von Knödeln (z. B. Spinatnocken, Kaspressknödel oder Speckknödel), aber auch Currywurst mit Pommes »Für unsere lieben Nachbarn«. Für den Weg nach unten stehen Leihschlitten zur Verfügung.

Zustieg ca. 70 Min., Streckenlänge 3,1 km, 354 m Höhenunterschied

 ## Zum Mislkopf (2623 m)

Direkt hinter dem »hubird« liegt der Mislkopf, ein beliebtes Skitourenziel, das über mehrere Anstiege erreicht werden kann. Aufgrund der Südlage darf man sich hier bereits im Februar auf Firnhänge freuen. Gipfelsammler können weiter zum Rauen Kamm (2654) und Kreuzjöchl (2640 m).

Länge der Tour 8,1 km, 1200 Höhenmeter bergauf/bergab, Gehzeit ca. 3 Std.

 ## Die historische Burgkapelle Aufenstein

Gleich am Anfang des Navistales thront eine majestätische Kapelle auf vorspringendem Hügel neben dem Bach. Von der ehemaligen Burg war schon im 14. Jh. nur mehr eine Ruine übrig, aus deren Resten man Anfang des 15. Jh. die Kirche St. Kathrein erbaute. Vom 19. Jh. an diente diese als Schule, ungeahnt, dass sich an ihren Wänden die bedeutendsten frühgotischen Fresken Nordtirols befinden. Die ältesten stammen aus dem Jahre 1360. Inzwischen ist die Kirche renoviert, und die Fresken sind freigelegt. Eine kleine Broschüre hilft beim Entschlüsseln der gemalten Szenen.

Von der Straße ins Navistal rechts ab und auf einspuriger Straße zur Kapelle; Besichtigung nach Vereinbarung mit dem Pfarramt Matrei.

Weit entfernt vom nächsten Skigebiet eignet sich das Navistal in den Tuxer Alpen perfekt für Splitboard-Touren durch eine unberührte Schneelandschaft in den Bergen.

Wenn weniger mehr ist: Eine Auszeit auf der Alm bringt Erholung für Körper und Geist.

18 Muchele Kaser (1357 m)
Auf der Alm

Urlaub auf der Alm wie aus dem Bilderbuch – gibt es so etwas überhaupt noch? Ja, z. B. in der Muchele-Kaser-Hütte im Valstal in Tirol. Der ruhige Seitenast des Wipptals bietet die perfekten Voraussetzungen: wenig touristische Attraktionen und viel Natur. Ganz am Ende des Tals, hinter dem Wanderparkplatz, schmiegen sich einige urige Almhütten an den Fuß des Berges. Am Talboden grasen Tiroler Grauvieh Kühe zwischen mystisch wirkenden Grauerlen. Ein kleiner Weg führt zu einer Hütte in der Mitte, die Muchele-Kaser-Hütte. Hier gibt es alles, was man braucht, und nichts, was man nicht unbedingt braucht. Auf Strom verzichtet man beispielsweise, und Wasser kommt nur in den Sommermonaten aus der Leitung. Gekocht wird auf dem großen Holzofen oder auf den kleinen Gasplatten, wenn es mal schnell gehen soll. In der gemütlichen Stube findet man sich zum Essen ein oder entspannt auf dem Sofa, während im Kachelofen das Feuer knistert.

Die ursprüngliche Hütte war mehrere Hundert Jahre alt, 1984 wurde sie teils neu gebaut und renoviert. Seitdem gibt es eine Wasser-Toilette, eine Dusche und zwei Schlafzimmer. Das Doppelzimmer und das Zimmer mit zwei Stockbetten können bis zu sechs Personen beherbergen. Im Gang wacht ein ausgestopfter Mäusebussard, über einer hellblauen Kommode hängen zwei uralte Schneeschuhe an der Wand. Die Hütte ist auch im Winter zu mieten, das ist aber nichts für Warmduscher. Ganze drei Monate hält sich die Sonne dem Ende des Tals fern, dafür bleibt der Schnee länger pulvrig. Und das schätzen vor allem Tourengeher, die abseits des Trubels von Skigebieten ihre Spuren hinterlassen. In den schneefreien Monaten genießt man die Stille, das Bimmeln der Kuhglocken und die Wandermöglichkeiten. Je nach Jahreszeit hat die Natur unterschiedliche Attraktionen zu bieten: Im April blüht der Alpenkrokus, dazu freuen sich Hasen und Füchse über Nachwuchs. Ab Juli findet man Steinpilze und Eierschwammerl, später im Jahr Heidel- und Preiselbeeren. Wer selbst den Kochlöffel schwingen will, findet in der Hütte Kochbücher zur Tiroler Küche bereitgestellt. Milch und Käse bekommt man in unmittelbarer Nachbarschaft von Helgas Alm, wo es zudem frischen Ziegenkäse und edle Tropfen Wein zu verkosten gilt. Alles andere gibt's im kleinen Supermarkt im 7 km entfernten Dorf St. Jodok. Aber auch der nächste Gasthof ist nur einen kleinen Spaziergang entfernt. Er trägt den Namen »Touristenrast« – und das bereits seit 100 Jahren.

Fernseher oder Kühlschrank sucht man auf der Muchele-Kaser-Hütte vergebens. Das Handy lädt man über eine kleine Batterieladestation, die wie die Spots in der Zwischendecke solarbetrieben ist. Oder man vertraut auf Kerzen und Taschenlampen. Denn was könnte romantischer sein als ein Abendessen im Kerzenschein, das man über dem offenen Feuer gekocht hat?

ÖSTERREICH

ADRESSE
Muchele Kaser,
Innervals,
A-6154 Vals,
www.huettenland.com

ANREISE
Öffentlich: Mit der Bahn über Innsbruck bis St. Jodok am Brenner. Von hier verkehrt der Postbus zweimal täglich, zu anderen Zeiten ruft man das Wipptal-Taxi.
Mit dem Auto: Von Innsbruck oder Bozen über die Brenner-Mautstraße bis Matrei am Brenner. Weiter über die Bundesstraße bis zur Abzweigung nach St. Jodok. Am Ende des Ortes geht es rechts ab in das Valstal.
Flughafen Innsbruck: 40 km
Flughafen München: 236 km
Flughafen Salzburg: 209 km

 Helgas Alm

Wenn es Sommer wird, ziehen Helga und ihre Ziegen auf die Alm. Hier verbringen die Tiere die warmen Tage, werden täglich gemolken, und aus ihrer Milch entstehen kulinarische Köstlichkeiten. Die gemischte Almjause ist z. B. eine Platte mit Ziegenfrischkäse-Variationen und Valser »Goaswurst«, dazu gibt es ein paar Scheiben frisches, selbst gemachtes Brot. Auf Vorbestellung erhält man ein Menü bestehend aus Ziegenbraten mit »Kasnock'n« und einer Süßspeise mit Beeren zum Nachtisch. Weil Helga nicht nur Expertin für Ziegenfrischkäse nach französischer Art, sondern auch Diplom-Sommelière ist, werden dazu nur die besten Weine gereicht. Ihre Ziegen, die schönen Tauernschecken, lernt man am besten bei einer gemeinsamen Wanderung kennen. Diese führen unterschiedlich lang entweder zu den besten Kräuterplätzen der Umgebung, zum Wasserfall »Schwarzer Brunnen« oder im Zuge einer Tagestour auch bis zur Zeisch-Hochalm. Dort wird man dann mit einer im Preis inbegriffenen »Neiner« (Mittagsjause) belohnt.

Helga Hager, Nockeralm, A-6154 Vals, mobil +43 664 400 79 66, www.helgasalm.at

 Schule der Alm

Die Schule der Alm lässt Interessierte in die Welt der Bergbauern eintauchen und die wichtigsten Arbeiten erlernen. Arbeitsintensive Hochmähder werden für die Bauern immer schwieriger zu erhalten, viele von den ehemaligen Almen in den Alpen wachsen zu und verwildern. Doch gerade diese von Menschenhand vor Generationen geschaffene Kulturlandschaft ist wichtiger Bestandteil der Präventivmaßnahmen zum Schutz gegen Naturgefahren. Der »Verein zur Erhaltung von Almen und Bergmähdern« setzt hier an und will mithilfe von tatkräftigen Touristen etwas verändern. Damit sind all jene angesprochen, für die ein perfekter Urlaubstag nicht mit einem Cocktail im Pool endet, sondern mit einem leckeren Abendessen nach einem körperlichen Workout. Zum »Pflichtprogramm« des Grundkurses zählen das Sensenmähen am Berghang, der Bau eines Schrägzauns und das »Hagn«, also das Heuernten. Aus den Zusatzmodulen kann man frei nach Interessensgebiet wählen: Trockensteinmauern bauen, Wege pflegen, Waale (Bewässerungskanäle auf Bergmähdern) anlegen, Heilkräuter und Gewürze erkennen oder Einblicke in die Ziegenhaltung gewinnen. Pro Kurs arbeiten maximal 10 Teilnehmer im Team.

www.schulederalm.at, Buchung der Kurse samt Unterkunft über www.wipptal.at

 Auf die Geraerhütte (2324 m)

Der Alltagsstress unten, das Bergmassiv oben, dazwischen liegt die Geraer Hütte. Ein Teilabschnitt der »Peter Habeler Runde« führt vom Valstal zur Hütte. Los geht es beim Gasthof Touristenrast am

Schmackhafte Mittagspause: Werner Kräutler schneidet Valser Bauernbrot und Speck für die Teilnehmer der Schule der Alm auf.

VALSTAL – MUCHELE KASER

Talende. Anfangs führt der Weg entlang des Alpeinbachs, etwas später erreicht man die gleichnamige Alm. Aufmerksame Wanderer bemerken die Trockensteinmauern, die vor vielen Generationen errichtet wurden und das Almvieh eingrenzen. Dank steiler Felswände, die in den Himmel emporragen, wird die Wanderung mit jedem Schritt spektakulärer. Für den schweißtreibenden Aufstieg belohnt man sich auf der Geraerhütte am besten mit einer Einkehr, z. B mit Gulasch vom Valser Almochsen. Wer zurück nicht den gleichen Weg einschlagen will und ein geübter Bergwanderer ist, kann über das »Steinerne Lamm« zum Alpengasthof Kasern im Schmirrntal absteigen. Von hier fährt der Bus zurück nach St. Jodok.

Länge der Tour 7,8 km, 1002 Höhenmeter, Gehzeit ca. 3 Std.

 ## Zur Zeischalm (1925 m)

Das Besondere an diesem Ort sticht schon von Weitem ins Auge: Trockensteinmauern, die sich um die Alm schlängeln, dazu Steinmännchen, so groß, dass man sie vom Tal aus mit dem Fernglas gut erkennen kann. Die Zeischalm ist das Reich von Erich Gatt, früher Installateur, heute Rentner. Hier hat er seine Ideen in Stein umgesetzt, ob als praktische Bauten wie den Stall und die Mauern oder als künstlerische Meisterwerke in Form der Stoamandln. Eines steht direkt bei seiner Alm, zwei weitere in der Wildau etwa 150 m oberhalb der Alm. Sie alle haben einen Kopf und zwei Arme, welche in Form langer Steine aus dem Körper herausra-

Eine blaue Vintage-Kommode und Schneeschuhe aus Großvaters Zeiten schmücken den Gang zu den Schlafzimmern.

gen. Großer Stolz von Erich ist zudem seine »Duscholux«, eine natürlich aus Steinen erbaute Freiluftdusche. Erich erzählt gerne über seine Steine und schenkt dabei Schnaps aus. Die Jause sollte man selbst mitbringen und keinesfalls vergessen, eine freiwillige Spende dazulassen!

Länge der Tour 3,2 km, 586 Höhenmeter, Gehzeit ca. 1,5 Std.

 ## Padauner Kogel (2066 m)

Eine schöne Familienwanderung führt von der Hochebene in Padaun auf den Padauner Kogel. Anfänglich geht der Weg durch den Wald, später entlang des breiten Grates in Richtung Norden zum Gipfelkreuz. Dort bietet sich eine herrliche Rundumsicht auf die Stubaier und Tuxer Bergwelt. Auf dem Rückweg lohnt eine Einkehr im Gasthaus Steckholzer, das man über eine Abzweigung am Larcherhof erreicht. Im Winter ist der Padauner Kogel ein heißer Tipp für Schneeschuhgeher oder Skitouren-Einsteiger – Lawinengefahr herrscht hier selten.

Länge der Tour 2,6 km, 581 Höhenmeter, Gehzeit ca. 1,5 Std.

 ## Der Peter-Kofler-Klettersteig

Die Stafflacher Wand über dem Bergsteigerdorf St. Jodok erspäht man bereits von der Brennerautobahn aus. Der moderne, 2012 neu angelegte Klettersteig ist dank seiner Ausrichtung gen Süden fast das gesamte Jahr über begehbar. Der Zustieg dauert nur 15 Minuten, und schon beginnt das Klettervergnügen, das sich bis auf ein paar knackige Aufschwünge auf viele Querungen fokussiert. Schon unterwegs kann man tolle Ausblicke auf die Zillertaler Bergspitzen genießen. Wer bis oben durchhält, wird mit einem Gipfelkreuz belohnt und kann sich gegen eine Geldspende ein kühles Bier aus der beschatteten Kühltruhe nehmen. Der Abstieg führt in etwa einer Dreiviertelstunde über einen schmalen Steig und die Forststraße wieder zurück zum Ausgangsort St. Jodok.

Schwierigkeitsgrad C, 300 Höhenmeter, Steigzeit ca. 1,5 Std., mit Zu- und Abstieg ca. 2,5 Std.

19 Pfeishütte (1922 m)
Ruhe im Karwendel

Stadtnah und trotzdem komplett abgeschieden liegt die Pfeishütte im Naturpark Karwendel. Wer morgens mit dem Flieger am internationalen Flughafen Innsbruck landet, kann nur wenige Stunden später, umgeben von schroffen Felswänden und grünen Almwiesen, die Ruhe der Natur genießen. Und das komplett ohne Störfaktoren, denn Handyempfang gibt es im Talkessel des Samertals nicht, und das WLAN über Satellitenverbindungen ist den Wirtsleuten für Buchungsanfragen vorbehalten. So bleibt mehr Zeit zum Genießen, seien es die Schmankerl aus der Küche oder die Wandermöglichkeiten ringsum. Geografisch gehört die Alm übrigens tatsächlich zum Stadtgebiet Innsbruck. Die Pfeishütte ist seit ihrem Bau 1926–1927 ein wichtiger Stützpunkt im Karwendel. Seit 2016 steht sie mit ihren original erhaltenen und mit Holz vertäfelten Stuben, Zimmern und Lagern unter Denkmalschutz. Dabei könnte man beim Betreten der Stube auch meinen, in einem Boutique-Hotel angekommen zu sein. Am Kamin stehen zahlreiche Luis-Trenker-Bücher, alte Schwarz-Weiß-Fotografien zieren die Wände, und die bedruckten Vorhänge setzen den ausgestopften Fuchs am Fensterbrett erst so richtig in Szene. Bei schönem Wetter werden Essen und Getränke auf der sonnigen Terrasse vor dem Haus serviert.

Für müde Wanderer stehen Liegestühle und Hängematten zur Verfügung. Auch wenn viele Gäste nur zum Essen kommen, es lohnt sich, über Nacht zu bleiben. In den alten, holzvertäfelten Schlafräumen haben 37 Personen in Lagern und 37 in Zwei- und Mehrbettzimmern Platz. In jedem der Räume hängen bunt umhäkelte Kleiderhaken, die Betten sind mit dicken Decken ausgestattet. Einen Hüttenschlafsack muss man selbst mitbringen, weil hier nicht jeden Tag gewaschen werden kann, obwohl die Energieversorgung über die Photovoltaikanlage gut funktioniert. Sie liefert den Strom für Licht, Küchengeräte und die Trinkwasserpumpe. Nur bei Bedarf wird ein mit Pflanzenöl betriebener Generator dazu geschaltet. Die Lebensmittel holen die Hüttenwirte ein- bis zweimal die Woche mit dem Unimog aus Scharnitz. Viele Produkte stammen aus der Region, wie z. B. die Räucherforelle aus Leutasch in Tirol oder der Käse von den Almen. Zirben-, Honig- und Pfefferminzschnaps werden selbst gemacht, der köstliche Latschenlikör kommt vom Innsbrucker Unternehmen AlpPine Spirits. Als eine besondere Spezialität gelten die Graukäse-Palatschinken. Wer's lieber süß mag, probiert die Topfen-Kiachl mit Vanillesauce und Preiselbeermarmelade. Die roten Beeren kann man im Spätsommer rund um die Hütte reichlich pflücken. Im Frühsommer, bevor die Kühe der benachbarten Möslalm hier weiden, bedeckt dagegen ein Blumenmeer die umliegenden Berghänge.

Auf dem Goetheweg zur Pfeishütte

Am schnellsten ist die Pfeishütte von Innsbruck aus zu erreichen. Los geht es im Zentrum der Stadt mit der Hungerburgbahn, von der man in die Nordketten-Seilbahn wechselt. Über die Seegrube erreicht man nach rund einer halben Stunde die letzte Bergstation am Hafelekar. In nur wenigen Minuten erklimmt man von hier mit vielen Tagestouristen den Gipfel des Hafelekars auf 2256 m Höhe – ein toller Ausgangspunkt für die Wanderung am Goetheweg, welcher sich zunächst malerisch entlang der Sonnenseite der Nordkette dahinschlängelt. Über die Mühlkarscharte führt der Weg auf die Nordseite und bergan zur Mandlscharte. Nun geht es auf Serpentinen bergab zur Hütte, welche man erst kurz vor der Ankunft zu Gesicht bekommt. Der Weg ist gut befestigt und sicher angelegt – Höhenangst sollte man aber besser nicht haben.

Länge der Tour 6 km, 200 Höhenmeter bergauf und 530 Höhenmeter bergab, Gehzeit ca. 2 Std.

Mountainbike-Tour von Scharnitz zur Pfeishütte

Der leichteste Weg führt von Scharnitz durchs Gleirsch- und Samertal zur Pfeishütte. Diese Variante wird vor allem von Mountainbikern geschätzt, denn die lange Strecke bietet sich für das Rad geradezu an. Gegen Ende erfordert sie dennoch Kondition und Durchhaltevermögen. Wer sich das letzte steile Stück über den Schotterweg ersparen möchte, parkt sein Fahrrad einfach ein Stück unterhalb der Pfeishütte am »Radlparkplatz« und marschiert die letzten zwei Kilometer zu Fuß.

Länge der Strecke ca. 20 km, 1035 Höhenmeter bergauf, Fahrzeit ca. 3 Std.

Stempeljochspitze (2543 m)

Die Kleine Stempeljochspitze trennt das Samertal vom Halltal und bietet herrliche Ausblicke ins südliche Karwendel. Begegnungen mit Schneehühnern, Gämsen und Steinböcken sind hier keine Seltenheit. Diese können insbesondere in den frühen Morgenstunden häufig beobachtet werden. Wer zeitig genug das Nachtlager

ÖSTERREICH

auf der Pfeishütte verlässt und den unschwierigen Aufstieg antritt, kann den Sonnenaufgang am Gipfel genießen.

Länge der Strecke 2,6 km, 610 Höhenmeter, Gehzeit ca. 1,5–2 Std.

Der Karwendel Höhenweg

Einmal quer durch den größten Naturpark Österreichs verläuft der Karwendel Höhenweg. Er bietet die Gelegenheit, das Karwendel von den Tallagen bis in die Gipfelregionen zu entdecken. Kondition und Trittsicherheit sind im hochalpinen Gelände Grundvoraussetzung. Die sechstägige Tour startet in Reith bei Seefeld und führt über fünf Hütten im Halbrund nach Scharnitz. Ziel der ersten Etappe ist die Nördlinger Hütte (2239 m), von dort geht es weiter über das Solsteinhaus (1806 m) und auf dem Goetheweg zur Pfeishütte (1922 m). Auf der vierten Etappe steigt man zum Stempeljoch und zur Bettelwurfhütte (2079 m) auf, bevor man über das Hallerangerhaus (1768 m) den langen Rückweg nach Scharnitz antritt. Den fünfstündigen Abstieg ins Tal kann man mit Leihrädern bequem abkürzen. Besonderes Schmankerl für Genießer: Alle fünf Hütten haben sich der Initiative des Alpenvereins »So schmecken die Berge« angeschlossen und verwenden nach Möglichkeit Erzeugnisse aus der Region.

Länge der Gesamttour 63,6 km, 3825 Höhenmeter im Aufstieg, 3985 Höhenmeter im Abstieg, Gesamtgehzeit 27,5 Std. aufgeteilt in 6 Etappen zu 3–5 Std., maximal 8 Std., www.karwendel-hoehenweg.at

Nature-Watch-Touren

Der Naturpark Karwendel organisiert im Sommerhalbjahr wöchentlich Führungen mit Naturpark-Rangern. Dazu gehören auch sogenannte »Nature Watch«-Touren, die an unterschiedlichen Orten ihren Ausgang nehmen. Ausgestattet mit Präzisionsferngläsern des Tiroler Unternehmens Swarovski OPTIK, dessen Firmensitz und Produktionsstätte unweit in Absam gelegen ist, kann man die Flora und Fauna des Karwendels in all ihrer Vielfalt erleben. So sind am Eingang des Halltals mit etwas Glück Gämsen zu beobachten, und in der Karwendelschlucht bei Scharnitz führt die Tour zu mehreren Aussichtspunkten der Karwendelbachklamm und der gegenüberliegenden Teufelslochklamm.

Termine, Treffpunkte und Buchung unter www.karwendel.org

Nordkette Innsbruck

Die Nordketten-Seilbahn bringt ihre Passagiere in wenigen Minuten von der Hungerburg auf die Seegrube und weiter aufs Hafelekar. Mit Ausnahme der erforderlichen Revisionszeiten ist die Bahn ganzjährig in Betrieb, entsprechend vielfältig gestaltet sich das Programm. Im Sommer treffen sich auf der Seegrube Wanderer, Ausflügler und Kletterer für die Kletterarena Nordkette und den Innsbrucker Klettersteig. Dazu gesellen sich Downhiller, Mountainbiker, Drachenflieger und Paragleiter. Im Winter ist das Aufkommen nicht weniger bunt gemischt, dann verwandeln sich die Hänge ringsum in Pisten und ein exzellentes Freeride-Gelände, das auch von Profis gerne heimgesucht wird. Während der Hauptsaison bereichert ein großes Iglu mit einer Schneebar das Angebot. Eines ist jedenfalls sicher: Egal, zu welcher Jahreszeit man die Nordkette und damit das Portal in den Naturpark Karwendel besucht, langweilig ist es hier nie.

Höhenstraße 145, A-6020 Innsbruck, Fr bis 23.30 Uhr geöffnet, genaue Öffnungs- und Revisionszeiten unter www.nordkette.com

> **ADRESSE**
> Pfeishütte,
> Naturpark Karwendel Tirol
> www.pfeishuette.at
> Tel. +43 720 316 596 (keine SMS)
>
> **ANREISE**
> **Hinweis:** Die Hütte ist **nur zu Fuß oder per Rad** erreichbar (siehe vorhergehende Seite)
> **Öffentlich:** Innsbruck erreicht man aus dem Norden über München, aus dem Westen über Salzburg und aus dem Osten von Zürich mit Direktzügen der Bahn. Auch aus dem Süden verkehren Züge über Bozen-Brenner.
> **Mit dem Auto:** Von Westen und Osten aus über die Autobahn A12, für die Fahrt durch den Arlbergtunnel gilt Mautpflicht, ebenso für die Brennerautobahn aus dem Süden (A13).
> **Flughafen Innsbruck:** vor Ort
> **Flughafen München:** 177 km

NATURPARK KARWENDEL – PFEISHÜTTE

> **Bergferien auf der Pfeishütte**
> Preisgünstige Pauschalurlaube für Familien in den Alpen – das ist das Ziel von »Bergferien«. Das Programm wurde in Kooperation vom Deutschen, Österreichischen und Südtiroler Alpenverein mit ausgewählten Wirtsleuten der Region erstellt. Auf der Pfeishütte ist das Programm für 6–14-jährige Kinder ausgerichtet, die wochenweise mit ihren Eltern anreisen. Die gemeinsamen Aktivitäten reichen von Wanderungen über Bogenbau-Workshops bis hin zu Lagerfeuerabenden. Geprüfte Bergwanderführer und Erlebnispädagogen sorgen für einen professionellen Rahmen. Aktuelle Informationen in der Broschüre »Bergferien für Familien«, welche man z. B. unter www.alpenverein.de herunterladen kann.

Großglockner oder Dolomiten. Bei entsprechenden Wetter- und Thermikverhältnissen gehen die erprobten Piloten gerne auf spezielle Routenwünsche ein.

Mountain Soaring OG, Flughafen Innsbruck, Kranebitter Allee 105, A-6020 Innsbruck, Buchung unter ⧉ www.mountain-soaring.com

 Do it yourself – selbst gebaute Ski nach Maß

Abseits von jeglicher Massenproduktion und in Handarbeit werden in der kleinen Skibauwerkstatt in Innsbruck das ganze Jahr über qualitativ hochwertige Ski, Snowboards und Splitboards nach Kundenwunsch angefertigt. Wer selbst Hand anlegen möchte, kann im Rahmen eines Wochenend-Workshops seinen Traumski unter professioneller Anleitung selbst bauen. Dabei geht es am ersten Tag darum, die Kanten eigenhändig zu biegen und auf den Belag zu kleben. Je nach Art des Skis wird dann der Holzkern mit einer Fieberglasmatte und Epoxiharz laminiert. Über Nacht härtet der Ski in einem speziellen Ofen aus, um dann am nächsten Tag vom jeweiligen Teilnehmer seine Form und den Feinschliff zu erhalten. Ein Erlebnis der besonderen Art für Wintersportler und handwerklich Interessierte! Besonders gefragt sind Ski mit Holzfurnier und eigener Lasergrafik, also z. B. einem Schriftzug. Hinsichtlich der Form reicht die Bandbreite von Race Carvern bis hin zur breiten Powderlatten.

Workshop: Höttingergasse 26, A-6020 Innsbruck, Tel. +43 512 274 088, Buchung unter ⧉ www.spurart.at

 Segelfliegen im Karwendel

Wenn man ohne Motorengebrumm sanft über die faszinierende Bergwelt des Karwendels gleitet, wird der Traum vom Fliegen wahr. Und sollte man seine Kreise dann noch in Begleitung eines Steinadlers ziehen, hat man endgültig das Gefühl, Teil der Natur zu sein. Das Tiroler Unternehmen Mountain Soaring fliegt mit eigenstartfähigen Segelflugzeugen direkt von der Nordseite des Flughafens Innsbruck über nahe und ferne Gipfel der Alpenwelt. Eine besonders schöne Runde führt von Innsbruck zur Zugspitze, dann weiter über das Karwendelgebirge zum Achensee und über das Inntal zurück. Im Angebot sind aber auch längere Flüge in Richtung

Hier werden Träume wahr: Dank der Thermik kann man mit dem Segelflieger oft stundenlang über den Gipfeln schweben und die Schönheit der Berge von oben bewundern.

20 Gasthaus Morent (1111 m)
Schlafen im Slow-Food-Himmel

Wer hier seinen Urlaub verbringt, ist vermutlich ein Genießer. Die Küche des Gasthauses Morent ist ein guter Grund, sich hier einzuquartieren, obwohl die gemütlichen Zimmer mit alten Holzdielen ebenfalls dazu einladen. Die Räume sind nach den Kindern der Familie Morent benannt: Raphael und Lisa. Im Dachgeschoss gibt es noch ein drittes Quartier, die »Wellness-Oase«. Namensgebend sind die geräumige Infrarotkabine und das große Badezimmer, die hier zur Ausstattung gehören. Die Zimmer sind liebevoll mit warmen Farben gestaltet, die Materialen natürlich. Die Holzbalken als Bettrahmen erden, der schmuckvolle Bauerntisch passt perfekt in das alte Haus.

Früher war die heutige Gaststube der Stall mit drei bis vier Kühen. Als die Morents hier einzogen, hat sich das geändert. Es wurde umgebaut, renoviert und altes Mobiliar aus den umliegenden Regionen beschafft. Der alte Holzofen in der Küche stammt aus Südtirol, daneben stehen zwei moderne Kochplatten. Verwendet wird immer das, was gerade besser ist. Nach dieser Devise besorgt die Familie auch die Zutaten für die Speisen. Eingekauft wird in der Region, wenn es hier die beste Ware gibt. Beim Käse vertraut man jedoch auf Vorarlberg, die Edelflusskrebse stammen aus Bayern. Sie werden im Hochsommer lebend geholt und in einem Becken beim Eingang gehalten. Eine regionale Delikatesse, die schon fast in Vergessenheit geraten ist, weil die heimischen Edelflusskrebse nahezu ausgestorben sind. Jetzt werden sie bewusst gezüchtet. Der Fisch jedenfalls kommt aus der Region, denn das klare gute Wasser schmeckt man. Davon ist Ralf Morent überzeugt. Seine Frau Tami bereichert die Küche mit ihren ungarischen Wurzeln. Dabei ist der Unterschied oft gar nicht so groß, wie ein Biss in ein köstliches Langos zeigt, das verblüffende Ähnlichkeit mit den Tiroler Kiachln hat. Die Abendmenüs in vier Gängen sind saisonal zusammengestellt. Wild, Fisch oder frische Steinpilze, das bestimmt die Jahreszeit und die Verfügbarkeit. Die Pilze sammelt man selbst, die Kräuter stammen aus dem eigenen Garten. Erlesene Weine aus Ostösterreich runden das perfekte Menü ab. Dazu wird Wasser gereicht, das der Chef höchstpersönlich am Brunnen vor dem Haus abfüllt. Es ist ein besonders gutes Wasser und schmeckt frisch und kalt am besten. Klein, aber fein – das Gasthaus Morent ist eines der kleinsten Gault-Millau-Haubenrestaurants von Österreich und seit 2012 Mitglied der »Slow Food«-Restaurants. In der gemütlichen Gaststube finden 12 Personen Platz, es empfiehlt sich, zu reservieren oder Hausgast zu sein. Letzterer hat den Vorteil, dass er nach dem 4-Gänge-Menü nur noch die (steilen) Treppen ins Zimmer hinaufgehen muss, um dort in einen tiefen Schlaf fallen zu können.

TANNHEIMER TAL – GASTHAUS MORENT

 ## Mountainbike-Tour

Dank der vielen Forststraßen gibt es im Tannheimer Tal zahlreiche Mountainbike-Strecken zu entdecken. Ein schöner, einfacher Rundweg führt entlang der Vils. Startpunkt ist der Ort Grän. Von hier geht es entlang des Flusses in Richtung Tannheim, Zöblen, Schattwald bis zur »Kalbelehof Alpe« und weiter nach Pfronten. Dort laden z. B. der Gasthof Vilstalsäge oder das Mühlenmuseum an der Bläsimühle zu einem Zwischenstopp ein. Über das Engetal fährt man anschließend zurück zum Ausgangspunkt. Die meisten Anstiege sind sanft und einfach machbar, nur für den Kappler Berg bei Schattwald braucht man kräftige Wadeln. Die Tour kann auch in Zöblen begonnen werden.

Länge der Strecke 33 km, 400 Höhenmeter, Fahrzeit ca. 3 Std.

 ## Rundwanderung Vilsalpsee

Das vermutlich beliebteste Tourenziel im Tannheimer Tal ist der wunderschöne Vilsalpsee. Bereits seit 1957 umgibt den See ein Naturschutzgebiet, in dem unter anderem seltene Orchideen wachsen. Ungewöhnlich hoch lässt sich hier auch der Haubentaucher zum Brüten nieder. Der Talboden rund um den See wird als Mahdwiese oder Almweide genutzt. Rund um diese Wiesen stehen Bergfichtenwälder. Die schroffen Gipfel sind aus Dolomit und umrahmen das Schutzgebiet. Die landschaftlich reizvolle Wanderung ist einfach und somit auch für ältere Menschen und Kinder gut machbar. An schönen Sommertagen ist der Ansturm entsprechend groß. Das Südende des Sees ist malerisch in steile Bergwände eingebettet. Hier führt der Weg durch einen dichten Fichtenwald zum Talschluss. Schon von Weitem hört man den mächtigen Bärgacht-Wasserfall rauschen. Tiroler Schmankerln zur Stärkung gibt's im Gasthof Vilsalpsee direkt am Weg. Um das Verkehrsaufkommen zu reduzieren, ist die Auffahrt zum Vilsalpsee im Sommer zwischen 10 und 17 Uhr für den normalen Verkehr gesperrt. Es gibt allerdings eigene Parkplätze in Tannheim, von dort ist der See in etwa einer Stunde Gehzeit erreicht (4 km). Außerdem verkehren Shuttle-Busse, Pferdekutschen und ein Bummelzug, der »Tannheimer Alpenexpress«.

Länge der Rundtour 7 km, 140 Höhenmeter, Gehzeit ca. 2 Std.

 ## Stuibenalpe (1431 m)

Die Stuibenalpe liegt geschützt in einem Talkessel, den der Stuibenbach durchzieht. Ausgangsort für die Tour, die nicht nur zu Fuß, sondern auch per Mountainbike unternommen werden kann, ist Schattwald. Zuerst geht es über eine breite Forststraße nach oben, dann den Bach entlang. Für Wanderer gibt es immer wieder die Möglichkeit, auf kleinere Pfade zu wechseln. Die Alpe ist im Sommer bewirtschaftet, es gibt kleine Speisen und kühle Getränke. Vor der Hütte weiden Kühe, Hühner und Esel. Die leicht erreichbare Stuibenalpe ist Ausgangspunkt zahlreicher Bergtouren wie z.B. zum Bschießer, zum etwas höheren Ponten oder zur Rohnenspitze.

Länge der Tour 7 km, 354 Höhenmeter, Gehzeit ca. 2 Std.

Auf der Stuibenalpe, in Wanderkarten auch Mittlere Stuibenalp genannt, kann man auf der Terrasse in bester Gesellschaft die Sonne und den Ausblick genießen.

ÖSTERREICH

ADRESSE
Morent,
Zöblen 14,
A-6677 Zöblen,
www.morent.at

ANREISE
Öffentlich: Mit Bus oder Bahn nach Reutte, dann mit dem Regionalbus Richtung »Oberjoch, Iselerbahn« bis Zöbeln Gemeindeamt.
Mit dem Auto: Von München über Memmingen bis Oy-Mittelberg, dann bei Oberjoch über die Grenze. Von Innsbruck über Imst und den Fernpass bis Reutte. Von Reutte ins Lechtal bis Weißenbach am Lech zur Abzweigung ins Tannheimer Tal.
Flughafen Innsbruck: 122 km
Flughafen Memmingen: 90 km

 Drei-Seen-Tour: Lache – Traualpsee - Vilsalpsee

Grandioses Panorama, wunderschöne Bergseen und eine gemütliche Hütte zum Einkehren – das sind die Attribute, welche die Drei-Seen-Tour zu einer der schönsten Wanderungen in der Region machen. Man beginnt bei der Bergstation der Neunerköpfle-Seilbahn, von wo aus der Gipfel des Neunerköpfles schnell erklommen ist. Der Weg führt nun direkt nach Süden über die Obere Strindenalpe auf den Schochen. In engen Serpentinen geht es durch Grasfelder auf den zweiten Gipfel. Von hier kann man den blaugrünen Traualpsee bereits erkennen. Über Geröllfelder wandert man an der Lache vorbei zur Landsberger Hütte, die zur Einkehr einlädt. Danach geht es talwärts zum Traualpsee und weiter zum Vilsalpsee.

Länge der Tour 11,1 km, 400 Höhenmeter bergauf, 1130 Höhenmeter bergab, Gehzeit ca. 5–6 Std.

 Auf den Einstein (1866 m)

Eine schöne Rundtour führt von Zöblen bzw. dem etwas höher gelegenen Parkplatz beim Berghotel Zugspitzblick auf den Einstein. Entlang einer Forststraße wandert man durch Wald und Weidegebiete mäßig steil aufwärts. Nach einem kurzen Stück bergab im Lohmoos beginnt direkt am Fuße des Einsteins der schweißtreibende Aufstieg in Serpentinen. Das letzte Stück

Lisa Morent, die Tochter der Wirtsfamilie, ist geschickt im Umgang mit den aggressiven, aber extrem schmackhaften Edelflusskrebsen.

zum Gipfel geht man am Grat entlang. Retour empfiehlt sich die Strecke über »Berg«, einen Ortsteil von Tannheim. Den Ausgangspunkt erreicht man dann wieder über den Talwanderweg nach Zöblen.

Länge der Rundtour 14 km, 880 Höhenmeter bergauf/bergab, Gehzeit ca. 6 Std.

 Auf den Schönkahler (1688 m)

Ausgangspunkt der Wanderung über bunte Wiesenhänge auf den einfachen Gipfel ist das Gasthaus Zugspitzblick. Die leichte Tour eignet sich auch für Kinder und ist bereits ab dem Frühsommer begehbar. Einzig in der Talmulde vor dem Pirschling kann dann noch etwas Schnee liegen. Über dessen Südrücken geht es in Serpentinen hinauf zum Gipfel (1634 m). Von hier aus ist der Schönkahlers bereits gut zu sehen, wirkt aber noch weit entfernt. Über den breiten Gipfelkamm ist er schneller erreicht als gedacht. Der Rückweg erfolgt auf der Aufstiegsroute. Zum Abschluss lädt das Gasthaus Zugspitzblick zu einer ausgiebigen Stärkung ein.

Länge der Rundtour 9,4 km, 440 Höhenmeter bergauf/bergab, Gehzeit ca. 2,5–3 Std.

 Jungholz

Eine geografische Besonderheit ist die Tiroler Gemeinde Jungholz, welche komplett vom Freistaat Bayern umzingelt ist. Nur an einem einzigen Punkt, dem Sorgschrofen auf 1631 m Höhe, grenzt die

TANNHEIMER TAL – GASTHAUS MORENT

> **Herz-Jesu-Feuer**
> Am dritten Sonntag nach Pfingsten stehen in ganz Tirol, und so auch im Tannheimer Tal, die Berge in Flammen. Sie erinnern an den Herz-Jesu-Schwur, den die Tiroler im Kampf gegen die französische Armee unter Napoleon gemeinsam mit den bayrischen Truppen 1796 abgelegt haben. Damals besiegten die Tiroler Truppen überraschend die Franzosen, woraufhin der Herz-Jesu-Sonntag zum hohen Feiertag ernannt wurde. Ursprünglich geht der Brauch im Juni auf Sonnwend- und Johannisfeuer zurück. Besonders kunstvoll sind die religiösen Symbole angefertigt, welche vom Tal aus gut zu erkennen sind.

Gemeinde an Tirol. Bis zur Einführung des Euro war hier die Deutsche Mark das offizielle Zahlungsmittel und Jungholz ein besonderer Umschlagplatz für deutsches Anlagevermögen, da hier das österreichische Bankgeheimnis galt. So konnte der kleine 300-Seelen-Ort mit insgesamt drei Banken auftrumpfen. Doch diese Zeiten sind längst vorbei, inzwischen konzentriert man sich auf den Tourismus. Wo im Winter sechs Lifte zum Skifahren locken, kann man im Sommer prima wandern.

www.jungholz.de

Haldensee

Schwimmen auf 1100 m Höhe? Für Wohlfühltemperaturen im Freibad Haldensee sorgt eine Solaranlage, die umweltschonend das Wasser erwärmt. Wer sich sportlich lieber am See selbst austoben will, hat die Wahl zwischen Windsurfen, Segeln oder einer Kanufahrt. Das Seewasser wird mehrmals im Jahr überprüft und zeichnet sich durch eine ausgesprochen gute Wasserqualität aus. Rund um den See lädt ein gut ausgebauter Weg zum Radfahren oder Nordic Walken ein. Im Winter finden sich bei entsprechender Stärke der Eisschicht auch Schlittschuhläufer ein.

Wasserwelt Haldensee, Seewiesenweg 12, A-6673 Grän, Anfang Juni–Ende Aug. tgl. 10–19 Uhr, www.tannheimertal.com

Alpentherme Ehrenberg

An sommerlichen Regentagen und in der kühlen Jahreszeit bietet sich ein Ausflug in die Therme Ehrenberg in Reutte an. Diverse Becken mit Massagedüsen, Nackenduschen und ein Solebad im Außenbereich garantieren Spaß und Entspannung. Immer im Blick: die Berge der Umgebung und die Burgruine Ehrenberg. Das der Badewelt angeschlossene Saunaparadies kann zusätzlich mit einem Soledampfbad und Ruheräumen aufwarten. Die Therme legt großen Wert auf ein hohes Aufgussniveau und schult ihre Mitarbeiter dementsprechend. Diverse Events wie die Mitternachts- oder Sommernachtssauna findet man im jeweils aktuellen Veranstaltungskalender.

Thermenstraße 10, A-6600 Reutte, Badewelt tgl. 10–21, Saunaparadies tgl. 10–22 Uhr, bei Sonderveranstaltungen auch länger, www.alpentherme-ehrenberg.at

Lechweg

Der Lechweg ist ein gut beschilderter Weitwanderweg, der vom Ursprung des Lechs am Formarinsee in Vorarlberg über das Lechtal in Tirol bis nach Füssen im Allgäu führt. Er wurde als erster europäischer Qualitätswanderweg ausgezeichnet. Rund 125 km werden in fünf bis sieben Tagesetappen gemeistert. Da der Weg durch Dörfer führt, ist die Unterkunft in Pensionen und Hotels gesichert. Es wird sogar ein Gepäckshuttle angeboten. Besonders eindrucksvoll ist die wechselnde Landschaft vom Gebirge bis ins flache Lechtal. Auch die leuchtende Farbe des Flusses, der den Wanderer stets am Wegrand begleitet, macht die Tour einzigartig.

Länge der Gesamttour 125 km, 4320 Höhenmeter bergauf, 5390 bergab, Gesamtgehzeit 5–7 Tage in individuellen Etappen, www.lechweg.com

Blick mit Kick

Die Highline 196 zählt mit 406 m zu den längsten Fußgängerbrücken der Welt. Zwischen der Burgruine Ehrenberg und dem Fort Claudia spaziert man in 114 m Höhe über der Fernpass-Bundesstraße B196. Dank der dicken Stahlseile und der Absicherung mit Maschendraht bewegt man sich völlig gefahrlos, auch wenn der eine oder andere Schritt vielleicht etwas Mut kostet. Die Aussicht ist in jedem Fall eindrucksvoll, bei Nebel mutet dem Ausflug etwas Mystisches an.

www.highline179.tirol

Leicht abseits und trotzdem in greifbarer Nähe zum Gastbetrieb steht die 300 Jahre alte (nat)UrHütta.

21 (nat)UrHütta (2000 m)
Hüttenzauber auf der Gampe Thaya

Mitten im Skigebiet von Sölden, das sonst eher für Party, Après-Ski und jede Menge Trubel auf den Pisten bekannt ist, gibt es ein gut verstecktes kleines Paradies. Die 300 Jahre alte (nat)UrHütta wurde mit viel Liebe und handwerklichem Geschick von den Besitzern hergerichtet und wartet in der Wintersaison auf Gäste. Sie ist nur wochenweise zu buchen, doch hierzu sollte man schnell sein, denn die Hütte hat bereits einen großen Fanclub und zahlreiche Stammkunden, die immer wieder gerne kommen. Gründe gibt es viele.
Die in Osttirol produzierten Schafwollplatten an den Innenseiten der alten Holzwände sorgen dafür, dass die Räume im Winter schön warm bleiben. Um diese auch hell und licht zu gestalten, löste man sich von der ursprünglichen Architektur des Bauernhauses mit niedrigen, kleinen und somit leichter heizbaren Zimmern und entfernte Zwischenwände und die Decke zum Obergeschoss. Letztere wurde nur teilweise neu eingezogen.
So entstand ein ungewöhnlich großer Raum, der an eine moderne, zweistöckige Maisonette-Wohnung erinnert. Im Obergeschoss befindet sich ein Doppelbett, dazu in einer Ecke noch ein Einzelbett. Im Erdgeschoss kann man bei Bedarf zwei Schrankbetten hervorholen. Die Einrichtung ist funktionell und trotzdem gemütlich. Die Innenwände hat der Hausherr der Gampe Thaya, Jakob Prantl, höchstpersönlich aus Zirbenholz gebaut. Das heimische Holz soll eine beruhigende Wirkung auf den Herzschlag haben und für einen besonders guten Schlaf sorgen. Wer genau hinsieht, wird die vielen Astlöcher im Zirbenholz erkennen und die zusätzlichen Holzpfeile, die nicht perfekte Stellen ausgleichen. In solchen auf den ersten Blick unscheinbaren Details zeigt sich die liebevolle, nachhaltige Handarbeit, die in der (nat)UrHütta in jeder Wand steckt. Vielleicht ja auch deswegen, weil die Eigentümer die Hütte im Sommer nach wie vor privat nutzen. Dann leben sie selbst in den Räumen und bewirtschaften von hier aus die Alm nebenan. Sie halten einige Milchkühe und produzieren ihren eigenen Käse und andere Köstlichkeiten mit ausgesuchten Zutaten aus der Region. Vieles, was hier im Sommer eingekocht und eingemacht wird, findet man später im Winter auf der Speisekarte der Gampe Thaya. Die Almwirtschaft hat ganzjährig geöffnet und wurde mit dem Gütesiegel der Genuss Region Österreich »Genuss Hütte« ausgezeichnet. Wer also keine Lust hat, in der kleinen Küche der (nat)UrHütta auf einem traditionellen Holzofen oder auf zwei kleinen Elektroplatten selbst zu kochen, der geht zum Nachbarn und Vermieter auf die Gampe Thaya und lässt sich im Restaurant kulinarisch verwöhnen. So bleibt dann auch mehr Zeit, um direkt vor der Hütte die Ski an- und abzuschnallen und die weitläufigen Pisten des Skigebiets Sölden zu genießen, wenn alle anderen Wintersportler diese schon längst verlassen haben.

ÖSTERREICH

ADRESSE
(nat)UrHütta bei der Gampe Thaya,
im Skigebiet Sölden
www.gampethaya.riml.com
Tel. +43 664 240 02 46

ANREISE
Hinweis: Nur in der **Wintersaison** vermietet (Ende Nov. – Mitte April)
Öffentlich: Mit der Bahn von Westen oder Osten bis Ötztal Bahnhof. Von hier mit dem Bus weiter nach Sölden.
Mit dem Auto: Über die Inntalautobahn aus dem Westen (Arlbergtunnel) oder aus dem Osten (Kufstein, Innsbruck) kommend über die Abfahrt Haiming ins Ötztal.
Shuttleservice: Im Winter werden die Hüttengäste und ihr Gepäck mit dem Schneemobil in Sölden abgeholt.
Flughafen Innsbruck: 122 km

Skigebiet Sölden

Das Skigebiet Sölden lässt sich in Sachen Superlative nicht lumpen. Stattliche 146 Pistenkilometer mit acht Schleppliften, 15 Sesselliften und sieben Seilbahnen sowie einer Standseilbahn erwarten die zahlreichen Wintersportgäste. Das eigentliche Skigebiet ist zudem mit dem Rettenbachgletscher und dem Tiefenbachgletscher verbunden. Damit ist eine gewisse »Schneesicherheit« auch in warmen Wintern bzw. im Herbst und Frühling gegeben. Auf den Pisten unterhalb von 2200 m sorgen bei Bedarf Beschneiungsanlagen für perfekte Pistenverhältnisse. Highlight-Events im Skigebiet Sölden sind unter anderem das FIS Skiweltcup Opening Ende Oktober, das Gletscherschauspiel Hannibal im Frühling und das »Electric Mountain Festival«, eine Kombination aus Skispaß und Partymarathon mit Electric Dance Music inmitten der Bergkulisse.

www.soelden.com

 ## Rodeln im Silbertal

Die 5 km lange Rodelbahn im Silbertal führt von der Gaislachalm oder vom Gasthof Silbertal nach Sölden ins Tal. Die Strecke wird allerdings auch von Anrainern als Zufahrtsstraße genutzt, darum ist Aufpassen angesagt. Für Gruppen ist die Bahn auch nachts von 22.45–1.30 Uhr geöffnet und dann über weite Strecken beleuchtet. Wer den Weg nach oben nicht zu Fuß antreten möchte, kann den Shuttlebus nutzen. Im Rodelkeller des Restaurants gibt's nach dem Abendessen Livemusik! Aktuelle Informationen bekommt man beim Tourismusverband Ötztal.

Länge der Strecke 5 km, 630 m Höhenunterschied, Rodelverleih beim Gasthof Silbertal, Auskunft zur Schneelage unter Tel. +43 525 429 87 oder www.oetztal.com

 ## Winterwandern in Sölden

Auch wer mit Skifahren nichts am Hut hat, kann sich in Sölden die Füße vertreten. Beispielsweise beim Winterwandern auf knapp 50 km geräumter und beschilderter Wanderwege. Diese führen durch verschneite Wälder, schneebedeckte Felder und entlang des Flusses, der Ötztaler Ache. Mit Schneeschuhen ausgerüstet, mit oder ohne Touren-Guide, stapft man so oft stundenlang durch unberührtes Weiß. In Begleitung eines Führers erfährt man zusätzlich noch so einiges über die winterliche alpine Naturlandschaft. Das Equipment (Schneeschuhe, Stöcke und bei abendlichen Touren auch eine Stirnlampe) kann in Sportgeschäften am Ort oder von Skischulen geliehen werden. Die Wege sind unterschiedlich lang und schwer, ein Informationsblatt hierzu erhält man zusammen mit aktuellen Lageinformationen beim Tourismusverband.

Ötztal Tourismus, Gemeindestraße 4, A-6450 Sölden, Tel +43 572 002 00, www.oetztal.com

---

James Bond auf der Spur

In Sölden wurden diverse Szenen für den Film »Spectre« (2015) gedreht. Eingefleischte Fans fahren mit der Gondel zur Mittelstation Gaislachkogl, die im Film gut zu erkennen ist. Nach ein paar Abfahrten geht es weiter zum nächsten Drehspot, dem ice Q Restaurant auf der Spitze des Gaislachkogls. Der gläserne Bau ist – James Bond hin oder her – sehenswert. Im Film wurde das Restaurant zur Privatklinik umfunktioniert. Die nächsten Stationen sind das Rotkogeljoch und der Rettenbachferner. Hier wartet die spektakuläre Weltcupabfahrt. Auf der kurvigen Gletscherstraße wurde die actionreiche Verfolgungsjagd gedreht, bei der es zu einem Flugzeugabsturz kommt. Die Straße ist teilweise auch im Winter befahrbar.

ÖTZTAL – (NAT)UR HÜTTA

Ein besonderes kulinarisches Highlight ist das Almfrühstück auf der Gampe Thaya mit ausschließlich regionalen Lebensmitteln, viele davon aus eigener Produktion.

 Im Sommer zur Gampe Thaya

Auch wenn man sich im Sommer hier nicht einmieten kann, ist die Gampe Thaya auf jeden Fall einen Besuch wert. Das liegt allein schon an der hervorragenden Bewirtung. Obwohl es Jakob Prantl immer noch freut, wenn er seine Besucher in mancherlei Hinsicht enttäuschen kann. Denn er ist der Meinung, dass man nicht alles haben muss, nicht immer und schon gar nicht für jeden Preis. Auf der Gampe Thaya gibt es beispielsweise keine Cola und keine Pommes. Und zwar aus tiefer Überzeugung. Dafür serviert man Säfte, echten Kakao mit frischer Kuhmilch und feine Speisen aus regionalen Zutaten. Überrascht darf man auch von der Kreativität der Speisen sein, z. B. bei dem Carpaccio vom Tiroler Grauvieh mit Rucola und Käsespänen. Ab Sölden gibt es mehrere Aufstiegsmöglichkeiten zur Gampe Thaya. Am schnellsten ist sie mit dem Auto oder Bus zu erreichen. Ab der Mautstelle der Ötztaler Gletscherstraße sind es nur noch 15 Minuten zu Fuß. Schöner ist der »Anstieg« mit der Giggijochbahn und die 45-minütige Wanderung bergab. Mit dem Mountainbike erreicht man die Alm über die Gletscher- und Hochsöldenstraße, um dann am Hinweis links abzuzweigen (1,5 Std.).

Tischreservierung unter Tel. +43 664 197 25 44 oder www.gampethaya.riml.com

 Almfrühstück

Das Almfrühstück auf der Gampe Thaya ist für viele Urlauber im Ötztal ein Fixpunkt. Die Marmelade ist selbst gemacht, die meisten Früchte wurden sogar selbst geerntet. Wie die Erdbeeren aus dem Erdbeerland in Silz: Einmal im Jahr rückt die gesamte Familie aus, um für Nachschub zu sorgen. Das Highlight ist allerdings der Käse aus der eigenen kleinen Almsennerei. Die Butter kommt von der Nachbarin, das selbst gebackene Brot wird ergänzt durch ein speziell angefertiges Brot vom Bäcker im Tal. In den Karminwurzen steckt das Fleisch vom eigenen Grauvieh. Um auch den Einheimischen etwas Neues zu bieten, wird seit einiger Zeit Räucherlachsforelle aus dem Ötztal kredenzt. Ungewöhnlich? Ja! Ungewöhnlich gut.

Im Sommer tgl. von 8–10, im Winter von 9.15–10 Uhr, Voranmeldung erforderlich, Sommersaison: Mitte Juni bis Ende Sept.

Almmuseum

Direkt bei der (nat)UrHütta haben die Besitzer der Almen ringsum ein kleines Museum eingerichtet. Hier darf man ganz unkompliziert einen Blick in die kleinen, niedrigen Räume werfen und erhält dabei einen authentischen Eindruck von früheren Zeiten – auch wenn diese teilweise gar nicht lange her sind. Auf dem Ofen stehen Pfannen, in der Vitrine die Weingläser, und an der Wand hängen alte Lampen. Das Schlafzimmer zeigt, dass man früher kleiner war. Gegen eine kleine Spende darf man sich ein Glasl Schnaps einschenken, gerade so, wie man früher auf der Alm willkommen geheißen wurde.

Im Sommer ganztägig geöffnet

22 Brunnenkogelhaus (2738 m)
Über den Wolken

Ganz gleich, aus welcher Himmelsrichtung man sich dem Brunnenkogelhaus nähert, der erste Anblick ist immer imposant. Auf 2738 m Höhe thront es hoch oben am Kamm des Brunnenkogels – direkt über dem Wintersportort Sölden. Bereits 1888 wurde an dieser Stelle die erste Schutzhütte errichtet. Die Eröffnungsfeier fand allerdings in einem Gasthof im Tal statt – starker Regen machte den Aufstieg zum Bergkamm unmöglich. Auch heute kann es während der Sommersaison immer wieder vorkommen, dass die Hütte von einem Tag auf den anderen im Schnee liegt. Doch im Sommer taut dieser dann meistens schnell wieder ab.

Im Laufe der Zeit wurden immer mehr Zustiege zur Hütte erschlossen, zuletzt der Weg vom Timmelsjoch an der Staatsgrenze zu Italien (1995). Mit den Wegen kamen die Wanderer. 2006 musste das alte Brunnenkogelhaus wegen Baufälligkeit geschlossen werden. Die jetzigen Besitzer beschlossen, Abriss und Neubau selbst in die Hand zu nehmen und ein neues Haus zu bauen, das Wind und Sturm trotzt und in dem jeder Gast herzlich empfangen wird. Und das ist gelungen! Auf der windgeschützten Sonnenterrasse hat man einen phänomenalen Ausblick auf die Bergwelt der Ötztaler und der Stubaier Alpen. Man könnte anfangen, die Gletscher und Gipfel zu zählen, oder aber man bestellt sich ein gesundes »Grantenwosser« (Preiselbeersaft) und genießt, angekommen zu sein. »Einatmen, ausatmen, wiederholen« steht auf einer Tafel vor der Hütte geschrieben. Spätestens bei einem kleinen Erkundungsgang rund um das Haus bemerkt man auch die kleinen Salatbeete, in denen trotz der Höhe frisches Grün heranwächst. Unter der Terrasse wohnen einige Hühner, die täglich brav ihr Ei legen. Damit sich der Schneehase nicht am Salat und der Fuchs nicht an den Hühnern bedient, werden Gemüsegarten und Hühnerhof bei Anbruch der Dunkelheit gut abgeschottet. Es ist nicht einfach, frische Zutaten zu bekommen, denn die Anlieferung ist ausschließlich alle vier bis sechs Wochen per Helikopter möglich. Das Wasser wird über einen 773 m langen Schlauch aus einer 110 m tiefer liegenden Quelle nach oben gepumpt. Strom liefern die Solarpaneele am Dach, bei kräftigem Sonnenschein läuft sogar die Waschmaschine oder der Geschirrspüler mit Sonnenenergie. Für alles Weitere wird das Dieselaggregat zugeschaltet.

Als Gast bekommt man davon allerdings wenig mit. Bis zu 24 Personen können in den Matratzenlagern oder in Vierbettzimmern übernachten. Die Betten sind groß, die Bettwäsche frisch, beides hat keinerlei Ähnlichkeiten mit herkömmlichen Matratzenlagern. Abends gibt es ein dreigängiges Menü, untertags typische Ötztaler Tagesgerichte. Weil der Sonnenuntergang hier oben ein besonderes Ereignis ist, wird die Abendessenszeit auch gerne mal nach der Sonnenuhr gestellt. Damit niemand etwas verpasst …

Das Leben hier oben ist nicht ganz einfach, die Lage und der Bergblick dafür einzigartig.

ÖSTERREICH

 ### Aus dem Windachtal zum Brunnenkogelhaus

Der kürzeste Weg zum Brunnenkogelhaus führt vom Gasthaus Fiegl im Windachtal (Wanderbus-Station) in drei Etappen nach oben. So wandert man zunächst durch wunderschöne Zirbenwälder. Weiter geht es über saftige Wiesen in hochalpine Geröllfelder. Der steinige Weg führt direkt zum Haus an der Spitze des Kamms.

Länge der Tour 4,7 km, 835 Höhenmeter, Gehzeit ca. 2,5 Std.

ADRESSE
Brunnenkogelhaus,
Stubaier Alpen in Tirol
A-6450 Sölden
www.brunnenkogelhaus.at
Tel. +43 664 123 42 06

ANREISE
Hinweis: Das Brunnenkogelhaus ist **nur zu Fuß** erreichbar (siehe Text).
Öffentlich: Mit der Bahn aus dem Westen oder Osten kommend bis Ötztal Bahnhof. Von hier mit dem Bus nach Sölden. Ab Sölden fährt im Sommer ein Wanderbus zum Gasthaus Fiegl im Windachtal bzw. der Bus über Obergurgl zum Timmelsjoch.
Mit dem Auto: Über die Inntalautobahn aus dem Westen (Arlbergtunnel) oder aus dem Osten (Kufstein, Innsbruck) kommend über die Abfahrt Haiming ins Ötztal.
Flughafen Innsbruck: 84 km
Flughafen München: 220 km

Zwischen Timmelsjoch und Brunnenkogelhaus trifft man immer wieder auf Schafe, die hier ihren Almsommer verbringen.

 ### Über die Brunnenbergalm zum Brunnenkogelhaus

Wer direkt von Sölden aus losmarschieren möchte, steigt von der Talstation der Gaislachkogelbahn über die Moos- und Brunnenbergalm nach oben. Letztere ist auch gut per Mountainbike zu erreichen.

Länge der Tour 8,2 km, 1355 Höhenmeter, Gehzeit ca. 3–4 Std.

 ### Vom Timmelsjoch zum Brunnenkogelhaus

Ein wunderschöner Panoramaweg führt vom Timmelsjoch an der Staatsgrenze zu Italien zum Brunnenkogelhaus. Vorbei an Bergseen und kleinen Bächen nimmt man dabei auch drei Gipfel mit: den Wannenkarsattel (2990 m), den Rötkogel (2892 m) und die Wilde Rötspitze (2965 m). Die Tour erfordert Trittsicherheit und alpine Bergerfahrung, manche Passagen sind mit Ketten gesichert. Ausreichend Trinkwasservorrat und ein Blick auf die Wettervorhersage sind Pflicht vor Anbruch der Tour.

Länge der Tour 9,4 km, 760 Höhenmeter bergauf, 510 bergab, Gehzeit ca. 4–6 Std.

 ### Sonnenaufgang und Sonnenuntergang

Dank der frei stehenden Lage lassen sich vom Brunnenkogelhaus sowohl Sonnenaufgänge wie auch Sonnenuntergänge perfekt beobachten. Allein schon von der Terrasse hat man eine gute Aussicht und kann danach direkt in die warme Stube zum Essen gehen. Wer noch höher hinauf will, erreicht in nur 10–15 Minuten das Steinmandl auf dem Brunnenkogel, und selbst bis zum Gipfelkreuz des Rotkogels (2894 m) ist es nicht allzu weit.

Rotkogel: Länge der Tour 1,1 km, 200 Höhenmeter, Gehzeit ca. 15 Min.

 ### Söldens stille Seite

Viele der Übernachtungsgäste im Brunnenkogelhaus befinden sich auf dem sechstägigen Hüttentrek, einer Rundwanderung, die von Sölden aus durch einsame Hochgebirgslandschaften vorbei an Gletschern und romantischen Bergseen bis

ÖTZTAL – BRUNNENKOGELHAUS

> **» Eppas Guets«**
>
> Stammgäste des Brunnenkogelhauses wissen, dass man seine Lieblingsspeisen telefonisch vorbestellen kann. Dann kommen längst vergessene Spezialitäten auf den Tisch, wie z. B. »Hosar« (frittierte Nudelteigblätter, die mit Sauerkraut oder Preiselbeermarmelade gegessen werden), »Schepsans« (Lammbraten aus eigener Erzeugung) oder »Paunzn«, die eine große Ähnlichkeit zu Gnocchi aufweisen und über das Ötztal hinaus auch im restlichen Tirol bekannt sind. Gerade recht für hungrige Schwerarbeiter und Bergsteiger kommt auch das »Tirggnmuas«, eine deftige Speise aus Maismehl, die ähnlich der Polenta zubereitet wird.

zur Hochstubaihütte führt. Nur zweimal streift man kurz die Zivilisation, an den restlichen Tagen ist man fern von Autos, Touristenrummel und Lärm. Die Wanderung erfordert Trittsicherheit, Gletscherüberquerungen und Kletterpassagen sind jedoch nicht zu bewältigen, weshalb keine spezielle Ausrüstung erforderlich ist. Bei Schlechtwetter lässt sich die Tour nach jeder Unterkunft zur Not auch abbrechen.

Länge der Gesamttour 54,6 km, 4695 Höhenmeter, Gesamtgehzeit ca. 32 Std., aufgeteilt in 6 Etappen zu jeweils 3–6 Std.

Timmelsjoch Hochalpenstraße

Wenn die Hochalpenstraße zwischen dem Ötztal und dem Passeiertal in Italien im Frühjahr wieder geöffnet ist, kommt so mancher Autofahrer aus dem Staunen nicht heraus. Denn dann ist die Strecke oft noch mit meterhohen Schneewänden gesäumt. Die Räumungsarbeiten dauern wochenlang, und der Schnee am Straßenrand schmilzt erst, wenn der Sommer voll eingezogen ist. Neben einer spektakulären Fahrt werden an fünf Stationen (Steg, Schmuggler, Passmuseum, Fernrohr und Granat) Informationen zur regionalen Geschichte, Natur, Kultur und zu den Lebensgewohnheiten der Menschen geboten. Das Passmuseum ist das höchste Museum am höchstgelegenen Straßengrenzübergang Österreichs (2509 m). Eine hier aufgefundene Gewandfibel weist darauf hin, dass der Pass bereits um 300 v. Chr. begangen wurde.

www.timmelsjoch.com

Klettersteig Stuibenfall

Atemberaubende Ausblicke für Groß und Klein bietet der Klettersteig Stuibenfall. Vom Parkplatz Ötzidorf in Umhausen aus geht es entlang des Wasserfalls nach oben. Der mittelschwere Steig ist dank der vielen gut gesetzten Tritte auch perfekt für Kinder mit entsprechender Sicherheitsausrüstung geeignet. Highlight der Tour ist sicherlich die Seilbrücke, auf der man den Wasserfall an seiner Abbruchkante quert. Wer den Drahtseilakt lieber umgehen will, kann schon davor problemlos aussteigen. Der Abstieg erfolgt über den neu angelegten Panoramaweg entlang des Wasserfalls zurück zum Ausgangspunkt.

Schwierigkeitsgrad C, 300 Höhenmeter, Steigzeit ca. 1,5 Std., mit Zu- und Abstieg 2,5–3 Std.

Das Timmelsjoch führt über den Grenzkamm zwischen Alpennord- und -südseite. Manchmal türmen sich hier im Frühsommer immer noch hohe Schneewände am Straßenrand auf.

»Reisen veredelt den Geist und räumt mit unseren Vorurteilen auf.«

Oscar Wilde

Die »Schöne Aussicht« liegt nur wenige Meter von der österreichischen Staatsgrenze entfernt.

23 Bella Vista (2845 m)
Dem Gletscher ganz nah

Rot-weiß karierte Bettwäsche, bunt bemalte Bauernbetten, hie und da ein Bauernschrank und eine gemütliche Stube – das alpine Schutzhaus Bella Vista (Schöne Aussicht) im Schnalstaler Gletscherskigebiet wirkt wie aus dem Bilderbuch. Mit 20 Schlafplätzen im Matratzenlager und 42 Betten (verteilt auf Zwei- bis Sechsbettzimmer) bietet es insgesamt 62 Gästen eine Unterkunft. Die Badezimmer sind hell und modern ausgestattet. Selbst hier erhascht man immer wieder einen unverstellten Panoramablick auf die Bergwelt ringsum. Die Zimmer hingegen sind urig, einfach und sehr gemütlich. Draußen geht der Hüttenzauber noch weiter: Vor der Sonnenterrasse wartet die himmelblaue Materialseilbahn auf ihren Einsatz. Am Vorplatz der Hütte stehen ein Hot Pot und zwei finnische Saunafässer, Letztere zählen zu den höchstgelegenen Außensaunas in Europa. Sie aufzusuchen bedeutet echten Luxus und ist das Highlight eines jeden Besuchs.

Romantiker und Abenteuerlustige können im Winter aber auch eine ganz andere Schlafgelegenheit buchen. Der meterhohe Schnee direkt vor der Hütte bietet sich geradezu dazu an, mehrere Iglus zu errichten und mithilfe von Schaffell-Liegeflächen und Expeditionsschlafsäcken zu kuscheligen Gästezimmern zu verwandeln. Praktischerweise ist man dort nur wenige Meter vom Haus entfernt. Nach einem Abendessen in der Gaststube wird man zum Iglu begleitet und erhält eine kleine Einweisung, dazu eine Flasche Prosecco als Schlummertrunk. Den Morgen beginnt man mit einem heißen Tee, auf Wunsch auch schon zu Sonnenaufgang. Wer mit Ski angereist ist, kann dann die Möglichkeit nutzen, als Erster auf der Piste unterwegs zu sein. Gemütlicher startet man mit einem ausgiebigen Frühstück in den Tag. Die Bella Vista erreicht man im Winter ausschließlich mit Ski oder Schneeschuhen bzw. im Sommer zu Fuß. Wenn der Schnee ringsum geschmolzen ist, steht die Hütte in einer kargen Steinlandschaft. Gegenüber liegen die Gletscher der Ötztaler Alpen. Je unwirtlicher das Wetter vor der Tür, umso gemütlicher die warme Stube. Nach dem kräftezehrenden Aufstieg hat man sich das viergängige Menü am Abend redlich verdient. Die Küche ist bodenständig und orientiert sich an der italienischen Tradition der »primi« und »secondi piatti«, wobei der erste Gang jeweils ein Pasta-Gericht ist. Dabei stellt sich immer wieder die Frage, wie es die Köchinnen hinbekommen, so viele Gäste auf einmal mit »pasta al dente« – also bissfesten und auf den Punkt gegarten Nudelgerichten – zu verköstigen. Gerade beim Abendessen stoßen dann auch die verschiedenen Welten der Gäste aufeinander: Während sich eine Familie mit Kindern auf die erste gemeinsame Hüttennacht freut, planen Bergsteiger am Nebentisch eine hochalpine Gletschertour für den nächsten Morgen. Auf der Bella Vista sind sie alle gut aufgehoben.

ITALIEN

🥾 Im Winter zur Bella Vista

Von Kurzras aus kann man sein Gepäck mittels Materialseilbahn zur Hütte transportieren lassen. Dann geht es mit der Gletscherbahn zur Bergstation Grawand. Mit Ski fährt man direkt zur Talstation des Hintereisliftes ab und mit diesem hinauf zu der Piste, die direkt an der Hütte vorbeiführt (Hinweisschild im unteren Drittel der Strecke beachten). Fußgänger erreichen die Talstation, indem sie zunächst mit der Schnalstaler Bergbahn auf die Grawand und dann mit dem Gletschersee-Sessellift fahren. Von dort aus führt ein leichter und kurzer Anstieg in 15–20 Minuten zur Hütte. Alternativ kann man sich mit dem Motorschlitten am Hintereislift abholen lassen.

Schnalstaler Gletscherbahnen, Kurzras 111, I-39020 Schnals, aktuelle Fahrpläne und Preise unter 🔗 www.schnalstal.com

Essen in Südtirol, schlafen in Österreich: Das ehemalige Zollhäuschen nahe der Bella Vista kann auch für romantische Nächte zu zweit gemietet werden.

ADRESSE
Bella Vista/Schöne Aussicht,
Ötztaler Alpen, Schnalstal,
Talort Kurzras
www.schoeneaussicht.it
Tel. +39 047 366 2 40

ANREISE
Hinweis: Bella Vista ist **nur zu Fuß oder per Ski** erreichbar (siehe Text).
Öffentlich: Mit der Vinschgerbahn nach Naturns und von hier weiter mit dem Bus 261 nach Kurzras. Alternativ fährt der Bus 261 auch schon ab Meran ins Schnalstal.
Mit dem Auto: Von der Autobahnabfahrt Bozen über die Schnellstraße weiter nach Meran. Ab hier folgt man den Schildern zum Reschensee und biegt ca 15 Kilometer hinter Naturns in Richtung Schnalstal ab. Am Ende des Tals liegt der Ort Kurzras, wo sich auch die Bergbahnen des Schnalstaler Gletschers befinden.
Flughafen Innsbruck: 190 km
Flughafen Verona: 213 km

🥾 Im Sommer zur Bella Vista

Im Sommer ist die Hütte über mehrere Zustiege zu erreichen. Der Gepäcktransport erfolgt wiederum mittels Materialseilbahn. Von hier folgt man dem Weg durch das Oberbergtal zum Schutzhaus. Dieser führt mit angenehmer Steigung in langem Bogen zur Hütte. Die Strecke ist gut ausgebaut und im oberen Teil kunstvoll aufgeschichtet, dennoch sollte man trittsicher sein. Für Kinder ist der Zustieg nur bedingt geeignet. Leichter und schneller erreicht man die Hütte, indem man mit der Gletscherbahn zur Bergstation Grawand fährt. Von hier sind es ca. 30–45 Minuten bergab mit einem leichten Gegenanstieg zum Schluss. Anspruchsvoller, aber auch spektakulärer ist der Zustieg aus dem hinteren Venttal, einem Abzweig des Tiroler Ötztals. Entlang des Rofenthals marschiert man aussichtsreich zur Hütte.

Kurzras: Länge der Tour 4,4 km, 805 Höhenmeter, Gehzeit ca. 2,5 Std.
Grawand: Länge der Tour 2,8 km, 120 Höhenmeter bergauf, 470 bergab, Gehzeit 45 Min.
Venttal: Länge der Tour 15 km, 1130 Höhenmeter, Gehzeit ca. 6,5 Std.

SCHNALSTAL – BELLA VISTA

Übernachtung im Zollhaus

Ein paar Meter hinter einem unscheinbaren Schild, das die Staatsgrenze zwischen Italien und Österreich markiert, befindet sich schon auf österreichischem Boden ein kleines Steinhäuschen: die ehemalige Zollstation. Wer hier in der Früh aufwacht, hat den einzigartigen Weitblick auf die Gipfel und Gletscher der Ötztaler Alpen ganz für sich alleine. Besonders im Frühsommer, wenn die Bergbahnen nicht in Betrieb sind, herrscht hier absolute Ruhe. Auf dem Weg von der Bella Vista zum Zollhaus begegnet man maximal ein paar Einheimischen: Gämsen oder sogar Steinböcken. Die kleine Hütte selbst wurde modernisiert und umgebaut. Links vom Vorraum befindet sich eine Trockentoilette, der Hauptraum ist mit einer kleinen Küchennische, einem Holzofen und einem elektrischen Heizkörper ausgestattet. Das Doppelbett ist schmal, aber gemütlich. Wer den Kochlöffel schwingen will, muss die Zutaten natürlich selbst mitbringen, das sonstige Equipment steht bereit. Alternativ findet man sich zum Abendessen und Frühstück in der Schönen Aussicht ein oder lässt sich das Essen gar im Zollhaus servieren. Auf dem kleinen Tisch im Hauptraum steht bei der Ankunft eine Flasche Prosecco bereit, um auf den ungewöhnlichen Hüttenabend anzustoßen. Im Winter ist das Zollhaus ganz einfach per Ski zu erreichen, Fußgänger werden mit dem Schneemobil dorthin gebracht. Im Sommer beträgt die Gehzeit von der Bella Vista zum ungefähr 1 km entfernten Zollhaus rund zehn Minuten.

Zum Ötzi-Fundort

Nicht weit vom Schnalstaler Gletscher entfernt, am Tisenjoch, liegt der Fundort des Ötzis – jener Gletschermumie aus der Kupfersteinzeit, die durch den Rückgang des Gletschers im Sommer 1991 freigelegt wurde. Sie gibt Aufschluss über das Alltagsleben vor 5300 Jahren. Mehr darüber erfährt man im Südtiroler Achäologiemuseum in Bozen, wo die Eismumie auch zu sehen ist. Auf der »Ötzi Glacier Tour« folgen Bergsteiger Ötzis Spuren bis zur Fundstelle am Tisenjoch. Die geführte Wanderung (Skitour) ist über das Tourismusbüro buchbar. Voraussetzung sind eine gute Kondition und Trittsicherheit.

Länge der Tour 15,3 km, 1607 Höhenmeter bergauf/bergab, Gehzeit ca. 7–8 Std.

Im hinteren Eis

Direkt hinter den Saunafässern der Bella Vista führt ein schmaler Pfad aufwärts. Der mittelschwere Weg ist gut markiert, teilweise sogar mit Steinmännchen. Im Frühsommer können im oberen Drittel noch Schneefelder übrig sein, wobei der Weg weder steil noch ausgesetzt ist. So erreicht man über den breiten Gipfelhang den höchsten Punkt, der mit einer Stange gekennzeichnet ist. Der relativ einfache Dreitausender bietet einen grandiosen Fernblick. Direkt unterhalb erstreckt sich der gewaltige Hintereisferner-Gletscher mit der Weißkugel (3739 m) und der Finailspitze (3514 m) gleich gegenüber.

Länge der Tour 1,8 km, 442 Höhenmeter, Gehzeit ca. 1–1,5 Std.

Im hinteren Eis: Auf gar keinen Fall sollte man sich den relativ einfachen Aufstieg auf den Dreitausender mit Blick auf die riesige Fläche des Hintereisferners entgehen lassen.

24 Ottmanngut (325 m)
Mediterran-alpines Flair in Meran

Ein authentisches Konzept, traumhaft schöne Räume und die gute Lage machen das Ottmanngut in Meran zu einem Sehnsuchtsort für Genussmenschen. Das bürgerliche Meraner Landhaus nimmt seinen Ursprung im 13. Jh. und ist seit 1850 im Besitz der Familie Kirchlechner, die hier schon ein paar Jahre nach der Übernahme die ersten Gäste beherbergte. Heute führt Martin Kirchlechner, der Urururenkel des damaligen Besitzers, das Hotel. Nach zweijährigem Umbau wurde das Haus 2012 als Boutique-Hotel mit elf individuell gestalteten Zimmern neu eröffnet. Das »Palmenzimmer« hat beispielsweise Zugang zur Terrasse. Der Blick von den Liegestühlen geht frei auf den Palmengarten. Im »Mitzi-Martha-Zimmer« wohnten einst die von den männlichen Gästen des Hauses hoch verehrten Soubretten Mitzi und Martha. Das alte Zirbenmobiliar strahlt Gediegenheit und Gemütlichkeit aus. In der »Suite unter Linden« residiert man herrschaftlich mit Stuck an der Decke und Biedermeier-Möbeln auf dem Terrazzoboden. Die frei stehende Badewanne und eine begehbare Dusche lassen dem Gast die Wahl zwischen Alt und Neu, langsam oder schnell. Ein weiteres Zimmer wurde nach dem Hamburger Maler Friedrich Wasermann benannt, der im 19. Jh. öfter hier zu Gast war. Einige seiner Bilder,

unter anderem vom hauseigenen Garten, sind im Ottmanngut zu sehen. Zentraler Treffpunkt des Hauses ist im Sommer der Garten. Dort kann man ausruhen, Zeitung lesen oder diskutieren. Wenn es warm genug ist, findet das Frühstück draußen unter Palmen und Zypressen statt. An Schlechtwettertagen weicht man auf die Orangerie aus. Der hauseigene kleine Weinberg ist ebenfalls für die Gäste zugänglich. Unvergesslich bleibt das liebevoll durchdachte Frühstück, das im Ottmanngut in drei Gängen serviert wird. Der erste Gang besteht immer aus selbst gemachtem Sauerteigbrot, Croissants und zwei hausgemachten Marmeladen. Darauf folgt eine Müsli- oder Joghurtmischung mit Granola und frischen Früchten oder Kompott. Beim dritten Gang darf man sich auf einen meist herzhaften Happen freuen, wie z. B. geschmorte Datteltomaten mit Büffelmozzarella und Rosmarin. Auch untertags kann man gegen den kleinen Hunger kleine Gerichte bestellen. Zur Auswahl stehen unter anderem eine Käseplatte, Salat mit Büffelmozzarella und Sauerteigbrot oder eine hausgemachte Focaccia mit Büffelmozzarella und Speck. Am Abend gibt es dann einen typisch italienischen Apero, auch für externe Gäste. Mit dem ersten Getränk werden mehrere Häppchen angeboten. Spätestens jetzt ist der perfekte Zeitpunkt gekommen, um einen »Kalê sour« zu verkosten, einen Drink aus Kräuterlikör, Zitronenlimonade, Mineralwasser und Rosmarin.

Vigiljoch (1486 m)

Oberhalb von Lana erstreckt sich ein kleines, aber feines Wandergebiet. Bereits die Seilbahnfahrt auf den autofreien Berg ist ein aussichtsreiches Erlebnis. Oben angekommen, findet man leichte Wanderwege durch duftende Lärchenwälder, die teilweise kinderwagentauglich sind. Eine Tagestour für Gipfelstürmer führt auf den 2607 m hohen Hochwart. Für den Almrosenweg sollte man sich dagegen drei Tage Zeit nehmen, um die 43 km und 2200 Höhenmeter ohne Eile zurücklegen zu können. Besonders schön ist diese Tour zur Almrosenblüte im Frühsommer. Auf allen Strecken gibt es viele gemütliche Gelegenheiten zur Einkehr.

 www.vigilio.com

Zum Zirmtaler See (2114 m)

Die Wanderung zum malerischen Zirmtaler See und der gleichnamigen Alm oberhalb vom Kastellbell im Vinschgau ist ein kleiner Geheimtipp. Allein schon der kristallklare Bergsee an sich ist ein lohnenswertes Ausflugsziel, die romantische Alm als zusätzliches Highlight rundet die Wanderung dann noch perfekt ab. Ausgangspunkt ist der Parkplatz in Schartegg. Von dort ist der Weg gut ausgeschildert und führt in Richtung Obermarzoner Alm nach oben. Das Gebiet zeichnet sich durch seinen Wasserreichtum und den besonders großen Zirbenbestand aus, nach dem See und Alm benannt wurden.

Länge der Tour 11,2 km, 800 Höhenmeter bergauf/bergab, Gehzeit ca. 5 Std.

Gleckspitze (2952 m)

Ein relativ einfach zu besteigender Fastdreitausender wartet am Eingang des Ultentals auf ausdauernde Bergsteiger. Beginnend am Weißbrunn-Stausee (Pkw-Parkplatz, Wanderbus-Haltestelle) wandert man zunächst durch den Wald und über einen Hang mäßig ansteigend zur Oberen Weißbrunnalm. Von dort geht es weiter durch Almgelände und vorbei an den Weißbrunn-Naturseen, bis man schlussendlich in steilen Serpentinen zum Schwärzer Joch hinaufsteigt. Über den Gratrücken erreicht man problemlos das Gipfelkreuz der Gleckspitze. Der Abstieg erfolgt über den gleichen Weg.

Länge der Tour 13,7 km, 1050 Höhenmeter bergauf/bergab, Gehzeit ca. 6 Std.

ITALIEN

ADRESSE
Ottmanngut,
G. Verdistraße 18,
I-39012 Meran,
www.ottmanngut.it

ANREISE
Öffentlich: Mit der Bahn aus dem Norden kommend über den Brenner bis Bozen und weiter direkt bis nach Meran. 5 % Rabatt bei Bahnanreise und Direktbuchung!
Mit dem Auto: Aus dem Norden über Innsbruck, den Brennerpass und Bozen nach Meran. Aus dem Süden fährt man ebenfalls über Bozen. Eine weitere Option ist die Anreise aus dem Westen über das Schnalstal.
Flughafen Innsbruck: 156 km
Flughafen München: 352 km
Flughafen Verona: 177 km

 ## Tschigat (2997 m)

Der Normalweg auf den anspruchsvollen Gipfel beginnt bei der Leiteralm auf 1522 m Höhe. Bis hierher gelangt man von Vellau aus mit dem Korblift. Auf dem Meraner Höhenweg geht es zum Hochganghaus und weiter in die Hochgangscharte. Hier sind einige ausgesetzte Passagen mit einem Seil versichert. An den Milchseen vorbei folgt man der Markierung über Geröll und Blockwerk in Richtung Gipfel. In mäßig schwieriger Kletterei geht es eine Steilrinne aufwärts, oben rechts über ein Felsband in die Scharte nördlich vom Gipfel und über die Felsplatten im Süden schließlich auf dessen höchsten Punkt. Beim Abstieg kann man die abwechslungsreiche Route über das Hasljoch zu den Milchseen wählen, damit verlängert sich die Gehzeit um ca. eine Stunde.

Länge der Tour 16,4 km, 1691 Höhenmeter, Gehzeit ca. 7–8 Std. (über's Hasljoch: 9 Std.)

 ## Auf den Salten (1468 m)

Die Hochebene zwischen Mölten und Jenesien ist vor allem im Herbst ein farbenprächtiges Erlebnis. Man wandert zwischen einzeln stehenden Lärchenbäumen auf wunderschönen Wiesen dahin. Auch der Weitwanderweg E5 und die gelbe Route der Via Alpina führen hier entlang. Besondere Attraktion für Kinder sind die Stationen, an denen von Schülern gebastelte Figuren verschiedene Sagen erzählen. Eine schöne Runde führt vom Parkplatz aus gen Norden zur Möltener Kaser. Von hier steigt man über einen Waldweg hinab zur Jenesiener-Jöchl-Alm. Über Wiesen und Lärchenhaine geht es in südlicher Richtung bis zu einer Höfe-Zufahrt, die einen rechts abbiegend wieder zum Wanderparkplatz zurückbringt.

Länge der Rundtour 11 km, 340 Höhenmeter bergauf/bergab, Gehzeit ca. 3–4 Std.

 ## Promenieren in Meran

Prächtige Gärten, milde Winter und exotische Pflanzen – die kleine Stadt inmitten der hohen Berge hat eine ausgesprochen günstige geografische Lage. Einen eindrucksvollen Ausblick auf die Stadt bekommt man von der Gilfpromenade aus, welche in felsiger Lage am Zenoberg besonders sonnenverwöhnt ist. Am Ende des Aufstiegs erreicht man den Pulverturm und kann seinen Spaziergang am Tappeinerweg fortsetzen, dem wohl berühmtesten Promenadenweg der Stadt. Die an seinem Rand wachsenden Pinien, Magnolien, Agaven und Feigenkakteen machen die auch für Kinderwagen geeignete Runde zu einem wahren Erlebnis.

www.merano-suedtirol.it

 ## Therme Meran

Palmen im Schnee? Auch wenn es in Meran nur an wenigen Tagen im Jahr schneit, so ist es doch ein ganz besonderes

Sonne, Wärme und Palmen – trotz der beeindruckenden Berge ringsum kommt in Meran schnell ein südländisches Lebensgefühl auf.

MERAN – OTTMANNGUT

Ereignis. Noch schöner wird ein Wintertag nur in der modernen Therme mitten im Stadtzentrum. Immerhin reiste bereits die österreichische Kaiserin Sisi am liebsten nach Meran zur Kur. Vom Pool im Glaskubus aus hat man freien Blick in die Berge, die Saunalandschaft lockt mit drei Dampfbädern, einer Südtiroler Bio-Heusauna, einem Caldarium mit Soleinhalation oder einer finnischen Blocksauna im Freien. Abkühlen kann man sich an der frischen Luft oder, sollte diese zu warm sein, im Indoor-Schneeraum. Spezialaufgüsse machen den Besuch zu einem einzigartigen Erlebnis, denn diese werden in Südtirol fachkundig perfektioniert. Der Spa-Bereich lädt zum Verwöhnen ein, z. B. mit einem Rotwein-Salz-Peeling, Sisis Bio-Molkebad oder einer Entspannungsmassage mit Südtiroler Kräuteröl.

Thermenplatz 9, I-39012 Meran, Hallenbad tgl. 9–22, Sauna Mo–Fr 13–22, Sa, So, Fei 9–22 Uhr, www.termemerano.it/de

> **Unikate und Mitbringsel**
> Die Website »Selbergmocht.it« bietet handgefertigte Dinge aus Südtirol an Hier kann man direkt von den Verkäufern originelle Stücke erstehen. Angeboten werden beispielsweise bedruckte T-Shirts mit Südtiroler Sprüchen, mit Federkielstickerei personalisierte Ledergürtel, handgenähte Hausschuhe, bunte Keramiken und in Südtirol gewebte Baumwollhandtücher. Wer also keine Lust hat, im Urlaub auf die Suche nach Mitbringseln zu gehen, ist hier genau richtig!
> www.selbergmocht.it

Die prachtvollen Gärten von Schloss Trauttmannsdorf sind von Anfang April bis Mitte Oktober für die Öffentlichkeit zugänglich.

Schloss Trauttmannsdorf

Wer glaubt, die Gärten von Trauttmannsdorf wären nur etwas für betagtere Herrschaften, liegt weit daneben. Denn das 12 ha große Areal in Form eines Amphitheaters fordert sogar einiges an Kondition, möchte man all die verschiedenen Aussichtspunkte besuchen. In über 80 Gartenlandschaften, aufgeteilt in Sonnengärten, Waldgärten, Wasser- und Terrassengärten, sowie in die Landschaften Südtirols, blühen die verschiedensten Pflanzen der Welt. Dazwischen findet man immer wieder Erlebnisstationen, Informationen und Kunstwerke. Zu entdecken gibt es unter anderem ein Bienenhaus, eine Libellenuhr, eine botanische Unterwelt, das Glashaus, ein Holzratespiel oder die Abenteuer-Hängebrücke im Auwald. Von den zwei Aussichtsplattformen hat man aus höheren Lagen einen tollen Blick auf die Gärten und Meran. Besonders spektakulär ist die zu 95 Prozent sichtdurchlässige Plattform des Südtiroler Architekten Matteo Thun sowie der 15 m lange »Steg ins Leere«, den man durch die Großraumvoliere betritt. Für den Besuch sollte man mindestens drei bis sechs Stunden, besser sogar einen ganzen Tag einplanen.

St. Valentin-Straße 51/A, I-39012 Meran, www.trauttmansdorff.it

Produkte aus Südtirol

Kulinarisch gut versorgt ist man im Genussmarkt »Pur Südtirol« im Zentrum der Stadt. Im Shop werden rund 2000 ausgewählte Produkte aus allen Ecken und Enden Südtirols verkauft. Im angeschlossenen Bistro lässt es sich mit biologischen und saisonal wechselnden Köstlichkeiten gut zu Mittag essen. Gestärkt kann man sich dann dem Shopping widmen, denn angesichts der umfassenden Auswahl fällt es oft schwer, sich für ein Produkt zu entscheiden. Handverlesene Teesorten, ausgewählte Weine, Apfelsaft, Schüttelbrot, Milchprodukte wie auch Fleisch und Käse stammen aus Manufakturen und kleinen Bauernbetrieben. Auch Naturkosmetik, Schneidbretter aus heimischen Hölzern oder Filzpantoffeln werden verkauft – und geben authentische Souvenirs ab.

Freiheitsstraße 35, I-39012 Meran, Mo-Fr 9–19.30, Sa 9–18 Uhr, www.pursuedtirol.com

25 Das Miramonti-Hotel (1230 m)
Der Pool, der Berge versetzt

»Schwer zu finden, schwer zu vergessen!« Weit oberhalb von Meran liegt das Miramonti Boutique-Hotel am Rande des Hochplateaus Tschögglberg versteckt. Hinter dem Haus beginnt der Wald, nach vorne hat man eine grandiose Aussicht auf Meran und die gegenüberliegenden Berge, wie das Vigiljoch, den Hochwart und die Ortlergruppe. Das grandiose Gipfelpanorama ist allgegenwärtig, egal ob vom Zimmer, vom Panoramarestaurant oder vom Wellnessbereich aus. Als wäre sie Teil des Designs, so fügt sich die Bergkulisse ins Miramonti (»Bergblick«) ein. Die Zimmer und Suiten sind in einem minimalistischen und naturverbundenen Stil eingerichtet und wurden unterschiedlich gestaltet: 43 Räume, 19 verschiedene Kategorien und 5 Stilrichtungen. Prinzipiell kann man bei der Wahl aber nichts falsch machen, denn alle haben ihre ganz besonderen Vorzüge. Doch selbst wenn man sich im Zimmer nur allzu schnell wohlfühlt, es gibt noch andere Orte, die zum Verweilen einladen. So z. B. der 30 ha große Wald, der sich direkt hinter dem Haus erstreckt. Über eine kleine Hintertür kann man gleich morgens ein ausgiebiges »Waldbad« nehmen. Wer mit diesem Begriff noch nichts anfangen kann, schließt sich einer vom Hausherrn Klaus Alber persönlich geführten Wanderung an. Seine Liebe zur Natur spiegelt sich

auch an anderen Orten wider. Genannt sei hier die bodentief verglaste Waldsauna, aber auch der Whirlpool inmitten eines kleinen Waldstücks. Dagegen bietet der 32 °C warme Sole-Infinity-Pool direkten Blick auf die kleine Kirche St. Kathrein und die Berge ringsum. Die kühn über den Bäumen schwebende Konstruktion ist das absolute Highlight des Wellnessbereichs, für manche sogar des gesamten Hotels. An kühlen Tagen steigt der Dampf des warmen Wassers mystisch auf und gibt mit jedem sanften Windstoß den Blick auf die Berge frei. Auch im Ruheraum mit großer Glasfront spielt der Ausblick die absolute Hauptrolle.

Abends hat der Gast drei hauseigene Restaurants zur Auswahl: In der urigen Bauernstube von 1887 werden Südtiroler Spezialitäten serviert, im Klassik-Restaurant gibt es leichte mediterrane Küche à la carte. Für kulinarische Höhenflüge reserviert man einen Tisch im Panoramarestaurant bei Küchenchef Massimo Geromel, der für seine Kochkünste von Gault Millau mit zwei Hauben ausgezeichnet wurde. Neben dem Degustationsmenü am Abend überrascht er mittags mit einer »Slow-Food-Speisekarte«, auf der man z. B. eine »Algunder Ziegenkäse-Terrine mit Limette, gebackener Tomate, Basilikum, Focaccia, Taggiasche, Oliven und Gazpacho« findet. Oder wie wäre es mit »Tannensprosseneis, Himbeer-Creme, Buchweizen und Joghurt«? Die Erweiterung des eigenen kulinarischen Horizonts ist garantiert!

Die Kirche St. Kathrein

Unmittelbar vor dem Hotel grüßt von einem sanften Hügel St. Kathrein. Auf dem einst heidnischen Kultplatz stand vermutlich schon im 12. Jh. eine kleine Kirche, die allerdings zu großen Teilen einem Brand zum Opfer fiel. Die Relikte wurden 1453 umgebaut und erneut geweiht. Die Fresken und der Flügelaltar stammen noch aus dieser Zeit. Einer Sage nach boten zwei Riesen den Einheimischen beim Bau der Kirche ihre Hilfe an. Allerdings hatten die beiden in der Zwischenzeit einen weiteren Auftrag in Lafenn angenommen. Da sie nur einen Hammer besaßen, mussten sie diesen teilen. Eines Tages kam es zu einem Streit, bei dem der hünenhafte Baumeister von Lafenn einen Stein aufhob und ihn bis nach St. Kathrein warf. Der Felsbrocken verfehlte die Kirche nur knapp, doch noch heute liegt er in der Wiese vor dem Parkplatz beim Hotel Sulfner.

Besichtigung und Führung über den Tourismusverein Hafling, St. Kathrein Straße 2/b, I-39010 Hafling, Tel. +39 047 327 94 57, info@hafling.com

Skigebiet »Meran 2000«

Rund 40 Pistenkilometer und neun Lifte sorgen im Skigebiet »Meran 2000« unweit von Hafling für Abwechslung. Die meisten Pisten sind im mittleren Schwierigkeitsbereich angesiedelt, der »Steilhang« und die »Mittagerpiste« sind auch für erfahrene Wintersportler eine Herausforderung. Der Snowpark auf der Oswaldpiste bietet Easy Lines für Anfänger und eine Medium Line für fortgeschrittene Fahrer. Ski- und Snowboardausrüstung kann vor Ort ausgeborgt werden. Aus Meran fährt ein Skibus bis zur Talstation der Bergbahn »Meran 2000«, überdies gibt es eine Busverbindung Meran-Hafling-Falzeben, mit der man ebenfalls ins Skigebiet gelangt.

www.meran2000.com

Heini-Holzer-Klettersteig auf den kleinen Ifinger (2552 m)

Auch im Sommer ist die Großkabinenbahn »Meran 2000« im Einsatz und bringt Wanderer wie auch Klettersteiggeher zur Bergstation. Von hier führt der Weg über

ITALIEN

ADRESSE
Miramonti Boutique-Hotel,
St. Kathreinstraße 14,
I-39010 Hafling,
www.hotel-miramonti.com

ANREISE
Öffentlich: Mit der Bahn über Bozen bis Meran. Von hier fährt ein Postbus nach Hafling, oder man lässt sich vom Bahnhof abholen.
Mit dem Auto: Von Bozen kommend über die Schnellstraße bis zur Abfahrt Meran Süd. Ab hier folgt man den Schildern bis Hafling. Auf der Staatsstraße passiert man insgesamt vier Tunnel – gleich nach dem vierten biegt man links ab zum Miramonti-Hotel. Wer über den Reschenpass und das Vinschgau anreist, fährt ebenfalls bis Meran Süd.
Flughafen Innsbruck: 160 km
Flughafen München: 302 km
Flughafen Verona: 183 km

eine Schotterstraße in den Wald bis zu einer Abzweigung. Nur wenig später hat man den Anfang des Klettersteigs erreicht und kann auf dem hölzernen Plateau »Ochsenboden« in Ruhe seine Ausrüstung anlegen. Der mittelschwere Klettersteig teilt sich in mehrere Abschnitte, wie beispielsweise das »Einstiegswandl«, den »Geistergrat«, das »Waldele« oder die »Engelskante«. Namensgeber für den Steig ist der Südtiroler Alpinist Heini Holzer, der als Steilwandskifahrer in die Geschichte einging. Unterwegs kommt man an eine Stelle, an der er im Jahre 1974 über die 55° steile Südwestflanke abgefahren ist – sehr beeindruckend. Es gibt keine Möglichkeit, vorzeitig auszusteigen, darum sollte man vorab dem Wetterbericht Beachtung schenken. Der Abstieg erfolgt über den Normalweg.

Schwierigkeitsgrad C, 750 Höhenmeter, Steigzeit ca. 3–3,5 Std., mit Zu- und Abstieg 5,5 Std.

 ## Panoramablick

Anders, als es der Name vermuten lässt, ist das Knottenkino kein Filmpalast, sondern ein Aussichtspunkt auf der Knotte bei Vöran unweit von Meran. Das Schauspiel, das sich von dieser Felskuppe in 1465 m Höhe aus bietet, ist einzigartig. Gespielt wird, was das Wetter vorgibt. In den Bergen kann sich die Witterung oft innerhalb weniger Minuten komplett verändern. Auf Klappsesseln ist man dazu eingeladen, das abwechslungsreiche Panorama zu genießen. Eine Schautafel zeigt die Gipfel der Umgebung und ihre Namen. Der kürzeste Weg zum Kino beginnt oberhalb des Gasthofs Alpenrose in Vöran und führt in ca. 40 Minuten zum Aussichtspunkt.

Länge der Tour 3 km, 160 Höhenmeter, Gehzeit ca. 40 Min.

 ## Auf die Wurzer Alm (1707 m)

Ob per pedes oder mit dem Mountainbike – vom Mesnerwirt in Hafling geht es vorbei an Bauernhöfen und Lärchenwiesen zunächst zu einem kleinen Teich, danach über den »Wurzel und Platten

Im Winter wird auf der Terrasse ein wärmender Kamin aufgestellt. Neben einem prasselnden Feuer lässt sich das wunderschöne Bergpanorama auch an kühleren Tagen genießen.

MERANER LAND – DAS MIRAMONTI-HOTEL

> **Haflinger-Pferde**
>
> Die über die Grenzen hinweg bekanntesten Einwohner des Tschögglbergs sind wohl die Haflinger-Pferde. Allerdings stammen diese ursprünglich aus dem Obervinschgau, wo 1873 der Blutlinienbegründer der heutigen Haflingerzucht geboren wurde. Die robusten Gebirgspferde dienten den Bauern früher vor allem als Arbeitstiere, heute erfreut man sich in Hafling und Vöran insbesondere an den Galopprennen, die in den Alpen eine lange Tradition haben. In der Umgebung von Vöran gibt es einige Möglichkeiten, die Tiere bei Reitstunden und Ausritten näher kennenzulernen, so z. B. beim Reitstall Sulfner, Paur, bei der Reitschule Vöran oder beim Obermichelerhof. Fahrten zu diversen Almen oder Panoramarundfahrten veranstaltet unter anderem der Kutschendienst Norbert Waldner.

Weg« direkt zur Wurzer Alm. Typische »Schmangerlen« sind Gerichte von Ziege und Schaf, Nudelspeisen, Buttermilch mit Beeren sowie hausgemachte Brote, Kuchen und Säfte. Topfen- und Apfelstrudel darf natürlich auch nicht fehlen. Das »Buchweizenschmarrele mit Südtiroler Apfelmus« oder der »Salatteller mit gebratenem Ziegenkäse« sind sogar bewusst glutenfrei. Zur Freude der Kinder grasen rundum ca. 150 Rinder und 20 Pferde auf den Almwiesen. Auch Wollschweine, Hängebauchschweine, Kaninchen, Ziegen und Pfaue freuen sich über Besuch.

Länge der Tour 6,4 km, 410 Höhenmeter, Gehzeit ca. 2,5 Std., www.wurzer-alm.com

 ## Stoanerne Mandln (2003 m)

Es ist ein sagenumwobener Platz, den man nach einer etwa drei- bis vierstündigen Wanderung von Hafling über die Wurzer und Vöraner Alm erreicht. Von Letzterer folgt man dem Forstweg auf das Hochplateau. In Richtung Auenerjoch türmt sich rechter Hand ein Hügel mit zahlreichen »Steinmännchen« auf. Manche haben ein Kreuz auf der Spitze, andere sehen aus wie eine umgedrehte Pyramide. In jedem Fall ist hier ein interessanter Platz zum Rasten, von dem sich zudem tolle Ausblicke in die Dolomiten bieten. Als Alternative für den Rückweg bietet sich der Abstieg über die Möltner Kaser und Leadner Alm an, wofür man eine weitere Stunde Gehzeit einberechnen muss.

Länge der Tour 21 km, 815 Höhenmeter bergauf/bergab, Gehzeit ca. 6–7 Std.

 ## Wanderung zu den Spronser Seen

Die wunderschönen Seen des Naturparks Texelgruppe stellen zugleich die größte hochalpine Seenplatte dar. Sie sind damit ein perfektes Ausflugsziel für einen heißen Sommertag. Der Weg dorthin ist auch für wandererprobte Familien geeignet, Kondition sollte man allerdings mitbringen. Von Vellau geht es mit dem Korblift hinauf zur Bergstation. Dort folgt man dem Meraner Höhenweg durch den Wald und über die Leiteralm zum Hochganghaus. Über steiles Gelände erreicht man den felsigen Bereich unterhalb der Hochgangscharte. Eine kurz ausgesetzte, aber gut versicherte Seilpassage führt in die sogenannte Scharte. Dann wendet man sich nach links und wandert oberhalb des Langsees zum Grünsee und weiter ins Sponsertal zur Oberkaseralm. Kurz nach der Alm steigt man vorbei an Kaser- und Pfitscherlacke mäßig steil in die Taufenscharte hinauf. Über steile Serpentinen führt der Weg zur Leiteralm zurück. Das letzte Stück fährt man wieder mit der Seilbahn ins Tal. Unterwegs bestehen Einkehrmöglichkeiten auf der Leiteralm, dem Hochganghaus und der Oberkaseralm.

Länge der Tour 13,5 km, 1227 Höhenmeter bergauf/bergab, Gehzeit ca. 5–6 Std.
Korblift Vellau, Gasthof Gasteiger, Vellau 13, I-39022 Vellau, saisonale Betriebszeiten, www.gasteiger.it

Das Haflinger-Pferd prägt seit über hundert Jahren das Leben in den Alpen: früher als Saum- und Lastentier, heute als Freizeitpferd.

26 Chalet Stern (1946 m)
Auf dem Rosskopf hoch über Sterzing

Am Rosskopf wusste man schon vor knapp 100 Jahren, wie man es sich in den Bergen so richtig gut gehen lässt. Es waren reiche Kaufleute aus Sterzing, die 1923 direkt am Hausberg der Stadt auf knapp 2000 m Höhe ihr privates Sommerdomizil errichten ließen. Milch, Butter und Käse wurden von den nahe gelegenen Vallming Almen gebracht, alles andere mussten die Bediensteten aus dem Tal heraustragen. 1993 wurde die Hütte umgewidmet und dient seitdem als Schankbetrieb im Skigebiet. 2017 kam dann das Chalet hinzu. Der Massivholzbau rund 30 m neben der Hütte bietet sieben sogenannten »Almsuiten« in unterschiedlichen Größen Raum. Bei deren Ausstattung legte man von Anfang an großen Wert auf natürliche Materialien aus der Region. Das gilt auch für das kleine Nebengebäude, in dem sich die Sauna und ein bis zum Boden verglaster Ruheraum mit Blick auf einen kleinen Teich befindet. Im Sommer blühen ringsum die Almwiesen, wobei besonders im Frühsommer die Blüte der Alpenrosen die Hänge rosa-rot einfärbt. Im Winter blickt man von hier auf die verschneite Landschaft und kann bequem in speziellen Ruhebetten relaxen, während draußen die dicken Schneeflocken vom Himmel fallen. Ob mit Heublumen oder mit Stroh und Lavendel gefüllt, ob aus Zirbenholz gearbeitet – in jedem Falle bieten die Lagerstätten naturnahe Erholung. Absolut luxuriös ist der beheizte Whirlpool im Freien. Wer nicht genug von der reinen, klaren Bergluft bekommen kann, versucht es vielleicht mal mit einer Übernachtung im überdachten Outdoorbett – inklusive direktem Blick auf den Sonnenaufgang. Den hat man übrigens auch von jeder der sieben Suiten im Haus.

Generell lebt man hier mit den Jahreszeiten und richtet den Betrieb nach den Öffnungszeiten der Bergbahnen. Denn die Anreise zum Chalet Stern beginnt mit einer Seilbahnfahrt von Sterzing aus. Von der Bergstation sind es nur mehr 15 Minuten zu Fuß, ohne Gepäck versteht sich, denn das wird selbstverständlich abgeholt und bis zum Chalet transportiert. Zweimal die Woche, jeweils am Donnerstag und am Freitag, sind die Bergbahnen abends länger in Betrieb und bieten so die Möglichkeit zu Nachtskilauf und Rodeln – oder den Gästen im Chalet Stern zu einem abendlichen Ausflug in die Stadt. Frühstück und Abendessen werden für Hausgäste in einem separaten Raum angerichtet, abends speist man à la carte. Zur Auswahl stehen ein Menü oder Südtiroler Speisen aus regionalen Zutaten. Zudem verfügt jede Suite über eine gut ausgestattete Küchenzeile, einer schnellen, selbst gekochten Pasta nach einer Wanderung steht also nichts im Wege. Welche Kräuter und Wildpflanzen man zum Verfeinern verwenden kann, erfährt man beim Fachmann und Besitzer des Chalet Stern, Tomas Mair. Ob man die Pasta allerdings so gut wie im Restaurant hinbekommt, ist eine andere Frage.

Am Rosskopf hoch über Sterzing befindet sich ein alpiner Rückzugsort der ganz besonderen Art.

ITALIEN

 Die nördlichste Stadt Italiens

Die einmalige Lage im Eisacktal, nur 15 km vom Brenner entfernt, hat Sterzing schon früh zur Handelsstadt gemacht. Ein Spaziergang durch den hübschen Ort ist absolut lohnenswert. Dabei besucht man meist Alt- und Neustadt – alt sind sie übrigens beide. Markanter Grenzpunkt ist der Zwölferturm, der mit gestuftem Dach über der Stadt thront. Auffallend sind überdies die schmalen Fassaden der alten Häuser. Da die Höhe der Steuern früher nach der Größe der Hausfront berechnet wurde, hielt man diese so klein wie möglich und plante lieber in die Tiefe. Um die schmalen, dicht aneinandergeschmiegten Häuser mit ausreichend Helligkeit zu versorgen, baute man eigene Lichthöfe. Manche davon kann man noch heute besichtigen, wie z. B. das mit Glas überdachte Atrium im Hotel Lilie. Die dreieckigen Steine über den Eingangstüren kennzeichnen übrigens die Häuser der durch Bergbau reich gewordenen Bürger. Mehr über die Geschichte des Bergbaus rund um Sterzing erfährt man im Schaubergwerk in Maiern im Ridnauntal.

www.sterzing.com

 Balneum Sterzing

Im Sommer im Freien, im Winter Indoor und in der Sauna: das Hallen-Freibad in Sterzing bietet Klein und Groß ein abwechslungsreiches Angebot. Das Schwimmbad mit großen Glasfenstern ist hell und licht, in der Sauna mit alpinem Flair fährt der Herzschlag wie von selbst nach unten, während im Kamin das Feuer lodert. Drei Saunen mit unterschiedlichen Temperaturbereichen und ein Kristalldampfbad heizen ordentlich ein, zum Abkühlen steht ein Tauchbecken bereit. Danach hat man die Qual der Wahl zwischen Hängematte und Whirlpool. Im Preis inbegriffen sind auch die Aufgüsse in der finnischen Sauna zu jeder vollen Stunde.

Karl-Riedmann-Platz 5, I-39049 Sterzing, Tel. +39 0472 76 01 07, Hallenbad: Mo–Fr 16–22, Sa, So, Fei 10–22 Uhr, Sauna: Mo–Fr 15–22, Sa, So, Fei 11–22 Uhr, bei Sonderveranstaltungen auch länger,
www.balneum.sterzing.eu/home.php

 Skigebiet Rosskopf

Rund um Sterzing gibt es insgesamt drei Skigebiete zu entdecken: Ratschings-Jaufen, Ladurns und den Rosskopf. Als Gast im Chalet Stern wohnt man ohnehin mitten im Skigebiet Rosskopf und fängt am besten dort an. 20 Pistenkilometer bieten Abwechslung für jedes Alter und Können. Die längste Piste ist 5,5 km lang, genug, um seine Wadln nach der Abfahrt zu spüren. Für alle, die lieber sitzen als stehen, gibt es eine Rodelbahn. Mit mehr als 10 km ist sie die längste beleuchtete und künstlich beschneite Rodelabfahrt in Italien. Jeden Dienstag und Freitag laden Bergbahnen und Lifte zum Nachtskifahren und Mitternachtsrodeln ein.

www.rosskopf.com

 Dolomieu-Weg

Über insgesamt sechs Almen führt dieser abwechslungsreiche Naturlehrpfad von der Bergstation des Rosskopfs über das Wanderplateau Ladurns in den Pflerer Talschluss. Kein Wunder also, dass neben der beeindruckenden Bergkulisse auch köstliche Südtiroler Almprodukte im Mittelpunkt der Tour stehen. Der anspruchsvolle, aber auch für Kinder machbare Wanderweg ist mit 20 Schautafeln bestückt, die Aufschluss über die Fauna, Flora und Geologie des Wipptals

---

ADRESSE
Chalet Stern,
Skigebiet Rosskopf (Monte Cavallo),
Sterzing
www.stern.one,
Tel. +39 347 245 49 30

ANREISE
Öffentlich: Mit der Bahn aus dem Norden über Kufstein-Innsbruck-Brenner bis Sterzing. Aus dem Süden über Bozen bis Sterzing.
Mit dem Auto: Aus dem Norden über Kufstein-Innsbruck-Brenner bis zur ersten Autobahnausfahrt nach der Grenze: Sterzing. Aus dem Süden über die italienische Autobahn.
Mit der Seilbahn: Mit der Seilbahn Rosskopf (nicht in der Buchung enthalten) geht es von Sterzing zur Bergstation. 10 Minuten Fußweg zum Chalet. Gepäcktransport ab Bergstation.
Flughafen Bozen: 76 km
Flughafen Innsbruck: 56 km
Flughafen München: 245 km

STERZING – CHALET STERN

Mit Blick auf den Rosskopf: Tierische Begegnungen am Wegesrand sind bei einer Wanderung ausgehend von der Prantner Alm nicht ausgeschlossen.

geben. Benannt wurde der Weg nach dem französischen Abenteurer und Wissenschaftler Deodat de Dolomieu, der auch Namensgeber für das Dolomitgestein war. Die Dolomiten selbst liegen weiter südöstlich – Ausläufer des Gesteins findet man zur Freude der Geologen aber auch hier.

Länge der Tour 23 km, 630 Höhenmeter, Gehzeit ca. 7 Std.

 Vallming Almen (1820 m)

An welchen Schätzen Transitreisende über den Brenner vorbeifahren, entdeckt man bei einer Wanderung zu den Vallming Almen. Vom Rosskopf geht es in rund einer Stunde leicht bergab zu den Almen. Die Jörgner Kaser Alm ist bekannt für ihren köstlichen Käse, an den Wänden hängen die Sieges-Kuhglocken-Pokale aus den letzten Jahren. Am besten bestellt man ein »gemischtes Kasbrettl« und kostet sich durchs hausgemachte Angebot von Almbutter über Graukäse bis hin zum Frischkäse. Die Almen sind nur von ca. Mitte Juni bis Mitte September geöffnet!

Länge der Tour 4,8 km, 220 Höhenmeter bergauf/bergab, Gehzeit ca. 1 Std.

 Prantner Alm (1800 m)

Die ganzjährig bewirtschaftete Alm ist ein wunderbares Ausflugsziel für die ganze Familie. Über eine nicht asphaltierte Straße gelangt man sogar mit dem Auto dorthin, man kann aber auch von einem der etwas tiefer gelegenen Parkplätze aus zu Fuß gehen. Im Winter wird die Strecke bergab zum Rodelspaß. Auch die äußerst beliebte Skiroute auf die Weißspitze führt direkt an der Alm vorbei. Spezialität des Hauses ist der selbst hergestellte Graukäse, der im Herbst z. B. als Graukäsesuppe mit Roggencroûtons serviert wird. Extrem lecker sind auch frische Erdäpfelblattln mit Sauerkraut, Spinat oder Preiselbeeren. Die Anfahrt führt von Sterzing nach Fleins-Schmuders bis zum Braunhof.

www.prantneralm.com

 Hühnerspielhütte

Traditionelle (Süd-)Tiroler Gerichte mit Zutaten aus ausgewählten Bio-Betrieben machen die Hühnerspielhütte zum vielleicht höchsten Bio-Restaurant in den Alpen. Auf den Tisch kommen ausschließlich hausgemachte Speisen, verfeinert mit frischen Kräutern und Gewürzen. Dazu schmeckt ein Tropfen Südtiroler Wein aus biologischem Anbau. Neben der Kulinarik ist den Hüttenwirten auch Kunst, Kultur und Musik ein Anliegen – diverse Veranstaltungen sorgen für einen abwechslungsreichen Sommer. Im »Bergkino« etwas oberhalb mit den alten Sesseln des ehemaligen Lifts lässt sich das Panorama noch besser genießen. Gezeigt wird, was die Natur spielt. Die Hütte ist im Sommer für Wanderer und Radfahrer, im Winter für Schneeschuh- und Skitourengeher geöffnet. Der kürzeste Weg führt von der Prantneralm über die Platzalm.

Länge der Tour, 2,8 km, 171 Höhenmeter bergauf/bergab, Gehzeit ca. 1 Std.,
www.huehnerspielhuette.it

27 Edelrauthütte (2545 m)
Moderne Architektur in den Bergen

Wer vom Neves-Stausee zur Edelrauthütte aufsteigt, hat sein Ziel schon von Anfang an vor Augen. Hoch oben am Eisbruggjoch thront das moderne Schutzhaus, das auf eine bewegte Vergangenheit zurückblicken kann. 1906 erwarb der Österreichische Alpenklub ein Grundstück am Eisbruggjoch und errichtete die erste Edelrauthütte, welche 1908 eingeweiht wurde. Es folgten turbulente Zeiten: Nach dem Ersten Weltkrieg ging die Hütte in den Besitz des italienischen Alpenvereins über. Während des Zweiten Weltkriegs verwahrloste sie zunehmend und wurde erst 1950 wieder instand gesetzt. Auf dem Höhepunkt der Unruhen rund um die Autonomie Südtirols kam sie erneut unter militärische Besatzung und öffnete erst 1972 wieder ihre Türen für Wanderer. Damals erhielt sie einen Nebenbau mit Winterraum und Schlaflagern, um die steigenden Besucherzahlen versorgen zu können. Die eigentliche Hütte wurde jedoch immer baufälliger, sodass der neue Eigentümer, das Land Südtirol, einen Neubau beschloss, der 2016 vom Brixner Architekturbüro MoDus Architects umgesetzt wurde. Die Steinplatten am Boden der jetzigen Terrasse zeigen heute die Größe der alten Hütten an. Schlichte Formen, für eine Schutzstation ungewöhnlich große Fenster und ausgewählte Einrichtungsgegenstände

machen die moderne Edelrauthütte zu einem besonderen Ort in den Alpen. Die Wände der Gaststube sind aus den abgeschliffenen Holzbrettern des Vorgängerbaus entstanden, der edle dunkelgrüne Boden ist Pfunderer Stein aus der Region. Insgesamt stehen 18 Zimmerbetten und 32 Schlafplätze in Matratzenlagern zur Verfügung. Dank des durchdachten Neubaus sind die Wände gut isoliert, und man hört nicht, wie in vielen älteren Hütten üblich, jeden Schritt im Haus. Bei der Energieversorgung setzt man auf die Solarpaneele auf dem Dach und das kleine Wasserkraftwerk, das je nach Schmelzwasseraufkommen unterschiedlich viel Strom liefert. Was Sonne und Wasser nicht schaffen, liefert ein zusätzliches Dieselaggregat, das gerade bei Hochbetrieb gute Dienste leistet. Wer die Hütte betritt, findet zur linken Hand einen Trockenraum vor, in dessen Holzschränken nasse Kleidung und Bergschuhe in Windeseile trocknen. Rechts geht es in die Stube, die viel Platz bietet und in der die großen Fenster zu allen drei Seiten die Hauptrolle spielen. Mit etwas Glück kann man abends Steinböcke erspähen, die vor dem Fenster queren. Aber auch ohne Tiere ist der Ausblick gigantisch, besonders abends und morgens, weshalb sich eine Übernachtung empfiehlt. Dann bleibt auch genug Zeit, in dem ausführlichen Buch zur Geschichte der Hütte zu stöbern, das in der Gaststube ausliegt.

Auf die Edelrauthütte

Der kürzeste Zustieg führt vom Neves-Stausee im Tauferer Ahrntal in ca. 2-2,5 Stunden zur Edelrauthütte. Dabei geht es zunächst steil auf Serpentinen durch den Wald und danach stetig ansteigend durch das Pfeifholdertal. Am Weg grasen Kühe, weiter oben verstecken sich Murmeltiere zwischen den Felsbrocken. Etwas länger dauert die Wanderung vom Parkplatz im Weiler Dun bei Pfunders aus, doch kommt man so direkt am Eisbruggsee unterhalb der Hütte vorbei, wie sich auch sonst zahlreiche landschaftliche Höhepunkte bieten.

Vom Stausee: Länge der Tour 4,6 km, 755 Höhenmeter, Gehzeit ca. 2 Std., Von Dun/Pfunders: Länge der Tour 7 km, 1050 Höhenmeter, Gehzeit ca. 3,5 Std.

Neveser Höhenweg

Für ambitionierte Wanderer eine Tagestour, Genusswanderer nehmen sich zwei Tage Zeit und übernachten in einer der beiden Hütten. Startpunkt ist Lappas am Neves-Stausee. In Richtung Norden wandert man zuerst am Seeufer entlang, bis ein Schild den Weg zur Chemnitzer Hütte weist, die man über mehrere Serpentinen vorbei an Nevesalm und Nevesjoch erreicht. Ab hier folgt man dem Höhenweg, der in stetem Auf und Ab am Fuß des Großen Möselers (3480 m) und des Hohen Weißzint (3371 m) entlang in Richtung Edelrauthütte führt. Immer wieder gibt es schöne Aussichtspunkte auf den Neves-Stausee und die Pfunderer Berge, später sogar auf die Dolomiten im Süden. Zudem quert man zahlreiche Gletscherbäche auf ihrem Weg ins Tal. Spätestens auf der Edelrauthütte sollte man sich für die Wanderung mit einem Schmankerl von der Speisekarte belohnen. Anschließend oder erst am nächsten Tag geht es dann über das Pfeifholder Tal und den Wald zurück zum Parkplatz am Neves-Stausee.

Länge der Rundtour 24 km, 1470 Höhenmeter bergauf/bergab, Gehzeit ca. 6–8 Std.

Pircheralm (1810 m)

Die ganzjährig geöffnete Alm ist ein beliebtes Ausflugsziel für Wanderer und Mountainbiker. Sie liegt im Wurmtal, dem südlichsten Teil der Zillertaler Alpen. Über Sand-in-Taufers und Luttach fährt man bis Weißenbach, wo man am

ITALIEN

Ortsende parken kann. Von hier führt ein Forstweg für Radfahrer bzw. ein Waldsteig für Wanderer zur Hütte. Der Weg ist auch mit Kinderwagen begehbar. Oben angekommen wird man mit regionalen Schmankerln oder auf Vorbestellung auch mit Spanferkel oder Schweinshaxen belohnt. Vor der Hütte gibt es einen netten Kinderspielplatz, wie auch ein kleiner Streichelzoo für Unterhaltung bei Klein und Groß sorgt. Von der Alm aus erreicht man in rund drei Stunden die Chemnitzerhütte, um dort den Neveser Höhenweg zur Edelrauthütte einzuschlagen. Im Winter ist die Alm Startpunkt der Rodelbahn bzw. eine gut gelegene Einkehrmöglichkeit nach einer technisch leichten Skitour auf den Gornerberg und die Henne (2475 m).

Länge der Tour 3,5 km, 450 Höhenmeter, Gehzeit ca. 1,5 Std., www.pircheralm.com

ADRESSE
Edelrauthütte,
Pfunderer Berge, Südtirol,
www.edelrauthuette.com,
Tel. +39 0474 65 32 30

ANREISE
Hinweis: Die Edelrauthütte ist nur zu Fuß erreichbar (siehe Text).
Öffentlich: Mit der Bahn Brenner – Franzensfeste – Bruneck. Weiter mit Bus 450 nach Mühlen in Taufers, Bus 451 nach Lappach. Taxi zum Stausee.
Mit dem Auto: Über den Brenner bis Brixen, dann Richtung Mühlbachl, Lappach. Mautstraße zum Stausee.
Flughafen Innsbruck: 136 km

Kulinarik auf der Edelrauthütte
Die einzig legitime Ablenkung vom Bergpanorama ist das gute Essen, das immer frisch zubereitet wird. Bekannt ist die Hütte für deftige Pfannengerichte, Knödel oder die Südtiroler Gerstensuppe. Käse und Speck für die Marende (Jause) bezieht der Hüttenwirt von den Bauern aus Lappach und Pfunders. Aber auch die frischen Kiachl mit Preiselbeeren sind ein Genuss. Die Zutaten dafür werden zu Fuß oder alle paar Wochen mit dem Helikopter auf die Hütte gebracht, denn eine Seilbahn gibt es hier nicht. Handyempfang oder WLAN übrigens auch nicht.

 ## Napfspitze (2888 m)

Neben dem Gipfelkreuz der Napfspitze vergisst man die Anstrengungen der letzten Stunde schnell. Die Tour auf den Hausberg der Edelrauthütte ist ideal für Übernachtungsgäste, die so einen Teil ihrer Ausrüstung bereits auf dem Schutzhaus liegen lassen können. Von oben sieht man die umliegenden Gletscher des Zillertaler Hauptkamms: den Hochfeiler (3509 m), die Hohe Weißzint (3371 m), den Großen Möseler (3480 m), den Turnerkamp (3420 m) und den Schwarzenstein (3369 m). Wer den Blick in die Ferne schweifen lässt, kann bei gutem Wetter die Sarner Alpen und sogar die Dolomiten erkennen. Zu Füßen liegt der Eisbruggsee. Der Anstieg beginnt südseitig der Hütte und führt über Steinblöcke und Felshänge nach oben zum Gipfelgrat, an dem entlang man nach ca. einer Stunde das Ziel erreicht. Trittsicherheit und Schwindelfreiheit sind notwendig, auch wenn der Weg ansonsten eher unschwierig ist.

Länge der Tour 1,5 km, 397 Höhenmeter, Gehzeit ca. 1 Std.

 ## Sonnenaufgang Speikboden

Im Spätsommer und Herbst organisieren die Bergbahnen Speikboden einmal in der Woche eine Sonnenaufgangsfahrt. Je nach Jahreszeit startet man um 5.15 bis 6.30 Uhr mit der Kabinenbahn und dem Sessellift Sonnklar auf 2400 m Höhe in die Ahrntaler Bergwelt. Um den Sonnenaufgang zu beobachten, bietet sich der Panoramaturm an, oder man wandert zum nur

Schmackhaft und hübsch angerichtet: Das bei Halbpension inbegriffene 3-Gänge-Menü auf der Edelrauthütte kann sich sehen lassen!

TAUFERER AHRNTAL – EDELRAUTHÜTTE

Der kürzeste Weg zur Edelrauthütte beginnt beim Neves-Stausee im Tauferer Ahrntal auf 1860 m Höhe. Bei gleicher Abstiegsroute kann man zum Abschluss den See einmal umrunden.

zehn Minuten entfernten Sonnklarkreuz. Nach dem Naturereignis wartet in der Sonnklarhütte ein Bergfrühstück auf die Frühaufsteher. Nur bei Schönwetter!

Fahrt und Frühstück nur nach Voranmeldung unter www.skiworldahrntal.it

Klettersteig Speikboden

Der 2018 eröffnete Klettersteig durch die Nordflanke des Speikbodens ist perfekt für kletteraffine Anfänger und Fortgeschrittene. Dank der Lage im Skigebiet und der im Sommer laufenden Seilbahn ist der Zustieg kurz und der Abstieg mit der Sesselbahn knieschonend. Gleich am Einstieg wartet eine Schlüsselstelle mit einem leicht überhängenden Hang, bevor es durch leichteres Gelände und über eine Seil- sowie eine Hängebrücke weitergeht. Auf der anderen Seite der Schlucht folgen eine Steilstufe und einige Aufschwünge, bevor man nach einer weiteren Steilwand in leichtem Gelände aussteigt. Wer noch Kraft hat, kann über den Seewassernock (2433 m) und den Kleinen Nock (2228 m) zur Bergstation der Kabinenbahn absteigen. Alle anderen nehmen den Sessellift.

Schwierigkeitsgrad C, 600 Höhenmeter, 250 m Steighöhe, Steigzeit ca. 1–1,5 Std., mit Zu- und Abstieg ca. 2,5 Std.

Eggemoa Hofkäserei

In der Käserei Eggemoa auf 1300 m Höhe im Mühlwaldtal fertigt Michael Steiner, Käsesommelier und Käser, ungewöhnliche Käseinnovationen, wie Weichkäse mit Lärchennadeln, Fichtenrinden oder Brotklee. Die Milch als Essenz des Käses stammt von seinen 15 Braunviehkühen, ansonsten kommt möglichst wenig dazu und falls doch, dann nur regionale Zutaten. Für interessierte Besucher werden Käseverkostungen im Hofladen organisiert. Durch die Glasscheibe im Shop kann man die Arbeitsräume der Manufaktur sehen und mit etwas Glück beobachten, wie aus Milch Käse gemacht wird.

Hauptort 53, I-39030 Mühlwald, Termine nur nach Voranmeldung, www.eggemoa.com

> **Ahrntaler Graukäse**
>
> Aufgrund seines geringen Fettanteils zählt der Graukäse inzwischen zu den überaus beliebten Lebensmitteln, unter anderem auch in der Slow-Food-Küche. Die heutige Spezialität war früher ein Arme-Leute-Essen. Nach dem Abschöpfen des Rahms für die Buttererzeugung war Magermilch im Überfluss vorhanden, und daraus machte man Graukäse. Dieser reift mehrere Wochen lang, dabei verändert sich seine zunächst weiß-bröselige Konsistenz zu einer klebrig-gelben oder gar grau-grünlichen Masse. An der Frage, in welchem Zustand er besser schmeckt, scheiden sich die Geister. In der Küche landet er als Zutat in Knödeln, kommt im Herbst in die Suppe oder wird frisch mit Essig, Öl und Zwiebelringen mariniert angerichtet. Seit einiger Zeit hat er auch den Weg in die Spitzengastronomie gefunden. Besonders lecker schmeckt er jedoch zumeist auf eben jenen Almhütten, die ihn auch selbst herstellen.

Das gewisse Extra: baubiologische Zimmer, gesunde Küche und ein Kräutergarten sondergleichen.

28 Biobauernhof Unterstein (1357 m)

Luxus für Kräuterliebhaber

Wer im Urlaub Ruhe, Naturnähe und Nachhaltigkeit sucht, wird am Untersteinhof ein wahres Paradies vorfinden. Seit Jahrzehnten betreibt der Bergbauernhof biologische Landwirtschaft, dazu kommen drei Doppelzimmer und ein Einzelzimmer, die an Gäste vermietet werden. Sie alle sind über einen lichtdurchfluteten Gemeinschaftsraum zugänglich. Hier trifft man sich in der Früh und am Abend, wenn Maria Theresia Mairhofer nur ein Zimmer weiter am Herd steht und ihre Gäste persönlich und mit viel Hingabe bekocht. Auf den Tisch kommen in erster Linie Produkte aus eigener Erzeugung: selbst angebautes Gemüse und Getreide, handverlesene Kräuter und Fleisch aus der hofeigenen Grauvieh-, Schweine- und Hühnerhaltung. Auf dem Untersteinhof wird ganzheitlich gedacht, und was den Hochpustertalern seit eh und je gut getan hat, hilft auch dem Gast. Wo auch immer er sich aufhält, ist er von 100 Prozent Naturmaterialien umgeben. So hat man beim Bau des Hauses komplett auf Plastik und Kunststoff verzichtet. Die Stromversorgung ist abgeschirmt, um einen gesunden und erholsamen Schlaf zu gewährleisten. Rund ein Drittel der Gäste kommt aus genau diesem Grund hierher, weil sie zu Hause auch so leben und im Urlaub nicht darauf verzichten wollen. Andere wiederum lernen dies alles erst hier kennen und schätzen.

Viel lernen kann man auch über Kräuter und Heilpflanzen. So z. B. auf dem hofeigenen Heilpflanzenweg mit mehr als 60 Arten, die es zu unterscheiden gilt. Im Garten selbst stehen die Kräuter nur auf den ersten Blick wild durcheinander. Vielmehr ergänzen sich die Pflanzen durch diese Art der Mischkultur gegenseitig und können sich so auf natürliche Weise gegen Schädlinge wehren. »Unkräuter« gibt es nicht, nur »Beikräuter«, die für gesundes Wachstum sorgen. Das kommt auch dem selbst angebauten Gemüse zugute. Die Jungpflanzen werden im Frühling aus biologischem Saatgut selbst vorgezogen. Oft kommen auch Samen aus den vorangegangenen Jahren zum Einsatz, um den natürlichen Kreislauf zu wahren. Wege sind im Garten nicht angelegt, denn die gibt es in der Natur auch nicht. Außerdem sind sie entweder zu trocken oder zu nass. Wer mehr über Kräuter und deren Einsatz wissen möchte, kann bei Maria einen Kurs absolvieren. Ihr zweites Spezialgebiet ist das Kneippen. Insgesamt 135 verschiedene Wasseranwendungen weiß sie als ausgebildete Gesundheitstrainerin durchzuführen. Wer hingegen nur eine schnelle Erfrischung sucht, springt in den hauseigenen Schwimmteich samt Seehäuschen und Terrasse. Ansonsten hält man sich gerne im Gemeinschaftsraum auf, trifft dort auf andere Gäste, unterhält sich oder liest im Schaukelstuhl vor der großen Glasfront ein Buch. Vom Hof aus hat man einen guten Blick auf die umliegenden Berge und kann in der Ferne sogar den mächtigen Monte Cristallo (3221 m) erspähen.

ITALIEN

〰 Der Pragser Wildsee

Der Pragser Wildsee (Lago di Braies) ist ein besonders schöner Bergsee, der zu jeder Jahreszeit seine Reize spielen lässt. In ungefähr ein- bis eineinhalb Stunden hat man ihn zu Fuß umrundet und kann danach im alten Grand Hotel zur Stärkung einkehren. Eine kleine Museumsecke erzählt von der bewegten Geschichte des Hotels. Für italienische Touristen ist der See vor allem deswegen eine Attraktion, weil hier »Un passo dal cielo« (der deutsche Titel der Serie lautet »Die Bergpolizei«) gedreht wurde, eine italienische Fernsehserie, in der Terence Hill in die Rolle eines Försters schlüpft. Internationale Gäste finden meist über Instagram oder Pinterest zum Pragser Wildsee, schließlich ist dieser seit einigen Jahren eins der

ADRESSE
Untersteinhof,
Stainachweg 4,
39039 Niederdorf,
Tel. +39 0473 27 81 75

ANREISE
Öffentlich: Aus dem Norden über Innsbruck – Brenner – Franzensfeste. Aus dem Süden ab Bozen mit dem Regionalzug bis Franzensfeste. Weiter mit der Pustertalbahn in Richtung Lienz bis Niederdorf (Villabassa).
Mit dem Auto: Entweder aus Südtirol via Brixen und Bruneck oder aus dem Osten über Lienz und Sillian.
Flughafen Bozen: 100 km
Flughafen Innsbruck: 126 km

Zur Freude aller Fotografen lassen die Betreiber des Bootverleihs nach Feierabend ein Boot extra in dieser Position geparkt.

beliebtesten Fotomotive des Landes. Auch wenn eine Bootstour in den schönen hölzernen Booten ein kostspieliges Vergnügen ist, sollte man sie dennoch nicht verpassen!

↗ www.lagodibraies.com

⛰ Auf den Seekofel (2810 m)

Am südlichen Ende des Pragser Wildsees verabschiedet man sich von den Tagesgästen und zweigt auf einen Schotterweg ab. Eine kurze Steilstufe umgeht man links in Serpentinen und erreicht so das Nabige Loch. Der Beschilderung »Seekofelhütte« folgend quert man die steilen Ostwände des Seekofelstocks. Über eine versicherte Steilstufe geht es in den sogenannten Ofen (Felskar) und von dort über die Ofenscharte (2388 m) aufwärts zum Gipfel. Der Rundumblick auf die Zillertaler Alpen, die Drei Zinnen und die Lavarella mit der Marmolada ist eine wunderbare Belohnung für den Aufstieg.

Länge der Tour 14,8 km, 1320 Höhenmeter, Gehzeit ca. 6–7 Std.

Hotel Pragser Wildsee

Wer eher an einem geschichtsträchtigen Ort unterkommen will, ist im ehemaligen Grandhotel am Pragser Wildsee bestens aufgehoben. Es wurde nach Plänen des Wiener Architekten Otto Schmid gebaut und öffnete erstmals 1899 seine Pforten. Viele Sommerfrischler blieben oft mehrere Wochen, und selbst Adelige wie z.B. der österreichische Thronfolger Erzherzog Franz Ferdinand residierten hier. Ende des Zweiten Weltkriegs waren gar 139 ehemalige Geiseln der SS einquartiert, nachdem man sie in Niederdorf befreit hatte. Im hauseigenen Zeitgeschichtearchiv kann man diese historischen Ereignisse genauer nachverfolgen. Das Hotel steht seit 2013 innen wie außen unter Denkmalschutz und wurde von der Hausherrin liebevoll und mit Bedacht eingerichtet. Die Zimmer wurden aufwendig restauriert, keines gleicht dem anderen. Besonders schön sind die mit Blick auf den See. Das Frühstück und Abendessen wird im großen, herrschaftlichen Speisesaal eingenommen, für ein lockeres Gläschen Wein empfiehlt sich die Bar.
Hotel Pragser Wildsee, San Vito 27, I-39030 Braies, Tel. +39 047 474 86 02, www.lagodibraies.com

PUSTERTAL – BIOBAUERNHOF UNTERSTEIN

 ### Auf die Bonner Hütte (2340 m)

In den Villgratner Bergen bei Toblach wartet ein schönes Ausflugsziel auf Tagesgäste und Mehrtageswanderer. Der kürzeste Weg zur Bonner Hütte nimmt seinen Ausgang vom Parkplatz vor dem Silvesterkirchlein im Weiler Kandellen in Toblach. Anfangs auf Asphalt, später auf einer Schotterpiste geht es über den Golfenbach bis zum Beginn des Bergwanderweges, der in vielen Kehren in rund eineinhalb bis zwei Stunden zum Ziel führt. Bewirtet werden die Gäste mit Erzeugnissen aus der Region. Die Hütte ist auch im Winter für Schneeschuhwanderer und Tourengeher geöffnet, die aktuellen Öffnungszeiten sind dem Internet zu entnehmen.

Länge der Tour 4,3 km, 740 Höhenmeter, Gehzeit ca. 2 Std., www.bonnerhuette.it

 ### Plätzwiese (2000 m)

Das Hochplateau im Pragser Tal zwischen Dürrenstein und hoher Gaisl ist ein ganz besonderes Kleinod der Natur. Auf 2000 m Höhe bietet es Wandermöglichkeiten für Klein und Groß und fasziniert mit atemberaubenden Ausblicken auf die umliegenden Dolomiten. Im Winter kann man von hier aus Skitouren unternehmen, Schlittenfahren oder die Berge beim Schneeschuhwandern entdecken.

Zufahrt zum Hochplateau von Mai–Okt. und Jan.–April von 10–16 Uhr für Pkws gesperrt, ganztägiger Shuttlebusverkehr vom Parkplatz Plätzwiese aufs Hochplateau

 ### Auf den Strudelkopf (2305 m)

Eine gemütliche Wanderung mit wunderschöner Aussicht auf die weiter südlich gelegenen Dolomiten führt vom Parkplatz Plätzwiese zum Strudelkopf. Unterwegs gibt es mehrere Einkehrmöglichkeiten, wie die Almhütte oder das Dürrensteinhaus. Am Gipfel wartet neben einer grandiosen Aussicht auch eine Panoramakarte, mit deren Hilfe die Orientierung deutlich leichter fällt. So sieht man von hier unter anderem den Monte Cristallo, die Tofane und die Drei Zinnen. Die Wanderung ist einfach, führt über bunte Almwiesen und bietet schon unterwegs herrliche Ausblicke. Sie ist sehr gut für Kinder geeignet.

Länge der Tour 4,1 km, 360 Höhenmeter, Gehzeit ca. 1,5 Std.

 ### Umfassender Rundumblick vom Dürrenstein (2839 m)

Als einer der schönsten Aussichtsberge der nördlichen Dolomiten ist der Dürrenstein bei gutem Wetter vom Parkplatz Plätzwiese aus relativ leicht erreichbar und daher auch oft gut besucht. Der Beschilderung folgend steigt man zunächst über Wiesenhänge in Serpentinen an. Die Hohe Gaisl, mit 3234 m die höchste Erhebung der Pragser Dolomiten, hat man dabei immer im Blick. Weiter oben wird der Weg steiniger, führt über Steinstufen und Geröll zum Vorgipfel und nach einer kurzen, seilversicherten Stelle auf breitem Pfad zum Gipfel. Der Abstieg erfolgt über die Aufstiegsroute.

Länge der Tour 4 km, 870 Höhenmeter, Gehzeit ca. 2–3 Std.

Auf den Strudelkopf führt eine leichte, familienfreundliche Wanderung, die herrliche Ausblicke auf die zerklüftete Cristallo-Gruppe mit den Dolomiten im Hintergrund bietet.

29 Dreizinnenhütte (2405 m)
Im Herzen der Dolomiten

Die Lage der Dreizinnenhütte vor dem eindrucksvollen Wahrzeichen der Dolomiten ist so einzigartig, dass man als Wanderer am liebsten Luftsprünge machen würde. Dafür nimmt man sogar die vielen anderen Bewunderer der drei Felstürme in Kauf. Schließlich ist das Gelände ringsum weitläufig genug, um seine ganz persönliche Lieblingsstelle mit Aussicht auf die Drei Zinnen zu finden. Wenn abends die Tagestouristen den Rückweg zum Parkplatz an der Auronzohütte antreten, kehrt auf der Hütte Ruhe ein. Das Publikum ist gemischt, und so sitzen in den alten Speisesälen Kletterer, Bergsteiger und Genusswanderer Schulter an Schulter. Insgesamt finden hier bis zu 40 Personen in Zimmern, weitere 100 in Matratzenlagern einen Schlafplatz. Die Zimmer sind unterschiedlich groß, die Betten bereits bezogen, sodass der Gast keinen Hüttenschlafsack braucht – was den Schlafkomfort erheblich steigert. Die getrennten Waschräume und WC-Anlagen sind angesichts der zahlreichen Gäste etwas spärlich dimensioniert, doch für eine Katzenwäsche reicht's. Wer duschen will, kann für sechs Minuten Warmwasser käuflich erwerben. Bei Wasserknappheit bleibt die Dusche allerdings geschlossen. Obwohl die Hütte im Sommer oft zum Bersten voll ist, zählt das bei Halbpension inkludierte Abendessen zu den ganz besonderen Gaumenfreuden. Man wählt zwischen verschiedenen Vorspeisen, Hauptspeisen und Nachspeisen und erhält so z. B. folgendes Menü: Auf Amprezzaner Schlutzkrapfen mit Rote-Bete-Füllung folgt der Kalbsbrust-Rollbraten aus dem Holzbackofen (mit Kartoffelgratin, Babykarotten auf Knoblauch und Zwiebel sowie Fenchel-Orangen-Salat mit Cocktailtomaten und Cashewkernen), bevor ein Nussstrudel mit Vanillesauce das Essen vollendet. Was macht da schon, dass die alten Türen quietschen und der Boden knarrt – die einzigartige Lage der Hütte und die kulinarischen Höhenflüge lassen über die hellhörige Nacht hinwegsehen. Spätestens zu Sonnenaufgang heißt es ohnehin raus aus den Federn, um das Bergpanorama auch zu früher Stunde genießen zu können. Danach folgt ein einfaches Frühstück, bevor die meisten Wanderer die noch kühlen Morgenstunden zum Aufbruch nutzen.

Zur Hütte gehört auch eine kleine Kapelle, am Fuß des Toblinger Knotens. Hier wird der verunglückten Bergsteiger gedacht. Etwas unterhalb glitzern zwei kleine Seen in der Sonne. Auch sonst gibt es viel zu entdecken, angefangen bei den Murmeltieren, die sich hinter dem Haus tummeln, bis hin zu Alpenblumen und Wildkräutern, die entlang der Pfade wachsen. Da die Wanderung zur Hütte bereits Teil des grandiosen Bergerlebnisses ist, sollte man sich den Weg dorthin gut aussuchen. Immerhin stehen fünf verschiedene Möglichkeiten zur Auswahl – der Anstieg von der Auronzohütte ist der kürzeste, der vom Fischleintal aufwärts der schönste.

Ob für einfache Wanderer oder ehrgeizige Bergsteiger: Die Lage dieser Hütte ist unschlagbar.

ITALIEN

ADRESSE
Dreizinnenhütte (ital. Rifugio Locatelli)
Drei-Zinnen-Region in Südtirol,
www.dreizinnenhuette.com,
Tel. +39 0474 97 20 02 (Sommer),
+39 329 669 03 3 (Winter)

ANREISE
Hinweis: Die Dreizinnenhütte ist **nur zu Fuß** erreichbar (siehe Text).
Öffentlich: Von Cortina und Toblach verkehren Busse zur Auronzohütte.
Mit dem Auto: Von Cortina kommend über die SR45 zum Misurinasee und weiter zur Auronzohütte. Vom Pustertal kommend über die SS51 nach Schluderbach und weiter auf die SP49 zum Misurinasee.
Flughafen Innsbruck: 174 km
Flughafen München: 362 km
Flughafen Venedig: 137 km

Von der Auronzo- zur Dreizinnenhütte

Der leichteste Zustieg beginnt an der Auronzohütte, welche man über Misurina erreicht. Privat-Pkws bleiben auf dem gebührenpflichtigen Großraumparkplatz. Der gut befestigte Weg führt zunächst zur Lavardohütte, die man nach rund 30 Minuten erreicht, und dann weiter über den Paternsattel zur Dreizinnenhütte. Wem das zu wenig ist, schließt eine Umrundung der Drei Zinnen an. In vier Stunden ist man zurück am Ausgangsort.

Zustieg: Länge der Tour 4,2 km, 85 Höhenmeter, Gehzeit ca. 1,5 Std.

Zweitagestour zur Dreizinnenhütte

Eine wunderschöne Rundwanderung führt am ersten Tag vom Fischleintal über die Talschlusshütte und weiter durch das Altensteintal zur Dreizinnenhütte. Bis hierher ist man rund vier Stunden unterwegs. Bei Übernachtung auf der Hütte hat man die Gelegenheit, die Drei Zinnen zur schönsten Tageszeit bewundern zu können (Sonnenaufgang, Sonnenuntergang). Am nächsten Morgen geht es über den Nordgrat des Paternkofels leicht bergab zur Bödenalpe. Über Geröllhänge führt der Weg steil aufs Büllelejoch und wenig später zur kleinen Büllelejochhütte. Alternativ kann man dieses Stück mit entsprechender Ausrüstung auch über den Paternkofel-Klettersteig gehen. Kurz vor der Büllelejochhütte treffen sich die beiden Wege wieder. Nun geht es an den langen Abstieg über die Zsigmondy-Hütte zurück zum Wanderparkplatz (gebührenpflichtig) im Fischleintal.

Länge der Rundtour 18 km, 1180 Höhenmeter, Gesamtgehzeit ca. 6–7 Std.

Innerkofler-De-Luca-Klettersteig

Der Klettersteig auf den Paternkofel (2774 m) ist ein einfacher Klettersteig, der zu einem der besten Aussichtsplätze auf die Drei Zinnen führt. Der Einstieg bei der Felsformation »Frankfurter Würstel« ist nicht zu übersehen. Durch lange, dunkle Tunnel und über unzählige Stufen geht es auf den Spuren der Gebirgsjäger, die den Steig während des Ersten Weltkriegs errichtet haben, nach oben. Stirnlampe nicht vergessen! Über freien Fels klettert man größtenteils erst im oberen Bereich, bevor man auf den letzten Metern zum Gipfel einem kaum markierten Weg folgt.

Schwierigkeitsgrad C, 300 m Steighöhe, Steigzeit ca. 1,5 Std., mit Zu- und Abstieg 4,5 Std. und 800 Höhenmeter

---

Büllelejochhütte (2528 m)

Mit nur 14 Schlafplätzen ist die Büllelejochhütte (Pian di Cengia) ein Geheimtipp für Dolomitenfans. Das klassisch schöne Schutzhaus mit den rot-weißen Fensterläden liegt eingebettet in der »Sextner Sonnenuhr«, die von den Gipfeln des Neuner, Zehner, Elfer, Zwölfer und Einser gebildet wird. Die kleinste und höchstgelegene Hütte im UNESCO-Welterbe Sextner Dolomiten ist seit vielen Jahren an eine Sextner Familie verpachtet, die diese liebevoll bewirtschaftet. In der Gaststube gibt es ein paar Tische und einen gemütlichen Kamin, im ersten Stock das Matratzenlager. Südtiroler Hausmannskost gepaart mit italienischer Küche ergibt grandiose Köstlichkeiten in einsamer Lage. Wer es früh aus den Federn schafft, sollte sich den Sonnenaufgang auf der Obernbachspitze nicht entgehen lassen. Nur eine halbe Stunde stapft man von der Hütte durch die schwindende Dunkelheit zum Gipfel. Von hier hat man bei gutem Wetter eine gigantische Aussicht auf die umliegenden Berge. Zurück auf der Hütte wartet ein stärkendes Frühstücksbüffet.
www.rifugiopiandicengia.it/de

HOCHPUSTERTAL – DREIZINNENHÜTTE

Johannisbeer-Salbei, Erdbeer-Spinat, Bergbasilikum und Malvenblüten aus dem eigenen Garten machen den Kräutersalat auf der Jora-Hütte von Markus Holzer zum kulinarischen Highlight.

Kunstraum Mitterhofer

»Kunst im Kaffeehaus in der Peripherie – kein leichtes Unterfangen«, liest man auf der Website des Cafés. Und dennoch scheint es gelungen zu sein: Als Treffpunkt von Kultur, Kunst und Alltag hat sich das Café Mitterhofer in der Fußgängerzone von Innichen, der Schnittstelle zwischen Ost und West, Nord und Süd, inzwischen gut etabliert. Es lädt ein zum Verweilen, Genießen und Entspannen. In gemütlicher Atmosphäre bekommt man hier guten Kaffee, Drinks und herzhafte Mehlspeisen serviert. Die verwendeten Milchprodukte stammen aus der örtlichen Sennerei, die von Pustertalern Bauern mit Milch beliefert wird. Der angeschlossene Kunstraum zeigt wechselnde Ausstellungen, der Schwerpunkt liegt dabei auf der Fotografie. Zudem lohnt sich beim Kaffeetrinken ein Blick nach oben: Die Holzdecke im Café stammt aus dem 16. Jh.

Peter-Paul-Rainer-Straße 4, I-39038 Innichen, Mo–Sa 7–20 Uhr, So und Feiertage geschl., www.kunstraum-mitterhofer.it

Schaukäserei Drei Zinnen

Ein Rundgang durch die Schaukäserei in Toblach nimmt den Besucher zunächst mit auf eine kleine Zeitreise in die Vergangenheit des Betriebs. Ein Film zeigt eindrucksvolle Bilder der Region und erzählt aus dem Alltag der Milchbauern. Anschließend kann man von der Galerie im zweiten Stock den gesamten Produktionsablauf beobachten, wobei ein Film über die einzelnen Arbeitsschritte bei der Käseproduktion informiert. Der Reifekeller gibt schließlich einen Einblick in die Kunst der Käselagerung und -reifung. Die Produktpalette reicht von verschiedenen Heu- und Frischmilchkäsesorten über Ricotta bis hin zu Joghurt und Sahne. Den Abschluss des Rundgangs bildet eine Verkostung im hauseigenen Shop.

Pustertalerstraße 3/C, I-39034 Toblach, Di–Sa 8–19, So 10–18 Uhr, Mo geschl., www.sennereidreizinnen.com/de

Jorahütte – Essen beim Pasta-Meister

Markus Holzer zaubert aus regionalen Lebensmitteln und Wildpflanzen köstliche Speisen. Seine Spezialität sind Nudelgerichte aller Art und deren kreative Zubereitung. In Italien hat er sich als Gastkoch einer italienischen Fernsehsendung landesweit einen Namen gemacht. In seinem Buch »Pasta-Werkstatt« beschreibt er, wie man mithilfe seines Werkzeugkastens perfekte Orchiette, Gnocchi oder auch Farfalle selber machen kann. Markus Holzer serviert aber auch andere Spezialitäten der Südtiroler Küche, die er allesamt mit Kräutern aus dem Garten seines etwas höher gelegenen Restaurants verfeinert. An den Wildkräutersalat kommen Malvenblüten und Kapuzinerkresseblätter, in die Crème brulée Hollunderblüten und in die Pasta Bärlauchblätter. Am Wochenende gibt es spezielle Degustationsmenüs – genau das Richtige für Feinschmecker!

Per Shuttleservice oder zu Fuß ab Parkplatz Haunoldlifte (Matthias Schranzhoferstraße 26) in I-39038 Innichen, www.jora.it

30 Starlight Room 360 (2315 m)
360°-Rundumblick in Cortina d'Ampezzo

Ein Bett unter dem Sternenhimmel inmitten der Dolomiten – ein Traum, der im Starlight Room 360 des Rifugio Col Gallina unverhofft zum Leben erwacht. Hoch über dem Falzaregopass steht die kleine Holzhütte mit zwei großen Glaskuben. Auf einer Seite ein Tisch für zwei Personen, auf der anderen ein Doppelbett. Aber damit noch nicht genug: Das flexible Meisterwerk dreht sich dank eines besonders starken Solarpaneels auf Knopfdruck einmal um die eigene Achse. So kann man den Esstisch oder das Bett stets perfekt in Richtung des Sonnenuntergangs oder Sonnenaufgangs ausrichten. Ein weiteres Solarpaneel sorgt für Licht und Strom. Letzterer wird unter anderem für die Bose Stereoanlage, die Toilette und das Bett gebraucht, dessen Kopfteil sich auf Knopfdruck anheben lässt. Näher ist man dem Sternenhimmel in den Bergen wirklich nur im Freien. Und dort schläft man meist deutlich unbequemer. Immerhin bietet der Starlight Room 360 jeden erdenklichen Luxus für romantische Nächte. Kein Wunder, dass hier schon der eine oder andere Heiratsantrag gemacht wurde. Davon erzählt das kleine Büchlein am Bettrand, in dem sich die bisherigen Gäste verewigt haben. Das mehrgängige Gourmetabendessen bestellt man bereits bei der Buchung, ebenso eine Flasche Wein, um das Alpenglühen der Dolomiten gebührend zu zelebrieren. Der Ofen wird mit Pellets beheizt, ein kleiner Kühlschrank kühlt die Getränke. Eine spezielle Belüftung bringt Frischluft in die kleine Hütte und sorgt dafür, dass im Winter die Scheiben nicht beschlagen, wenn draußen eisige Temperaturen herrschen. Viel Zeit zum Schlafen bleibt nicht, wenn nachts die Sterne funkeln!

BELLUNO – STARLIGHT ROOM 360

 Schauplatz Dolomiten

Raniero Campigotto, der umtriebige Hüttenwirt des Rifugio Gallina, ist in Cortina aufgewachsen. Als Sohn eines Liftangestellten musste er im Winter täglich auf Ski von der Mittelstation des Tofana di Mezzo in die Schule fahren. Seine Liebe zu den Dolomiten und ihrer Geschichte wird nicht nur im Starlight Room sichtbar, sondern auch, wenn er seine Gäste zu einem ehemaligen Militärstützpunkt am Cima Gallina (2322 m) führt. Raniero hat vieles selbst, unterstützt von freiwilligen Mitarbeitern, im Laufe der Jahre renoviert und mithilfe von alten Fotos nachkonstruiert. Das Lager wurde 1916 während des Ersten Weltkriegs von italienischen Soldaten in den Berg geschlagen und hatte eine direkte Telefonleitung ins Tal. Zwei Kanonen standen in den Gängen, in einem kleinen Turm hielt stets einer der Soldaten Wache mit Blick auf den Berg Lagazuoi gegenüber. Neben den Tunnels, der Offiziersbaracke, diversen Beobachtungsposten und dem Plumpsklo kann man auch nachgebaute Schlafräume besichtigen. Ganz zu schweigen von dem wunderschönen Blick auf die umliegenden Berge im Westen, wie z. B. den Monte Pelmo, die Civetta und den Marmolata-Gletscher.

Termine nach Absprache

 Auf den Spuren des Ersten Weltkriegs

Im Winter werden Schneeschuhwanderungen zum ehemaligen Militärstützpunkt am Col Gallina (2370 m) mit englischsprachigem Guide organisiert. Schneeschuhe und Taschenlampen stehen zur Verfügung. Auch Übernachtungen in der nachgebauten Militärbaracke sind auf Anfrage möglich. Luxus sollte man hier aber besser nicht erwarten.

320 Höhenmeter, Gehzeit ca. 1 Std. (mit Besichtigung und Abstieg)

 Das Freilichtmuseum von Lagazuoi

Die Berge rund um den Falzaregopass sind Zeugen erbarmungsloser Kämpfe zwischen Österreich und Italien während des Ersten Weltkriegs. Der Lagazuoi war aufgrund seiner Lage von strategisch wichtiger Bedeutung. Hier zogen sich die Soldaten der österreichisch-ungarischen Truppen nach der Besetzung Cortinas durch die Italiener zurück. Ganze 4 km lang sind die Stollen, die hier in den Berg geschlagen und mit Sicherheitsleinen, Leitern und Stiegen so gut es ging befestigt wurden. Heute kann man im Rahmen einer zwei- bis dreistündigen Wanderung durch die Tunnel die Stellungen besichtigen. Trittsicherheit ist vorausgesetzt! Es stehen unterschiedliche Wege zur Wahl, der einfachste ist der Weg der Frontlinie, der anspruchsvollste der Kaiserjägersteig durch den Berg. Anlässlich der Gedenkfeier 2018 wurde eine behindertengerechte Streckenführung von der Seilbahn zum Gipfelkreuz des Lagazuoi angelegt. Mit der Seilbahn Lagazuoi erreicht man in wenigen Minuten den Gipfel des Berges. Dort wartet ein kleines Museum auf interessierte Besucher, ein paar Meter weiter das Rifugio Lagazuoi auf hungrige Gäste.

Am Lagazuoi wandelt man beständig auf den Spuren des Ersten Weltkriegs, und so wurde der gesamte Berg kurzerhand zum Freilichtmuseum ernannt.

ITALIEN

Hier kann man auch Übernachtungen buchen, besonders spektakulär ist die direkt vor der Hütte aufgestellte Sauna mit grandiosem Blick in die Dolomiten.

www.lagazuoi.it

> **ADRESSE**
> Starlight Room bei Col Gallina,
> Passo Falzarego 2,
> I-32043 Cortina d'Ampezzo,
> www.rifugiocolgallina.com
>
> **ANREISE**
> **Öffentlich:** Aus dem Süden fahren von Venedig aus Busse bis Cortina. Der nächste Bahnhof befindet sich in Calalzo di Cadore, 35 km von Cortina entfernt. Aus dem Norden ist die Anreise etwas komplizierter: Entweder fährt man mit der Bahn über den Brenner bis zur Franzensfeste, steigt dort in die Regionalbahn Flirt ein und fährt im Pustertal bis nach Toblach. Oder man kommt aus dem Osten mit der Bahn über Lienz, fährt mit dem Bus bis Toblach und von dort weiter nach Cortina (mehrmals tgl. Busse).
> **Mit dem Auto:** Mit dem Auto fährt man aus dem Norden bis Toblach im Pustertal (entweder über Innsbruck – Brenner – Bruneck oder über den Tauerntunnel – Lienz – Sillian). Von Toblach geht es weiter nach Cortina. Aus dem Süden erreicht man Cortina über Belluno-Calalzo di Codore.
> **Flughafen Bologna:** 296 km
> **Flughafen Innsbruck:** 156 km
> **Flughafen Venedig:** 162 km

 ## Dolomieu-Trail

Ausgangspunkt der Wanderung ist das Rifugio Faloria (2120 m), das man mit der Seilbahn Faloria direkt vom Stadtzentrum aus erreicht. Ziel der technisch einfachen Wanderung ist der Ortsteil Rio Gere, wo sich auf 1691 m das gleichnamige Restaurant befindet. Der Panoramaweg führt anfangs entlang eines Felsgrats und später durch einen wunderbaren Lärchen- und Zirbenwald sanft bergab. Von Rio Gere gelangt man mit dem Bus wieder ins Stadtzentrum oder kann weiter zum Agriturismo »El Brite de Larieto« wandern. Wer dann immer noch nicht genug hat, geht weiter bis zum Rifugio Mietres.

Bis Rio Gere: Länge der Tour 4 km, 580 Höhenmeter, Gehzeit ca. 1 Std., www.dolomieutrail.it

 ## Astrodinner am Col Druscié

Ein Erlebnis der besonderen Art sind die Astrodinner, die im Nicolò-Cusano-Planetarium in Cortina ihren Ausgang nehmen. Nach einer Einführung fährt man mit der Seilbahn zur Bergstation auf den Col Druscié in 1778 m Höhe. Hier werden regionale Schmankerln serviert. Gut gestärkt geht es im Dunkeln weiter zum Col-Druscié-Observatorium, um durch das große Teleskop die Sterne zu beobachten. Was man sonst noch am Tofana erleben kann? Wie wäre es mit kostenlosem Yoga- und Pilates-Unterricht oder Sonnenaufgangsfahrten zum Cima Tofana (3244 m), dem höchsten Gipfel der Ampezzaner Dolomiten?

Voranmeldung unter
www.freccianelcielo.com

Das Dreigestirn der Tofana westlich von Cortina gehört zu den markantesten Massiven in den Dolomiten. Besonders beeindruckend ist die Südwand des Tofana di Rozes (3225 m).

BELLUNO – STARLIGHT ROOM 360

 ### Auf den Spuren der Dolomitenbahn

Im Zuge des Ersten Weltkriegs bauten sowohl Österreich als auch Italien eine rein militärisch genutzte Bahnstrecke, welche die Versorgung der jeweiligen Truppen an der Front gewährleisten sollte. Später stellte die Bahn auf Personenverkehr um und verband Toblach mit Cortina und Calalzo am Lago di Cadore im Süden der Provinz. Ihre Blütezeit erlebte die Dolomitenbahn während der Olympischen Winterspiele 1956 in Cortina, doch bereits wenige Jahre später wurde die Strecke aufgrund der zunehmenden Bedeutung des Straßenverkehrs stillgelegt. Die ehemalige Bahntrasse ist heute ein beliebter Wander- und Radweg – im Winter kann man zwischen Toblach und Cortina sogar Langlaufen.

Radweg: Länge der Tour 29,6 km, 320 Höhenmeter bergauf/bergab, Fahrzeit ca. 3 Std.

 ### Sorapiss-See

Dank seiner leuchtenden Farbe ist der Bergsee seit einigen Jahren ein beliebtes Motiv in den sozialen Netzwerken geworden. Die Wanderung dorthin beginnt am Tre-Croci-Pass und führt anfangs durch den Wald. Der Markierung folgend wird der Weg mit der Zeit steiler, felsiger und enger. Nach einem schmalen, seilversicherten Felsband gilt es noch einige Eisentreppen zu bewältigen. Hier ist Trittsicherheit und Schwindelfreiheit gefragt. Für Kinder ist die Tour deshalb eher ungeeignet. Im gemütlichen Rifugio Vandelli (1926 m) lässt es sich in unmittelbarer Nähe zum See gut einkehren.

Länge der Tour 6 km, 310 Höhenmeter bergauf, 167 bergab, Gehzeit ca. 1,5–2 Std.

 ### Museen

Obwohl Cortina ein kleiner Ort ist, gibt es dort insgesamt vier Museen. Das »Mario Rimoldi« zeigt moderne Kunstwerke und Skulpturen von bedeutenden italienischen Künstlern des 20. Jh. Das paläontologische Museum »Rinaldo Zardini« beherbergt eine der umfangreichsten Fossiliensammlungen. Direkt nebenan befindet sich das Völkerkundemuseum, das mittels Audioguide (Englisch) spannende Informationen zur Geschichte, Kultur und Tradition des Tals liefert. Hier erfährt man auch einiges über die Regole d'Ampezzo, eine Gesellschaft, die noch heute 16 000 ha Weideland und Waldbestand samt Almen und Hütten rund um Cortina verwaltet. Neben den drei bereits genannten Museen gehört der Regole auch das Rifugio Gallina. Das vierte Museum befindet sich in der Nähe des Valparola-Passes. In der ehemaligen Festung »Tre Sassi« zeigt das Museum heute Waffen, Gebrauchsgegenstände und andere Fundstücke aus der Zeit des Gebirgskrieges.

www.regole.it
www.cortinamuseoguerra.it

Die ehemaligen Militärstollen am Cima Gallina können auf Anfrage beim Wirt des Rifugio Col Gallina besichtigt werden.

> **UNESCO-Weltnaturerbe**
>
> »Die neun Teilgebiete des Welterbes Dolomiten bilden eine Serie einzigartiger Gebirgslandschaften von außergewöhnlicher Schönheit. Ihre beeindruckend senkrechten und bleichen Gipfel weisen eine weltweit außerordentliche Formenvielfalt auf.« So begründet die UNESCO 2009 die Ernennung der Dolomiten zum Naturwelterbe. Ein Großteil davon gehört zur italienischen Provinz Belluno. So ist Cortina d'Ampezzo von geschützten Zonen geradezu umzingelt: im Norden der Monte Cristallo, im Osten Sorapis, im Süden Monte Pelmo und im Osten das Tofane-Gebirge. 11 200 ha Land umfasst der Naturpark Amprezzaner Dolomiten, der zur Gänze von den Regolieri, den in Cortina ansässigen Familien, gemeinschaftlich verwaltet wird. Eine Stiftung fördert die Zusammenarbeit der fünf Provinzen, die in den Naturpark einbezogen sind.

31 Berghaus Zallinger (2054 m)
Wo die Welt noch in Ordnung ist

Wer bei Markus und Luisa im Zallinger auf der Seiser Alm logiert, kann sich auf einen ganz besonderen Flecken Erde freuen. Auf 2054 m Höhe ist man mit Mensch und Tier per du. Weit entfernt von der nächsten Stadt herrscht hier absolute Ruhe – bis auf das Glockengeläut der Kühe und das Wiehern der Haflinger vor den Chalets. Auch Autos machen sich rar, denn bis auf das Almtaxi, das die Gäste am großen Parkplatz in Saltria abholt, darf niemand zum Berghaus hinauffahren. Hier angekommen, gibt es im Laufe des Tages ein paar wenige Fixpunkte zu beachten. So trifft man sich Punkt 19 Uhr zum Abendessen. Das Menü in drei Gängen wird frisch aus regionalen Produkten zubereitet, auf individuelle Unverträglichkeiten nimmt man dabei Rücksicht. Ansonsten kein unnötiger Schnickschnack, im Mittelpunkt der leckeren Gerichte stehen die ausgewählten Zutaten. Das Frühstück gibt's ebenfalls im Restaurant, der Cappuccino wird serviert, alles Weitere findet man am liebevoll angerichteten Büfett. Danach geht man gut gestärkt in den Tag. Die meisten Gäste schwärmen untertags in die Berge aus. Im Winter ist der Zallinger der perfekte Ausgangspunkt zum Schneeschuhwandern und Skifahren. Die Piste beginnt direkt vor dem Haus, und der Florianlift endet hier, sodass man am Abend direkt vor der Haustür

den letzten (Einkehr-)Schwung setzt. Im Sommer ist die Seiser Alm ein Paradies für Mountainbiker und Wanderer. Ob sanfte Hügel oder schroffe Felsen, die Möglichkeiten sind vielfältig und tierische Begegnungen garantiert. Wer mit müden Beinen heimkehrt, erholt sich in der Panoramasauna mit Blick auf die Rosszähne, eine markante Felsformation.

Im Zallinger kann man sich in den Doppelzimmern im Stammhaus oder in den neuen Chalets unmittelbar daneben einmieten. Diese sogenannten »Almzimmer« sind für zwei bis vier Personen ausgelegt und verfügen jeweils über eine kleine Terrasse mit Sitzgelegenheit. Die schönsten Zimmer zeigen nach Westen, wo abends langsam die Sonne über den Bergen untergeht. Nachts schläft man besonders gut bei offenem Fenster, dann strömt die kühle Bergluft in die Chalets, die aus naturbelassenem Lärchenholz gezimmert sind. Einen Fernseher sucht man hier vergeblich. Auch auf den sonst obligatorischen Schreibtisch hat man bewusst verzichtet, die Gäste sollen sich schließlich erholen. Das Handy bleibt still, da es kaum Empfang gibt, und WLAN funktioniert ausschließlich im Restaurant. Beste Bedingungen, um tief und fest durchzuschlafen. Nur die aufgeweckten Murmeltiere hört man sogar noch vom Zimmer aus pfeifen. Wer ein paar Tage auf diese Weise verbringt, wird merken, wie unglaublich in Ordnung die Welt sein kann. Zumindest auf Zeit …

⭐ Schafgarben & wilder Thymian

Im Frühling, wenn die ersten Gräser und Kräuter sprießen, ist die perfekte Zeit für eine Kräuterwanderung. Denn jetzt haben die Jungpflanzen besonders viel Kraft. Welches Kraut bei welchem Leiden hilft und welches feinen Gerichten besondere Würze verleiht, erfährt man von Barbara, der Kräuterexpertin beim Zallinger.

Termine je nach Programmankündigung

🥾 Wanderung auf der Schneid

Der Schneidweg, ein alter, gut ausgebauter Almweg auf der Seiser Alm, zeigt die größte Hochebene Europas von ihrer besten Seite. Ausgangspunkt der leichten, aber langen Wanderung ist die Bergstation der Seiser Alm. Über die Almrosenhütte geht es zur Mahlknechthütte. Von hier führt der Weg bergauf in Richtung Plattkofel. Am Fassajoch (2300 m) ist der höchste Punkt der Tour erreicht. Von dort steigt man wieder ab zum Berghaus Zallinger.

Länge der Tour 22 km, 955 Höhenmeter, Gehzeit ca 6,5 Std.

🥾 Wanderung auf den Schlern

Von Compatsch aus führt eine schöne Wanderung hoch hinaus auf das Wahrzeichen Südtirols, den Schlern. Durch saftige Wiesen und Wälder erreicht man nach der ersten Hälfte der Tour die Saltner Schwaige (1731 m). Hier, am Fuße des Schlernmassivs, kann man sich noch einmal stärken, bevor es über zahlreiche Serpentinen nach oben geht. Der sogenannte »Touristensteig« wurde mit großer Sorgfalt gepflastert, jeder Stein sitzt perfekt. So gelangt man auf gutem Weg auf das Schlernplateau und wenig später zum Schlernhaus (2475 m). Besonders schön ist der Blick auf die Rosengartengruppe, noch besser wird die Sicht ein Stück weiter oben: Denn wer noch genügend Energie hat, kann von hier in etwa 20 Minuten zum Gipfelkreuz des höchsten Punkts am Schlernplateau aufsteigen, dem Monte Pez (2563 m). Danach geht es auf dem gleichen Weg wieder ins Tal hinab.

Bis zum Schlernhaus: Länge der Tour 15 km, 605 Höhenmeter, Gehzeit ca. 5–6 Std.

ITALIEN

ADRESSE
Berghaus Zallinger,
Auf der Seiser Alm, Seis am Schlern,
I-39040 Saltria,
T +39 0471 72 79 47,
www.zallinger.com

ANREISE
Öffentlich: Mit dem Zug nach Bozen, dann per Bus bis Seis, Seilbahn nach Compatsch und Taxi zum Zallinger.
Mit dem Auto: Wer eine Buchung hat, bekommt eine Fahrgenehmigung für den Anreise- und Abreisetag bis zum Parkplatz. Zuerst geht es über die Mautstraße nach Compatsch und dort den Schildern (nicht dem Navi) folgend nach Saltria. Von hier wird man mit dem Shuttle abgeholt, im Winter kann es auch das Schneemobil sein.
Flughafen Bozen: 46 km
Flughafen Innsbruck: 124 km

Die Langkofelhütte (ital. Rifugio Vicenza) liegt bereits im felsigen Gebiet und ist die letzte Raststätte, bevor es über Geröllfelder steil nach oben in die Langkofelscharte geht.

 ## Um den Plattkofel

Der Höhenwanderweg rund um die Langkofelgruppe gehört zu den echten Klassikern, erfordert jedoch einiges an Ausdauer. In einer leichten Abwandlung des bewährten Streckenverlaufs durchquert man die Langkofelscharte und bekommt somit auch einen Einblick in die schroffe Welt zwischen den Felstürmen. Los geht es hinter dem Zallinger über Weidewiesen, zunächst ein wenig bergab und dann über Serpentinen steil bergauf zur ersten Einkehr auf der Langkofelhütte, die schon mitten im felsigen Gebiet liegt. Hier heißt es Flüssigkeitsreserven auftanken, denn danach steigt man durch felsiges Gelände stetig bergan zur Toni-Demetz-Hütte, die in der Langkofelscharte thront. Im Frühsommer können hier noch Schneefelder liegen. Von der Hütte kann man mit der alten Stehkabinenbahn zum Sellajoch hinunterfahren. Wer lieber festen Boden unter den Füßen behält, steigt über den gut versicherten Wanderweg ab. Auf schmalen Pfaden marschiert man zum Friedrich-August-Weg, der auf der Rückseite des Plattkofels vorbei zur Friedrich-August-Hütte und der pittoresken Sandro-Pertini-Hütte leitet. Als letzter Stopp bietet sich eine Einkehr auf der Plattkofel-Alm (kleiner Umweg) an, bevor es die letzten Meter steil bergab auf der Forststraße zum Zallinger geht.

Länge der Tour 18,8 km, 1765 Höhenmeter bergauf, 1550 bergab, Gehzeit ca. 5–7 Std.

 ## Auf den Plattkofel (2969 m)

Der Gipfel des Plattkofels ist der einzige in der Langkofelgruppe, der relativ einfach und ohne Kletterstrecke erreichbar ist. Trotzdem sind eine gute Kondition und Trittsicherheit gefragt. Vom Zallinger geht es über den Fahrweg zur Plattkofelhütte (2300 m) und in rund zwei Stunden über felsiges Gelände weiter bis zum Gipfelgrat. An sonnigen Tagen zahlt es sich also aus, früh zu starten. Oben angekommen, wird man mit wunderbaren Ausblicken auf die Seiser Alm und bis in die Ötztaler Alpen bzw. die Ortlergruppe belohnt. Eine anspruchsvolle Alternative auf den Gipfel ist der Oskar-Schuster-Klettersteig, der von der Langkofelhütte zum Gipfel führt.

Länge der Tour 4,5 km, 990 Höhenmeter, Gehzeit ca. 2,5–3 Std.

SEISER ALM – BERGHAUS ZALLINGER

 ### Kulinarische Höhenflüge auf der Gostner Schwaige

Ob Franz Mulser die besten Knödel weit und breit macht oder nicht, findet man am besten selbst heraus. Der Koch der Gostner Schwaige verarbeitet größtenteils selbst gemachte Produkte, unter anderem unzählige Kräuter und Blüten, die für bunte Teller sorgen – und für einen einzigartigen Geschmack. Auf der Speisekarte stehen vor allem saisonale Gerichte, Klassiker wie die beliebte Heusuppe kommen aber auch das ganze Jahr über auf den Tisch. Der Käse stammt aus der eigenen Sennerei, in der man sich bei Weitem nicht auf nur eine Sorte beschränkt. Die Vielfalt reicht vom Blütenkäse oder Goldmuskateller-Weichkäse bis hin zum Alm-Safran-Frischkäse und Edelweißkäse-Camembert. Verkosten kann man dies alles auf der Gostner Schwaige bei einer Marende, einer typischen Südtiroler Brettljause. Wem es so gut schmeckt (und das kommt öfters vor), dass er gar nicht mehr heim will, der kann die hohe Kunst der Südtiroler Kräuterküche bei einem Kochkurs erlernen. Woher Franz Mulser seine Ideen für die kreative Küche nimmt? Dazu sagt er selbst: »Mit meinem Opa war ich viel im Wald und auf den Bergen unterwegs. Er hat mir beigebracht, was man alles essen kann. Gelernt hat er das nach dem Krieg, als er sich in den Bergen verstecken musste.«

Saltriastraße 13, I-39040 Seis am Schlern,
www.aussergost.com

 ### Kräuterhof

Erdbeerminze, Räuchersalbei oder Anisbasilikum – am Pflegerhof in St. Oswald bei Kastelruth werden neben gängigen Küchenkräutern auch die ungewöhnlichsten Würzpflanzen biologisch angebaut, und das schon seit den Achtzigern. Die Kräuter wachsen in sonniger Lage und werden in Mischkulturen angebaut, so dass sie sich gegenseitig die Schädlinge fernhalten und positiv ergänzen können. Zu kaufen gibt es Samen und prachtvolle Stecklinge. Auf Anfrage ist es möglich, an einer Hofführung teilzunehmen. Im Shop gibt es überdies Tees, Salzmischungen und Kräuterkissen als Souvenirs zu kaufen.

Pflegerhof, Fraktion St. Oswald 24,
I-39040 Seis am Schlern,
www.pflegerhof.com

> **Heubaden**
>
> Seit 110 Jahren wird in Völs am Schlern und auf der Seiser Alm die Tradition des Heubadens gepflegt. Zu verdanken ist sie den Bauern, die bei der »Mahd« ihr Nachtlager im Heu aufgeschlagen und dabei ganz zufällig die positiven Nebeneffekte bemerkt haben: Die Müdigkeit war wie weggeblasen und der Körper gut erholt. Heute weiß man dieses Prinzip zu nutzen: Für ein »Heubadl« wird frisches Heu einige Stunden vor der Behandlung befeuchtet. Bei dem daraufhin einsetzenden Gärungsprozess entfalten Kräuter wie Arnika, Frauenmantel, Thymian oder Enzian ihre volle Wirkung, und das Heu erwärmt sich auf 40–60 °C. Der Besucher wird fest im Heu eingewickelt und, sofern das Heubad im Hotel stattfindet, in ein warmes Wasserkissen versenkt. Eine knappe halbe Stunde dauert die Anwendung, danach ist Ausruhen angesagt. Anbieter unter www.badlkultur.it

 ### Völser Weiher

Der Völser Weiher (1036 m) zählt dank seines intakten Ökosystems zu den saubersten Badeseen Italiens. Er liegt unterhalb der Seiser Alm und ist über den Ort Völs am Schlern zu erreichen. Umrahmt von grünen Tannen türmt sich hinter dem See das gewaltige Felsmassiv des Schlerns auf. Am Ufer befindet sich ein kleiner Badeplatz mit Holzdeck, Imbissstand und Toiletten. Parken kann man gebührenpflichtig direkt am See. Dieser ist auch Ausgangspunkt für zahlreiche Wanderungen und Bergtouren.

Bei Franz Mulser kann man im Rahmen von Kochkursen unter anderem erlernen, wie man perfekte Knödel macht.

Der großartige Ausblick auf den Rosengarten lädt dazu ein, etwas länger auf der Terrasse zu verweilen.

32 Cyprianerhof (1175 m)
Wanderhotel in den Dolomiten

Abseits des Trubels und dennoch mitten im UNESCO-Weltkulturerbe Dolomiten befindet sich der Cyprianerhof, ein Wanderhotel der ersten Stunde und Gründungsmitglied des gleichnamigen Zusammenschlusses »Wanderhotels – best alpine« von 1995. Seitdem hat sich viel getan, das Hotel wurde mehrmals um- und ausgebaut. Heute heißt die Gäste ein 5-Sterne-Betrieb willkommen, der auf eine sympathische Art bodenständig geblieben ist. Die Lage im Tierser Tal, zu Füßen der mächtigen Rosengarten-Gebirgsgruppe, ist einzigartig. Und sie macht den Cyprianerhof zum perfekten Ausgangspunkt für Unternehmungen, die auch mehrmals die Woche kostenlos vom Hotel angeboten werden. Auf den geführten Wanderungen geht es im Sommer in die Berge, auf Gipfel, zum Klettern an den Fels oder mit Bergführer in hochalpine Gefilde. Zum Ausgleich dazu werden im Wochenprogramm des Hotels Yoga- und Gymnastikstunden angeboten. Die Zimmer sind unterschiedlich ausgestattet, Naturmaterialien wie Holz, Lodenstoffe und Stein geben den Ton an. Im Winter trumpft das Hotel mit einem vielfältigen Schneeschuh-Wanderprogramm auf. Diese Touren versprechen ein echtes Work-out abseits der Pisten und sind so beliebt, dass in der Hochsaison jeweils zwei Routen zur Auswahl stehen. In Begleitung geschulter Berg- oder Wanderführer geht es dann durch die umliegenden Wälder und für Fortgeschrittene auch in anspruchsvollere Höhen. Das Equipment kann vor Ort geliehen werden, viele der Gäste sind jedoch Wiederholungstäter und reisen bereits mit ihren eigenen Wintersportgeräten an. Das markierte Wegenetz in der Umgebung ermöglicht es den Gästen aber auch, auf eigene Faust loszuziehen, aufgrund der besonderen Lage des Cyprianerhofs ist man dabei weitgehend vor Lawinen sicher. Wer nachmittags müde, aber mit gut durchlüftetem Kopf ins Hotel zurückkehrt, kann sich auf die erholsame Tageshälfte freuen. Dann werden die Saunen beheizt, und die Aufgussmeister sorgen für die richtige Dosis an Wellness. Zur Abkühlung geht es an die Frischluft oder zum Schwimmen ins Sportbecken bzw. im Sommer in den kleinen Naturschwimmteich. Zudem gibt es ein Dampfbad oder die Option auf wohltuende Bäder mit Kräutern aus den Alpen. Die findet man übrigens auch am Frühstücksbüfett wieder, das mit Erzeugnissen aus der Region für eine ordentliche Stärkung sorgt. Am Abend belohnt ein köstliches 5-Gänge-Menü die fleißigen Wanderer und Wintersportler. Serviert werden köstliche Gerichte nach italienischer und mediterraner Art, vorzugsweise gekocht mit Zutaten aus Südtirol, wie z. B mit Fleisch aus dem Sarntal oder mit selbst gesammelten Wildkräutern. Ein Gläschen guter italienischer Wein rundet den Tag ab. Für aktive Naturliebhaber und Feinschmecker ist der Cyprianerhof wahrlich ein kleines Urlaubsparadies.

ITALIEN

Carezza-Skigebiet

Rund 20 Minuten mit dem Auto oder Bus entfernt liegt das Skigebiet Carezza, das gleich mit mehreren Pluspunkten aufwarten kann: zum einen mit phänomenalen Ausblicken vom felsigen Fuße des Latemar aus, zum anderen mit Pisten, die sowohl Profis als auch Anfängern etwas zu bieten haben. So ist für die ganze Familie etwas dabei. 40 Pistenkilometer, zwei Seilbahnen, fünf Sessellifte und sieben Schlepplifte sorgen für schnelles Weiterkommen. Obendrein kann man seit einiger Zeit mit der Kabinenbahn »Alba – Col dei Rossi« das Sella- und Pordoijoch erreichen. Für Skifahrer, die länger unterwegs sein wollen, ein toller Mehrwert. Hier ist zugleich der Ausgangspunkt für die berühmte Skirundfahrt »Sella Ronda«.

www.carezza.it

ADRESSE
Cyprianerhof,
St. Zyprian 69,
I-39050 Tiers am Rosengarten,
www.cyprianerhof.com

ANREISE
Öffentlich: Anreise bis Bozen mit Bahn, Bus oder Flugzeug. Von hier fährt ein Bus bis direkt vor die Tür des Hotels. Abholservice ab Bozen oder Flughafen Innsbruck bzw. Flughafen Verona über das Hotel buchbar.
Mit dem Auto: Aus dem Norden über den Brenner bis kurz vor Bozen. Weiter über die Bundesstraße bis zum Hotel. Aus dem Süden ebenfalls bis zur Autobahnabfahrt Bozen Nord und weiter über die Bundesstraße.
Flughafen Bozen: 20 km
Flughafen Innsbruck: 130 km
Flughafen Verona: 170 km

Schneeschuhwanderung zum Schillerhof

Eine wahre Genusswanderung führt vom Nigerpass zum Schillerhof. Den Nigerpass erreicht man entweder per Auto oder per Regionalbus. Von hier hat man einen wunderbaren Ausblick auf den Rosengarten. Über verschneite Forstwege geht es durch den Nigerwald zur Vöstl Schwaige. Vorbei am Jocher Hof und über die Hagner Alm wandert man weiter zu dem etwas höher gelegenen Ziel. Im Schillerhof locken regionale Spezialitäten wie Knödeltris oder diverse Pasta-Gerichte, Wildliebhaber kommen insbesondere bei einer Portion Papardelle mit Wildragù voll auf ihre Kosten. An sonnigen Tagen lässt sich auf der Terrasse der großartige Ausblick auf das gegenüberliegende Rosengarten-Latemar-Gebirge genießen. Anschließend leitet die Rundwanderung in einem Bogen zurück zum Nigerjochhaus am Nigerpass.

Länge der Rundtour 12,5 km, 367 Höhenmeter, Gehzeit ca. 3,5 Std.

Der Karersee

Wer den See bereits von Instagram oder Pinterest kennt, wird im ersten Moment vielleicht enttäuscht sein, denn das wunderschöne Naturparadies liegt nur wenige Meter neben der Straße, ist gut besucht und im Übrigen auch eingezäunt, weshalb diverse Fotooptionen noch einmal zu überdenken sind. Wer zum richtigen Zeitpunkt hierher kommt, wird trotzdem begeistert von dem Anblick sein, wie sich die schroffen Felstürme des Latemar auf der Wasseroberfläche spiegeln. Der grünlich schimmernde Bergsee ist zudem ein guter Ausgangspunkt für eine gemütliche Familienwanderung zum Elisabethdenkmal. Kaiserin Sisi verbrachte 1897 einen längeren Sommerurlaub im Grand Hotel am Karerersee. Auf der »Elisabethpromenade« lässt sich gut auf ihren Spuren wandeln. Einkehrmöglichkeiten gibt es im Gasthof Meierei oder beim Ladritscher Hof.

Länge der Strecke 10 km, 190 Höhenmeter bergauf/bergab, Gehzeit ca. 2,5 Std.

Von der Kölner Hütte in die Berge (2337 m)

Im Winter ist die Laurin-Lounge auf der Kölner Hütte im Skigebiet Carezza ein heißer Tipp für einen Aperitivo bei Sonnenuntergang. Das Schutzhaus liegt direkt am Ende eines alten Sessellifts, knapp unter den steilen Felswänden. Einziger Haken: Die Abfahrt zurück ins Tal ist nur für jene geeignet, die Freude an schwarzen Pisten haben. Im Sommer ist die Kölner Hütte über mehrere Zustiege zu erreichen, wie z.B. in eineinhalb bis zwei Stunden über den Hirzelweg vom Karerpass aus. Mit Übernachtung ist sie perfekter Ausgangspunkt für Klettersteig-Touren und

TIERSER TAL – CYPRIANERHOF

Wie für Fotografen gemacht: An windstillen Tagen spiegelt sich die felsige Kulisse der Latemar-Gebirgsgruppe besonders eindrucksvoll im tiefgrünen Wasser des Karersees.

Wanderungen. Es gibt 60 Schlafplätze, die sich auf Zweier-, Vierer- und Sechsbettzimmer sowie auf Matratzenlager aufteilen. Eine Münzdusche mit Warmwasser und köstliche italienische Spezialitäten auf der Speisekarte sorgen für einen perfekten Ausklang nach einem langen Wandertag.

 www.rifugiofronza.com

⭐ Santnerpass-Klettersteig

Ein abwechslungsreicher Klettersteig verbindet die Kölner Hütte mit der Santnerpass Hütte (2734 m). Nach einem mit einem Stahlseil gesicherten Steig führt ein exponierter Weg zu einer Leiter, auf der man nach unten klettert. Im Frühling kann hier noch Eis in der Rinne liegen, die aber teilweise mit einem Seil gesichert ist. Über einen ungesicherten Felsensteig geht es weiter zur Santnerpass Hütte, von der aus man einen wunderschönen Blick nach St. Zyprian hat. Über die Gartlhütte (2629 m) führt der Weg nun bergab zur Vajolethütte (2243 m) und zur Preusshütte (2243 m), bevor man das Tschagerjoch (2630 m) erreicht. Über Stufen und Geröll ist man in knapp einer halben Stunde zurück an der Kölner Hütte.

Länge der Tour 7,7 km, 979 Höhenmeter bergauf/bergab, Gehzeit ca. 5 Std.

Auf den Tschafon (1829 m)

Der Tschafon ist ein wunderbarer Aussichtsberg und als solcher ein beliebtes Wanderziel im Rosengartengebiet. Ausgangspunkt der Gipfeltour ist Tiers. Von hier geht es über den Wunleger See zur Via Alpina, welche auf direktem Weg zur Tschafonhütte führt. Hier lohnt sich eine Einkehr. Die Hütte ist vor allem für ihre regionalen Schmankerln bekannt. Gut gestärkt steigt man von da aus durch felsiges Gelände weiter zum Tschafon bergan, der übrigens auch Völseggspitze genannt wird. Wer den Spuren auf den nördlichen Gipfelbereich folgt, wird mit herrlichen Ausblicken auf den Schlern belohnt! Für den Rückweg kann man auch über den Gasthof Schöneck wieder zum Ausgangspunkt im Tal absteigen.

Länge der Tour 10 km, 830 Höhenmeter bergauf/bergab, Gehzeit ca. 4 Std.

⭐ Carezza Bike Trail

Unterhalb der Frommeralm beginnt der Singletrail Carezza, eine Downhill-Tour, die durch das wilde Nigertal zur Talstation der Kabinenbahn bei Welschnofen führt. Der Trail verläuft entlang eines Baches, schlängelt sich durch Wälder und Wiesen und bietet jede Menge Herausforderungen. Steilkurven, Northshores, Anlieger und rund 20 Sprünge in Form von Table, Sprung oder Drops lassen das Biker-Herz höher schlagen. Wer sein Können erst noch perfektionieren will oder sich an ein paar Tricks versuchen möchte, der ist im Trainingspark Carezza an der Bergstation der Kabinenbahn Welschnofen oder im Bikepark Deutschnofen gut aufgehoben.

Länge der Tour 4,4 km, 500 m Höhenunterschied, 11% durchschnittliches Gefälle, geöffnet von Mai–Okt.

33 Nestalp (1979 m)
Genusswandern im Trentino

Die Nestalp, italienisch Malga Campo, im Trentino ist nicht nur ein wunderschönes Ausflugsziel, sondern auch ein Geheimtipp für Übernachtungen. Zwar ist die Alm vom »Val di Peio« aus mit dem Auto erreichbar, sie liegt aber so hoch über dem Tal, dass man nachts nur vereinzelt Kuhglocken läuten hört. Hin und wieder fährt der Wind durch die Bäume, ansonsten herrscht selige Ruhe.

Während das älteste der drei Häuser heute als kleines Museum dient, wurde der einstige Stall komplett neu ausgebaut und beherbergt ein modern eingerichtetes Restaurant im rustikalen Ambiente einer typischen Alm. Im Obergeschoss befinden sich sechs Gästezimmer mit Bad und WC. Die Räume sind an die ursprüngliche Architektur angepasst, die unter dem Dach haben beispielsweise besonders niedrige Fenster. Jedes Zimmer trägt den Namen eines heimischen Tieres. WLAN ist verfügbar, auf Fernseher wird jedoch bewusst verzichtet. Da auch das Handynetz größtenteils vor den dicken Steinmauern halt macht, steht einem tiefen Schlaf nichts im Wege. Es sei denn, man möchte lieber die Sterne betrachten, denn die sieht man hier, fernab von jeglicher Straßenbeleuchtung, besonders gut.

An den Trakt mit den Zimmern schließt sich der Stall an, in dem die Kühe zweimal täglich gemolken werden. Die Milch verarbeitet man vor Ort zu Butter, Almkäse, Ricotta, geräuchertem Ricotta oder Panna Cotta. Auch die Wurst stammt aus eigener Erzeugung, ebenso wie der Honig und die Marmeladen, die man übrigens als Souvenirs käuflich erwerben kann. Fast alles, was auf den Tisch kommt, wurde hier produziert. Tagesgäste genießen die Aussicht auf die umliegenden Berge und erfreuen sich an den köstlichen Gerichten aus der Küche. Ob gegrillte Polentascheiben mit Wildragout, Spinatnocken mit brauner Salbeibutter oder Schweinsbraten mit Spätzle – Hunger sollte man auf jeden Fall mitbringen. Um sich quer durch die hofeigenen Produkte zu kosten, empfiehlt sich eine Platte mit Käse, Wurst und Speck. Dazu isst man im Trentino eine Art knusprig herausgebackener Rösti.

Wer wissen will, wie man früher auf der Alm im Sommer gelebt hat, besucht am besten das kleine Museum. Hier kann man die alten Kupfertöpfe, in denen der Käse gemacht wurde, und eine alte Rauchkuchl in Augenschein nehmen. Das alte Butterfass lässt sich heute noch schaukeln, und im Keller reifen die Käselaibe heran. Im etwas neueren Räucherofen befinden sich Ricotta-Laibe, die bis zu zwei Wochen lang immer wieder geräuchert werden, um ihren typischen Geschmack zu erhalten. Die selbst angesetzten Liköre reifen in der Sonne an der Hausmauer. Nach getaner Arbeit dienen zwei kleine Schlafstuben im ersten Stock als Rückzugsort. Von der Alm führt ein schmaler Pfad in rund 30 bis 45 Minuten zu einem kleinen Bergsee. Der Ausblick ins Tal und auf die fernen Gletscher ist beeindruckend!

Wer den Alltag im Tal zurücklassen und zur Ruhe kommen möchte, ist auf der Nestalp goldrichtig.

ITALIEN

 ## Rafting

Durch das Val di Sole, zu Deutsch Sulztal, fließt der Noce, ein klarer Gebirgsfluss, der in der Nähe des Gaviapasses im Nationalpark Stilfser Joch entspringt. Besonders an heißen Tagen ist eine Raftingfahrt auf dem Noce pures Vergnügen. Mit mehr als 28 km zählt die Strecke zu einer der längsten Abfahrten in Europa. Die Ausrüstung (Anzug, Schutzhelm, Schwimmweste) wird gestellt.

Rafting Center, Via Gole 105, I-38025 Dimaro Folgarida, Tel. +39 046 397 32 78,
www.raftingcenter.it

ADRESSE
Nestalp Malga di Campo,
Val di Peio im Trentino,
www.nestalp.com,
Tel. +39 046 363 60 99

ANREISE
Öffentlich: Mezzocorona erreicht man mit der Bahn von Trient oder Bozen. Bis Celentino im Val di Peio kann man mit dem Bus weiterfahren, ab hier muss man ein Shuttle-Taxi auf die Alm buchen.
Mit dem Auto: Kurz vor Celentino führt eine gut beschilderte Straße 6 km den Berg hinauf. Die Straße ist nicht asphaltiert und für tiefer gelegte Fahrzeuge ungeeignet. Auf dem Parkplatz 200 m vor dem Haus können die Autos auch über Nacht stehen bleiben.
Flughafen Bozen: 120 km
Flughafen Verona: 180 km

Ein wahres Vergnügen an heißen Sommertagen: Die geführten Raftingtouren im Val di Sole können je nach Wasserstand auch ganz schön rasant werden.

 ## Wanderung zum Cadini-Wasserfall

Vom Parkplatz bei Covel aus geht es gleich anfangs steil bergauf in Richtung Berghütte »Lo Scoiattolo«. Die meisten Höhenmeter hat man dann allerdings bereits geschafft. Unterhalb der Hütte führt der Wanderweg weiter zum Covel-See. Zunächst leitet er durch den Wald, dann über eine kleine Brücke aus Baumstämmen über den »Rio di Vioz«. Um den See herum läuft man zu einem kleinen Felsvorsprung, von wo aus sich der Blick auf den Cadini-Wasserfall auftut. Über eine Brücke gelangt man über den Wildbach auf die andere Seite und über einen Fahrweg zurück zum Ausgangspunkt.

Länge der Tour 4,4 km, 160 Höhenmeter, Gehzeit ca. 2 Std.

 ## Wanderung zur Schutzhütte Mantova al Vioz (3535 m)

Eine wunderschöne, aber anspruchsvolle Zweitageswanderung führt auf die höchstgelegene Hütte im Trentino, die Schutzhütte Mantova al Voiz. Startpunkt ist Peio Fonti, von wo es mit der Seilbahn bis zum Rifugio Scoiattolo und weiter mit dem Sessellift zum Rifugio Doss die Gembri auf 2300 m Höhe geht. Etwas unterhalb führt der Weg über den Grat zum Rifugio Mantova. Das Schutzhaus ist mit einer Satellitenverbindung ausgestattet, Strom liefert ein Dieselaggregat und das Schmelzwasser vom Gletscher, die benötigten Lebensmittel der Helikopter. Serviert werden regionale Spezialitäten wie Polenta mit Käse oder Gerstensuppe. In mehreren spärlich eingerichteten Zimmern können insgesamt 57 Personen

VAL DI SOLE – NESTALP

übernachten. Am nächsten Tag geht es über ein Schneefeld auf den Gipfel des Monte Voiz (3645 m). Von hier aus hat man einen grandiosen Ausblick auf die »13 Gipfel«, also jene 13 Dreieinhalbtausender, die den Forni-Gletscher umfassen. Bei gutem Wetter sieht man in der Ferne die Adamella-Presanella-Gruppe. Wem das noch nicht genug ist, der kann von hier zur Punta Linke (3632 m) gelangen, eine bedeutende Stellung an der Westfront im Ersten Weltkrieg. Zurück geht es auf dem gleichen Weg wie beim Aufstieg.

Länge der Gesamttour 10 km, 1210 Höhenmeter, Gehzeit ca. 6 Std, www.rifugiovioz.it

Freilichtmuseum »Punta Linke«

Das Mahnmal »Punta Linke« auf 3632 m in der Ortler-Cevedal-Gruppe ist das höchstgelegene Freilichtmuseum in ganz Europa. 2009 begann man die bis dato unter Schnee und Eis begrabene Baracke freizulegen, die im Zuge der Klimaerwärmung wieder zutage getreten war. Die denkmalgeschützte Hütte wurde im Originalzustand wiederhergestellt und Besuchern zugänglich gemacht, Fundstücke wie Werkzeug, Stacheldraht, Helme usw. sind ebenfalls zu sehen. Da das Eis einen Großteil der Versorgungsanlagen konserviert hat, ist die Besichtigung besonders beeindruckend. Die Baracke war unter anderem mit einer mechanischen Werkstatt und einer Zugmaschine ausgestattet. Von Peio führte eine Seilbahn bis hierher und weiter zu den Stellungen auf dem Südosthang des »Palon del la Mare«. Besichtigungen und Führungen sind in den Sommermonaten von Mitte Juni bis Mitte September möglich, genaue Informationen erhält man im Museo Pejo und im Rifugio Voiz Mantova.

Anfrage über Tel. +39 034 874 009 42 oder via Mail museopejo@virgilio.it

Sonnenuntergang auf der Alm

Zu den besonderen Events im Sommer zählt der »Sonnenuntergang auf der Alm«. Jede Woche wird dabei eine andere Alm besucht. Mit auf dem Programm stehen eine Wanderung sowie ausreichend Zeit, um mit dem Senner ins Gespräch zu kommen. Zudem besteht die Möglichkeit, beim Melken der Kühe zuzuschauen oder gar selbst anzupacken. Ein gemeinsames Abendessen mit regionalen Spezialitäten vervollständigt den Ausflug.

Voranmeldung beim Fremdenverkehrsverein Val di Sole, Tel. +39 046 390 12 80

Große Panorama-Rundfahrt über vier Pässe

Die aussichtsreiche Autofahrt rund um den Nationalpark Stilfser Joch beginnt im oberen Val di Sole. Über den Tonalepass (1883 m), der Wasserscheide zwischen Po (Westen) und Etsch (Osten), und den Gaviapass (2.621 m) gelangt man nach Bormio, einem historischen Kontrollpunkt der Alpenpässe. Von hier geht es über den höchsten asphaltierten Gebirgspass Italiens über 22 km bergauf zum Stilfser Joch (2758 m) zwischen dem italienischen Veltlin und dem Südtiroler Vinschgau. Durchs Vinschgau führt die Strecke zunächst nach Meran, dann weiter nach Lana, von wo aus man sich über viele Kehren zum Gampenjoch (1.512 m) hinaufschraubt. Über Senale, Fondo und Cles erreicht man nach insgesamt 254 km wieder das Val di Sole. Unterwegs laden zahlreiche Aussichtspunkte und Sehenswürdigkeiten zum Aussteigen und Füßevertreten ein, so z. B. der Wallfahrtsort »Unsere Liebe Frau im Walde« kurz nach dem Gampenpass.

www.valdisole.net

Nationalpark Stilfser Joch
Der 135 000 ha große Nationalpark erstreckt sich über Südtirol, die Lombardei bis ins Trentino. Zum Trentiner Teil des Parks gehören zwei Seitentäler, das Val di Peio und das Val di Rabbi. Die Vegetation zwischen 650 und 3899 m (Ortler) weist je nach Höhenlage eine andere Zusammensetzung auf. Die Wiesen sind bunt und reich an wertvollen Bergkräutern. Neben einer vielfältigen Flora nennen auch viele seltene Tiere den Park ihr Zuhause. So ist der Steinadler ebenso anzutreffen wie der Bartgeier, der vor Kurzem wieder hier angesiedelt wurde. Wer sich für weiterführende Themen wie die Geologie oder die historischen und kulturellen Aspekte des Naturreservats interessiert, kann sich geführten Wanderungen mit Guides anschließen. In Peio und Rabbi hat der Nationalpark eigene Infopoints.
www.parcostelviotrentino.it

Verblüffend raffiniert wurden die alten Mauern des Steinhauses in ein modernes Design integriert.

34 Le Coffret (625 m)
Glas, Steinhaus und Prosciutto

Zwischen Walnussbäumen, Wiesen und Wäldern versteckt am Ende des verschlafenen Dorfes Jayer liegt die kleine B&B-Unterkunft Le Coffret. Flaviana, die Hausherrin, ist in Jayer aufgewachsen. Und zwar genau gegenüber, in dem alten Haus auf der anderen Straßenseite. Bis heute wohnt sie dort mit ihrem Diego. Auch wenn beide noch einen anderen Job haben, so ist Le Coffret doch ihr gemeinsames Herzensprojekt. Gebaut wurde das für diese Region typische Steinhaus im Jahre 1779. Es diente lange Zeit als Unterkunft für Saisonarbeiter und beherbergte zudem eine Getreidemühle. Nachdem es in jüngster Vergangenheit 30 Jahre lang leer gestanden hatte, entschlossen sich die Besitzer 2012, das Haus zu renovieren. Gemeinsam mit einem feinfühligen Architektenteam hauchten sie ihm neues Leben ein. Die dicken Außenmauern blieben erhalten, nur innen bastelte man entlang der alten Wände neue Zimmer. So steckt in einer alten Hülle ein topmodernes Interieur als perfekte Kombination von Aosta-Steinwänden, dicken Holzbalken, modernen Glasfenstern und geschickt eingebauten Elementen wie Stromsäulen oder externen Zugängen über Balkone. Die insgesamt sieben Zimmer und Suiten verfügen über alle Annehmlichkeiten der heutigen Zeit – von Steckdosen bis hin zu einem Fernseher und WLAN-Verfügbarkeit. Doch anstatt die alten Steinmauern zu verstecken, wurden diese wo nur möglich freigelegt – gerade auch in den Innenräumen. Diese strahlen dadurch eine eigene Ruhe aus und verfügen über ein unvergleichliches Ambiente. Vielleicht schläft man hier ja deshalb – im wahrsten Sinne des Wortes – wie ein Stein.

Im Keller gibt es einen kleinen Spa-Bereich für Hausgäste mit einer Sauna und einem Whirlpool. Der italienische Stil ist nicht zu übersehen. Immer wieder wird mit buntem Mobiliar und verrückten Formen ein Statement gesetzt. Wie beispielsweise im Frühstücksraum: Dort bilden ein lila, ein weißer, ein blauer und ein roter Kubus aus Samt eine veränderbare Sitzgelegenheit. Das Frühstück selbst nimmt man allerdings an einem der Holztische ein. Bei schönem Wetter sind diese auf der Terrasse im Garten gedeckt. Am kleinen, aber sehr feinen Büfett hat man die Qual der Wahl zwischen köstlichen Kuchen bis hin zu verschiedenen regionalen Käsesorten. Der Honig kommt aus dem Ort, die Marmeladen sind selbst gemacht. Und der frisch gebrühte Cappuccino schmeckt einfach vorzüglich. Auf Lebensmittelunverträglichkeiten geht man gerne ein, besonders in Sachen Zöliakie kennt man sich aufgrund eigener Betroffenheit aus. Am Abend essen die Gäste auswärts. Empfehlungen holt man sich am besten direkt bei Flaviana und Diego. Die beiden übernehmen auch gerne die Tischreservierung. Für längere Unterhaltungen sollte man allerdings des Italienischen oder Französischen mächtig sein.

ITALIEN

ADRESSE
Le Coffret,
Località Jayer,
I-11020 Saint-Marcel, Aosta,
www.lecoffret.it

ANREISE
Öffentlich: Aosta erreicht man mit der Bahn oder mit dem Bus.
Mit dem Auto: Aus dem Südosten erreicht man das Aostatal über Mailand, aus dem Westen über den Mont-Blanc-Tunnel Chamonix-Courmayeur und aus der Schweiz über Martigny am Südende des Genfer Sees.
Flughafen Mailand: 170 km

Das Schinkenfestival »La Via del Prosciutto«

Jedes Jahr im Juni ist Le Coffret Teil des Prosciutto-Festivals, bei dem Wanderer an vier Stationen die örtliche Spezialität, den mit Bergkräutern verfeinerten Speck, verkosten können. Die »Via del Prosciutta« erstreckt sich von 547 m im Tal bis auf 1819 m Höhe. Drei Tage bleiben dem Besucher, um die Stationen gezielt zu besuchen oder etappenweise zu erwandern. Je weiter sich die Straße nach oben schlängelt, desto beeindruckender wird zugleich der Ausblick auf die mächtigen Viertausender der Region. Wer lieber im Tal bleibt, kann in der Brennerei »La Valdotaine« Einblick in die Schnapsbrennerei und die Produktionsstätten des weithin beliebten Schinkens bekommen.

 www.laviadelprosciutto.eu

Weinstraße

Auf der Weinstraße des Aostatals kann man nicht nur erlesene Weine verkosten, sondern auch Ausblicke auf die höchsten Berge Europas genießen. Insgesamt 30 der hier ansässigen Winzer haben sich im Verband der »Viticulteurs Encaveurs Vallée d'Aoste« zusammengeschlossen. Gemeinsam arbeiten sie daran, ihre Produkte einem größeren Publikum zugänglich zu machen, wie sie sich auch gegenseitig bei der Anschaffung von Maschinen und Arbeitsgeräten unterstützen. Mit der Mitgliedschaft im Verband einher geht auch eine strenge Qualitätskontrolle. Verkauft werden die Weine schlussendlich in der eigenen »Crotte«, einem charakteristischen aus Felsbrocken gebauten Weinkeller. Das trockene und kühle Klima sorgt für optimale Reifungsprozesse. Die Verbandsmitglieder sind leicht am Markenzeichen zu erkennen, das am Eingang angebracht ist. Fünf verschiedene Routen führen zu unterschiedlichen Winzern. So entdeckt man auf der Route Nr. 1 die Weingüter am Fuße des Mont Blanc und auf Route Nr. 5 jene des Monte Rosa.

www.routedesvinsvda.it

Sternwarte Saint-Barthélemy

In einem kleinen Bergdorf auf 1600 m Höhe steht eine moderne Sternwarte mit Forschungszentrum. Die Lichtverschmutzung ist hier minimal, und der Instrumentenpark gehört zu den umfangreichsten in Europa. Das Observatorium arbeitet an verschiedenen Forschungsprojekten, wie z.B. an der Untersuchung von erdnahen Himmelskörpern oder der Suche nach Planeten, die um andere Sterne der Milchstraße kreisen. Einen Teil ihrer Zeit widmen die Angestellten aber auch der Lehre und Weiterbildung. Die einstündige Führung durch die Sternwarte gibt Besuchern einen guten Einblick und beinhaltet die Beobachtung der Sonne unter fachkundiger Leitung im Sonnenphysiklabor. Die Projektion im Planetarium entführt auf eine virtuelle Reise in den Kosmos, und bei der nächtlichen Führung erfährt man nicht nur etwas über die Beobachtung des Himmels mit bloßem Auge, sondern kann auch durch das Teleskop blicken.

Località Lignan, 39,
I-1020 Saint-Barthélemy, Voranmeldung erforderlich unter Tel. +39 016 577 00 50,
www.lovevda.it

Ob Anfänger oder Profi – im Valle di Cogne gibt's die passende Loipe. Bergblick inklusive!

AOSTATAL – LE COFFRET

Der kleine See namens Lago Blu in der Nähe von Cervinia ist ein beliebter Fotostopp, um einen schönen Blick auf das Matterhorn und ein gelungenes Motiv zu erhaschen.

Skifahren

Das Aostatal ermöglicht den Besuch prestigeträchtiger Skigebiete wie Courmayeur, Breuil-Cervinia oder Monte Rosa. Wer eine ganze Woche hier verbringt, kann einen internationalen Skipass beantragen, in dem sogar zwei Tage Zermatt inkludiert sind. Wer es lieber ruhiger angeht, ist im etwas kleineren Skigebiet von Pila genau richtig. Man erreicht es über eine 18 km lange Panoramastraße oder mit der modernen 8er-Seilbahn direkt von der Stadt Aosta aus. Neben 70 rasanten Pistenkilometern und modernen Liftanlagen wartet dort auch ein Vergnügungspark für Freestyler auf sportlich aktive Besucher. Besonderer Pluspunkt: Für Familien gibt es spezielle Vergünstigungen.

 www.pila.it

Langlaufen

Langläufer finden im Valle di Cogne im Nationalpark Grand Paradiso tatsächlich ein kleines Paradies vor: 80 km Loipe führen unterhalb der Gipfel der Grivola und des Grand Paradiso vorbei. Dabei durchquert man die Dörfer Epinel, Lillaz und Valnontey. Das Streckennetz bietet unterschiedliche Routen in verschiedenen Schwierigkeitsgraden, angefangen bei einer leichten Rundstrecke von nur 2 km bis hin zum 45 km langen »Marciagranparadiso«. Tages- und Wochenkarten können bei der Langlaufstation in Cogne wie auch in Dörfern entlang der Strecke gelöst werden. In Cogne selbst gibt es weiterhin ein kleines Skigebiet mit zwei Sesselliften und einer Gondelbahn.

www.funiviegranparadiso.it

Das Aostatal

Entlang des Flusses Dora Baltea zieht sich das Aostatal tief in die Alpen hinein. Es wird von vier berühmten Viertausendern flankiert, deren schneebedeckte Gipfel das Tal bekrönen. Dazu zählt auch Europas höchster Berg, der auf französischem Gebiet gelegene Mont Blanc (4807 m), den die Italiener Monte Bianco nennen. Am Ende des Val di Gressoney thronen die Gipfel des Monte-Rosa-Massivs, zwei Täler weiter streckt sich das Matterhorn (4478 m) auf schweizerischem Boden dem Himmel entgegen. Der vierte Viertausender im Bunde gilt unter geübten Hochalpinisten als verhältnismäßig einfach zu besteigen: der Grand Paradiso (4061 m). Schon in grauer Vorzeit zog man entlang der Dora Baltea durch die Alpen. Die alte Römerbrücke in der kleinen Gemeinde Point-Saint-Martin zeugt von der langen Geschichte des Tals. Mit einem eleganten Bogen verbindet sie die zwei Ortsteile und führt über die Schlucht der Lys. Ganz in der Nähe, in Donnaz, ist auch noch ein Teil der alten Römerstraße zu besichtigen. Ansonsten ist das Aostatal für viele regionale Spezialitäten bekannt, so z. B. für den »Vallée d'Aoste Jambon de Bosses«, einen Rohschinken, der mit Bergkräutern gewürzt und im gleichnamigen Ort auf 1600 m Höhe produziert wird, oder seinen Speck, den »Vallée d'Aoste Lard d'Arnad«. Beide Bezeichnungen sind herkunftsgeschützt. König der regionalen Käsesorten ist der mild aromatische Fontina, aber auch der Toma di Gressoney, der Salignon, der Seras und der Reblec sind weithin beliebt und stammen aus dem Aostatal.

SCHWEIZ/ FRANKREICH

»Von allen Wegen, die du in deinem Leben wählst, stelle sicher, dass einige von ihnen unbefestigt sind.«

John Muir

Ob man die Kraftlinien nun spürt oder nicht – San Romerio ist ein besonderer Ort in besonderer Lage.

35 Alpe San Romerio (1793 m)
Kraftplatz in der italienischen Schweiz

Zwischen den gewaltigen Gletschern des Bernina-Massivs und den Obstgärten an der italienischen Grenze liegen gerade mal 25 km Luftlinie. Valposchiavo gehört zum italienischsprachigen Teil der Schweiz. Das Tal ist tief in die Bergwelt eingeschnitten. Auf einer kleinen Hangterrasse hoch über dem Lago di Poschivao thront die Alpe San Romerio mit einem herrlichen Rundblick. Direkt am felsigen Abgrund steht die kleine Kirche San Remigio. Sie wurde im 11. Jh. erbaut. Damals stand an diesem besonderen Ort bereits ein Kloster und ein Hospiz, das Leute beherbergte. Heute kehren hier müde Wanderer im Rifugio ein, das von Gino Bongulielmi mit viel Liebe geführt wird. »Willkommen im Paradies«, sagt Gino, breitet seine Arme aus und meint es genau so. Einen Teil des Paradieses hat er selbst im Laufe der Jahre erschaffen. Neben einem Schlafsaal für 16 Personen direkt unter dem Dach warten inzwischen auch zwei Doppel-, zwei Dreibett- und ein Sechsbettzimmer auf Besucher. Das moderne Badezimmer mit zwei Duschen im ersten Stock steht allen Gästen zur Verfügung. Der Strom wird mittels Solarpaneelen und Wasserkraft erzeugt. Und selbst wenn sich der Betrieb der Waschmaschine manchmal nach dem Wetter richten muss, so ist die Alpe hinsichtlich der Stromversorgung dennoch autark. In den beiden aus Steinen aufgeschichteten Vorratskellern vor dem Haus kühlt Bergwasser die Lebensmittel. Den Bau hatte Gino nach alten Plänen in Auftrag gegeben, doch die Baufirma versagte. Also hat er selbst Stein auf Stein gelegt, so lange, bis diese perfekt ineinander verkeilt waren. Neben den Kellern liegt im Windschatten ein Gemüsegarten. Der Salat und das Gemüse werden nach Mondphasen, Sternzeichen und genauen Zeitabschnitten gepflanzt, pikiert, gepflegt und geerntet. An der Südseite der Hausmauer stehen Flaschen in der Sonne, in denen Zapfen in Schnaps angesetzt sind. Rund 50 Kühe gehören ebenfalls zur Alpe und dürfen im Sommer die Weidegebiete oberhalb des Rifugios abgrasen.

Mit San Romerio vertritt Gino einen ganzheitlichen Ansatz, und zwar vom Essen über die Versorgung bis hin zum Umgang mit seinen Gästen. Am liebsten beherbergt er diese für mehrere Nächte, denn nur dann können sie den besonderen Ort so richtig erleben und das Große im Kleinen erkennen. Drei Kraftlinien wurden hier mittels Wünschelrute entdeckt, die in der Kirche aufeinandertreffen. Eine davon führt genau durch den Speisesaal der Alpe, meint Gino. Kein Wunder also, dass die deftigen Speisen des Hauses besonders gut munden. Zutaten, die nicht aus Eigenanbau stammen, liefern Bauern aus dem Tal. Es gibt sogar einen eigenen San-Romerio-Wein, der aus lokalen Rebsorten gekeltert wird. Abends kehrt dann Stille auf der Alpe ein, außer dem Wind ist nichts mehr zu hören. Wem das zu leise ist, der fragt Gino, ob er am Ende des Tages die Kirchglocke läuten darf.

SCHWEIZ

Das romantische Kirchlein am Berg

Schon im Jahre 1055 wurde die kleine Kirche von San Romerio erstmals erwähnt. Damals lag sie auf einem wichtigen Saumweg zwischen dem Veltlin und dem Engadin. Heute steht sie am Abgrund eines Bergsturzes und unter Denkmalschutz des Kantons. In regelmäßigen Abständen finden hier katholische Messen statt. Von den Fresken in der Hauptkirche sind nur mehr Reste zu sehen, der Altar stammt von 1659. Kirchturm und Chor wurden im 15. und 16. Jh. angebaut. Der vermutlich älteste Teil der Kirche ist über ein paar Steinstufen zu erreichen. Hier verdecken ein paar Bretter einen Tunnel, der in früheren Zeiten als Fluchtweg gedient haben soll. Am 1. Oktober, dem Tag des heiligen Romedius, fällt ein Sonnenstrahl durch ein kleines Fenster in die Kirche. Erst 1998 entdeckte man zufällig die Fresken aus dem 11. Jh. an der gegenüberliegenden Wand, die durch das Licht angestrahlt wurden.

Den Kirchschlüssel erhält man in der Alpe.

ADRESSE
San-Romerio-Alpe,
Brusio, Graubünden,
Tel. +41 818 465 450
www.sanromerio.ch

ANREISE
Hinweis: Die Alpe ist nur **zu Fuß** erreichbar, Gehzeit vom Parkplatz in Piaz aus ungefähr 20 Minuten.
Öffentlich: Brusio an der Grenze zu Italien erreicht man mit der Bahn. Das Postauto fährt von Brusio bis Viano, allerdings muss man reservieren. Von Viano wandert man ca. 2 Stunden bis San Romerio. Gegen Aufpreis fährt das Postauto bis zum Parkplatz Piaz.
Mit dem Auto: Aus dem Engadin (St. Moritz) kommend über den Bernina Pass bis zum Lago di Poschiavo. Von hier führt eine kurvige, teils nicht asphaltierte Straße zum Parkplatz Piaz.
Flughafen Verona: 204 km
Flughafen Zürich: 256 km

Kulinarische Schätze im Bio-Tal
100% Valposchiavo – mit diesem Label werden ausschließlich Produkte und Speisen ausgezeichnet, deren Rohstoffe komplett aus dem Tal stammen. Das Nachhaltigkeitsprojekt entstand in Kooperation von Bauern, Gewerbe- und Tourismusverband mit dem Ziel, regionale Produkte zu stärken. Immerhin werden fast 90 % der Agrarflächen im Tal von bio-zertifizierten Betrieben bewirtschaftet – weltweit ein Rekord!

Yoga am Berg

Für den Sonnengruß stehen ein paar Gehminuten oberhalb der Alpe fünf Yoga-Plattformen aus Lärchenholz bereit. Stunden gibt nach Absprache eine Trainerin aus dem Tal oder aber man mietet sich mit seiner eigenen Yoga-Gruppe hier ein.

Termine nach Absprache mit dem Alpwirt

Mountainbike-Route Bernina Express

Die Alpe San Romerio ist ein registriertes Bike-Hotel und bietet unter anderem eine überdachte Garage für die Räder. Es stehen Werkzeuge für Notfallreparaturen bereit, und auch eine spezielle Biker-Vorspeise wird gerne serviert. Die meisten Mountainbiker, die hier vorbeikommen, befinden sich auf der Tour vom Bernina-Pass ins italienische Tirano. Dabei sind 1400 Höhenmeter bergauf und 3400 bergab zu meistern. Die Strecke folgt einem uralten Schmugglerpfad und lässt sich auch verkürzt von Poschiavo aus antreten.

Länge der Gesamtstrecke 40,8 km, 765 Höhenmeter bergauf, 1270 Höhenmeter bergab, Fahrzeit ca. 4,5 Std.

Bei Gino können die Gäste ihre eigene Polenta zubereiten und dazu auf der Valposchiavo Serpentinplatte Gemüse und Fleisch grillen.

VALPOSCHIAVO – ALPE SAN ROMERIO

Die Rätische Eisenbahn ist eine der malerischsten Bahnstrecken in der Schweiz.

 ### Anreise mit dem Bernina Express

Als dritte Bahnstrecke weltweit wurde die Bernina-Linie der Rhätischen Eisenbahn 2008 als UNESCO-Welterbe anerkannt. Auf den 122 km von Tirano bis Thusis überquert der Zug 196 Brücken, fährt durch 55 Tunnel und erklimmt den 2253 m hohen Berninapass. Das Kreisviadukt Brusio, welches von San Romerio gut zu erkennen ist, ist der brückenbautechnische Höhepunkt der Strecke. Bei der Errichtung galt es, eine extreme Höhenstufe in eine für die Eisenbahn machbare Steigung umzuwandeln. Während des Sommers werden an den Zug offene Abteile angehängt. Aus den Cabrio-Wagen sind spiegelfreie Fotos garantiert!

www.rhb.ch

 ### Lagh da Saoseo

Der vielleicht schönste Bergsee der Alpen hat eine herzförmige Kontur und liegt etwas abgeschieden im Val da Camp, einem östlichen Seitental südlich vom Berninapass. Er ist nur zu Fuß erreichbar. Wer nicht allzu weit wandern mag, fährt von Sfazu mit dem Kleinbus (Platzreservierung am Vortag!) zum Rifugio Saoseo. Von dort ist es nur noch eine knappe halbe Stunde bis zum See. Die gesamte Wanderung ab Sfazu dauert ca. zwei Stunden.

Platzreservierung unter www.saoseo.ch

 ### Der Fall Grummo

Grummo ist ein freundlicher Riese, der im Gletschergarten von Cavaglia wohnt.

Palazzo Albrici
Der 1682 vom damaligen Bürgermeister auf dem malerischen Marktplatz von Poschiavo erbaute Palazzo ging 1828 nach wechselnden Besitzern in das Eigentum der Familie Albrici über, die daraus in nur 20 Jahren das erste Hotel am Platz machte. Das imposante Patrizierhaus überzeugt auch innen mit überaus prunkvollen Räumen. Einzigartig ist der sogenannte Sibyllensaal im ersten Obergeschoss. Neben den vertäfelten Wänden und einer Kassettendecke aus der Renaissance sind hier zwölf Sibyllenbilder zu bewundern, deren genaue Herkunft unbekannt ist. Man vermutet aber, dass Baron de Bassus, einer der adligen Voreigentümer, die Bilder in Deutschland kaufte. Heute ist das Haus Mitglied der Swiss Historic Hotels und verbindet gekonnt modernen Komfort mit althergebrachtem Luxus und einem Hauch von Romantik und Nostalgie.
Hotel Albrici,
Plazza da Cumün 137,
CH-7742 Poschiavo,
Tel. +41 818440173,
www.hotelalbrici.ch

Wie Grummo ein Riese wurde, können Spürnasen spielerisch herausfinden. Ausgerüstet mit einem kleinen Bilderbuch müssen bei Infotafeln Stempel gesammelt werden. Am Ende wartet eine kleine Belohnung. Das Kindersuchquiz ist an der Tourismusinformation in Valposchiavo und Pontresina sowie in vielen Hotels und im Gletschergarten selbst erhältlich.

www.ghiacciai.info

36 Cotti Agricultura (1960 m)
Im Jurtenhotel auf der Alp Flix

Angefangen hat alles in der Mongolei – mit einer Jurte. Die gefiel Alfons Cotti so gut, dass er beschloss, sie zu kaufen. Zu Hause stellte er sie auf seinem Grund auf und vermietete sie an neugierige Gäste. Mit großem Erfolg, denn mittlerweile stehen fünf mongolische Jurten auf der Alp Flix. Die weißen Zelte mit bunt verzierten Holztüren fügen sich im Sommer perfekt in die blühenden Wiesen ein.

Leicht gebückt betritt man die Herberge und stellt schnell fest: So eine Jurte ist erstaunlich gemütlich und geräumig. In der Mitte steht ein Holzofen parat, dahinter ein Doppelbett mit rotweiß karierter Bettwäsche und ein paar extra Wolldecken, sollte es in der Nacht doch kühl werden. Mit zusätzlichen Matratzen können pro Jurte bis zu sechs Personen ohne Probleme übernachten. Die Holzstangen, welche die Seitenwände zusammenhalten, sind naturbelassen, während die Deckenstangen bunt gestrichen sind. Vom kuscheligen Bett aus sieht man durch ein Loch in der Mitte der Decke direkt nach oben. Während in der Mongolei hier der Rauch des Feuers abzieht, kann man in den Graubündner Jurten durch eine Glaskuppel freie Sicht auf den Himmel genießen. Und tagsüber gutes Licht.

Strom gibt es hier bewusst nicht, dafür wird es schnell romantisch, wenn abends die kleinen Teelichter angezündet sind und im Ofen das Feuer knistert. Wer rechtzeitig Bescheid sagt, darf auch die Sauna benützen, die direkt hinter dem Sanitärkomplex steht. In Letzterem findet man warme Duschen und WCs, bei Bedarf sind die Räume auch geheizt. Abendessen und Frühstück werden an zwei langen Holztischen im ehemaligen Stall des zugehörigen Bergbauernhofes serviert. Hier teilt man sich mit anderen Jurtengästen das liebevoll aus regionalen Zutaten zubereitete Essen und ist so schnell in ein Gespräch verwickelt. Noch ein Detail, das den Aufenthalt zu einem besonders netten Erlebnis macht! Empfehlenswert ist auch das hausgemachte Eis aus Schafmilch. Es ist herrlich cremig und so lecker, dass man sich gleich noch eine zweite Kugel gönnen sollte. Die Milch dazu stammt von den 250 Schafen, die im Stall gleich neben dem Eingang zum Alpenbeizli übernachten. Tagsüber suchen sich die Tiere auf höher gelegenen Weiden die besten Gräser und Kräuter. Zweimal täglich werden sie gemolken. Neben dem Eis wird ihre Milch zu Käse verarbeitet, den man auch kaufen kann. Einen besonderen Reiz hat die Alp Flix im Winter. Auf der weitläufigen Ebene lässt es sich sehr gut Winterwandern, rodeln oder mit den Schneeschuhen touren.

Und wenn über der frisch verschneiten Fläche die Sterne am Himmel mit den Schneekristallen um die Wette funkeln, wohnt einer Nacht in der Jurte ein ganz besonderer Winterzauber inne.

Inmitten des Parc Ela

Der Parc Ela im Herzen der Schweiz hat viel zu bieten: Auf 548 qkm Fläche vereinen sich drei Sprachkulturen (Romanisch, Deutsch und Italienisch), 19 Gemeinden, zwei Täler, drei Moorlandschaften und neun markante Ortsbilder. Dass es sich hierbei um den größten Naturpark der Schweiz handelt, verwundert also nicht. Im Tal erinnern die malerischen Dörfer mit ihren reich ausgestatteten barocken Kirchen an die Bedeutung früherer Handelsrouten. Die Alpenpässe Albula, Julier und Septimer waren wichtige Versorgungsstrecken in hochalpinem Terrain. Noch heute kann man auf den historischen Wegen wandern, so z. B. auf dem Walserweg, der auch an der Alp Flix vorbeiführt. Die Alp Flix liegt inmitten des Parc Ela, ist jedoch ein von Menschenhand geschaffenes Naturjuwel. Im 14. Jh. rodeten die Walser hier die Bäume, um die Fläche bewirtschaften zu können. Schon damals wurde die Alp ganzjährig bewohnt, so wie es auch heute wieder der Fall ist. Moorlandschaften in solchen Höhen gelten als besonderes Phänomen. In der letzten Eiszeit schürften die Gletscher die Hochebene ab und formten sanfte Hügel und Senken. Dort, wo sich das Grundwasser und das Wasser aus den Bächen ansammelte, bildeten sich Flach- und Hochmoore. Über 1000 km markierte Wanderwege und mehr als 30 Mountainbike-Touren laden zum Entdecken ein.

www.parc-ela.ch

Junge Forscher

Ausgestattet mit einem Forscherkit aus dem Tourismusbüro vor Ort, können Kinder der Natur auf der Alp Flix auf die Spur kommen. Zur Ausrüstung gehören unter anderem eine Becherlupe, ein Spinnenstaubsauger und ein Forschertagebuch. Der gut ausgeschilderte Parcours führt in rund 2 Stunden an 6 Stationen vorbei, an denen die jungen Forscher Tierspuren aus Gips gießen, ein Wasserrad bauen und Rätsel lösen können. An heißen Sommertagen steht einer Abkühlung im See nichts im Wege. Dort in der Nähe befindet sich sogar eine Grillstation.

Länge der Tour 1,7 km, 54 Höhenmeter, Gehzeit ca. 2 Std.

SCHWEIZ

ADRESSE
Cotti Agricultura,
Tgalucas 138,
CH-7456 Sur,
www.agrotour.ch

ANREISE
Öffentlich: Mit dem Postauto von Chur oder aus dem Süden über St. Moritz erreicht man die kleine Ortschaft Sur. Von hier fährt der private »bus alpin« bis zur Alp Flix. Zum Jurtenhotel sind es nur ein paar Meter über die Schotterstraße. Am einfachsten reist man trotzdem mit wenig und gut tragbarem Gepäck, denn es sind einige Stufen zu bewältigen.
Mit dem Auto: Bei der An- und Abreise darf man bis zur Unterkunft mit dem Privatauto fahren und parkt dann auf einem gebührenpflichtigen Parkplatz. Im Winter fahren auf der Alp Flix nur Schneemobile.
Flughafen Zürich: 180 km

⭐ Am Rücken der Pferde

Das Glück der Erde liegt auf dem Rücken der Pferde – und so sorgt auch ein Ausritt über die Alp Flix für Glücksmomente in den Bündner Bergen. Die zuverlässigen und trittsicheren Pferde tragen Anfänger und Fortgeschrittene durch die atemberaubende Landschaft der Flixer Hochmoore. Ihren ausgeglichenen Charakter verdanken die Tiere zu einem guten Teil der Gruppenhaltung auf der Alpweide, die ihnen viel Freiraum lässt. Ob Appaloosa, Araber, Pinto, Freiberger oder Haflinger, für jeden Gast findet sich ein passender Freund. Der 5 km lange Rundritt über die Hochebene ist für Reiter jeglichen Könnens geeignet. Neben schönen Ausblicken kommt man auch in den Genuss toller Galoppstrecken. Noch mehr Landschaft gibt es bei einer zweitägigen Reittour mit Übernachtung auf der Alphütte Somtgant zu entdecken, bei der es zunächst hinab nach Savogin und dann durch das Val Nandro zurück auf die Alp Flix geht.

Wanderritte buchbar bei Cotti Agricultura

Über den Orgelpass zur Alp Flix

Ausgangspunkt der Wanderung ist Plang la Curvanera. Den Ort erreicht man einmal wöchentlich in den Sommermonaten mit dem Wanderbus, vorausgesetzt, man reserviert am Vorabend. Die Tour führt zunächst über Plang Begls zum Lai Tigiel (2462 m). Der glasklare Bergsee ist eingerahmt von den Gipfeln des Piz Mitgel, des Tinzenhorns und der Piazza Grossa. Von dort steigt man über ein Geröllfeld hinauf zum Pass digls Orgels, dem Orgelpass (2692 m). Ein Blick auf die Felsen erklärt den Namen. Auf der Höhe wandert man weiter zum Pass d'Ela (2723 m), von dem aus man die Spitze des Piz Ela erblickt, Namensgeber des Naturparks. Danach geht es durch karges Gebiet, ähnlich einer Mondlandschaft, über die Furtschela da Colma Region und Falotta zurück zur Alp Flix. Für starke Wanderer ist der Piz Colom ein möglicher Gipfelabstecher!

Länge der Tour 22 km, 1800 Höhenmeter bergauf, 1700 bergab, Gehzeit ca. 7,5 Std.

Ob das Glück dieser Erde wirklich auf dem Rücken der Pferde liegt? Das lässt sich nur selbst herausfinden, beispielsweise bei einem Ausritt mit Alfons Cotti.

ALP FLIX – COTTI AGRICULTURA

Genuss im Berghaus Piz Platter

»Überall hat man die Uhr, wir haben die Zeit.« Werner und Renska Strauß sind ein Herz und eine Seele, und sie sind das Herz und die Seele des Berghaus Piz Platter, das die beiden 2012 gepachtet und 2013 gekauft haben. Schon beim Betreten des etwas ungewöhnlichen Gasthofs nehmen den Besucher die köstlichen Düfte aus der Küche gefangen. Werner, ein gebürtiger Österreicher aus Graz, ist gelernter Koch und hat die Kunst der Zubereitung leckerer Speisen aus regionalen Erzeugnissen auf der Alp Flix perfektioniert. Die Heusuppe und das Müsli sind so beliebt, dass man die Zutaten dafür als Souvenir in dem kleinen angeschlossenen Shop erwerben kann. Genauso die Konfitüren und feinen Salzmischungen, die man abends in variierender Zusammenstellung mit einem Stück Brot und gutem Olivenöl verkosten kann, ehe es an das viergängige Abendmenü geht. Die Gästezimmer befinden sich in den oberen Stockwerken und im Keller, am schönsten wohnt es sich in der Junior-Suite unter dem Dach. Drei große Panoramafenster, eine freistehende dunkelrote Badewanne und eine gemütliche Sitzecke laden zum Verweilen ein. »Wir haben nichts, aber davon viel«, meint Werner. Seine Gäste suchen die Erholung, das Loch im Mobilfunknetz und den bewussten Genuss. Beispielsweise bei einem guten Glas Wein am Abend aus dem fein sortierten Weinkeller …

Berghaus Piz Platter,
Alp Flix, CH-7456 SUR
Tel. +41 81 659 19 29,
www.flix.ch

 Zum Lunghinpass (2644 m)

Vom Lunghinpass aus steht einem Regentropfen der Weg in drei Weltmeere offen. Denn hier entspringen drei Flüsse: Die Eva da Sett fließt in die Julia und später in den Rhein, welcher schlussendlich in die Nordsee mündet. Auch der Inn nimmt hier seinen Anfang und zieht über das Engadin nach Tirol und Passau, wo er in die Donau übergeht. Diese mündet in Rumänien im Schwarzen Meer. Der dritte Fluss, der am Lunghinpass seinen Ursprung hat, ist der Maira. Er fließt durch das Bergell hin zum Po, der wiederum in Venetien in der Adria endet. Die einzige dreifache Wasserscheide in Europa lässt sich im Zuge einer Tageswanderung besuchen. Dafür nimmt man am Ende des Dorfes Bivio den Weg in Richtung Septimerpass. Kurz bevor das Ziel erreicht ist, zweigt ein Pfad zum Lunghinpass ab. Wem der Anstieg zum Pass nicht ausreicht, geht weiter zum Piz Lunghin, von dem sich herrliche Ausblicke ins Engadin bieten.

Lunghinpass (ohne Gipfel): Länge der Tour 14 km, 920 Höhenmeter, Gehzeit ca. 5 Std.

 Die Barock-Kirchen von Savognin

Der Ort Savognin wartet mit sage und schreibe drei Barockkirchen auf: In »Son Martegn« lockt das Kuppelgemälde »La Gloria del Pariso«, das Gott, Jesus, Maria und Josef inmitten einer Engelsschar zeigt. Die Kirche dominiert das Dorfbild und gehört zu den wichtigsten Barockbauten Graubündens. Sieben konzentrische

Saisonale Küche: Feinschmecker sollten das Berghaus Piz Platter aber unabhängig von der Jahreszeit auf dem Programm haben.

Kreise schaffen die Illusion einer hoch aufsteigenden Rundkuppe und symbolisieren damit das Paradies. Zur Ausstattung der Marienkirche »Nossadonna« hingegen zählen fünf vergoldete Barockaltäre und eine ebenfalls prächtig ausgemalte Decke. Neben Gottesdiensten finden hier auch gelegentlich klassische Konzerte statt. Etwas bescheidener nimmt sich die »Son Mitgel« im Norden des Ortes aus. An der Stelle der heutigen Michaelskirche gab es bereits im Mittelalter zwei Vorbauten, der Unterbau des Turms zwischen Chor und Mittelschiff stammt sogar aus römischer Zeit. Jedes Gotteshaus ist einem anderen Heiligen gewidmet. Es lohnt sich, die Architektur und Kunstwerke im Inneren genauer in Augenschein zu nehmen.

www.savognin.ch

Rustikal und abenteuerlich:
Eine Nacht am Segnespass ist ein
einzigartiges Erlebnis!

37 Mountain Lodge (2672 m)
Biwak am Segnespass

Die ehemalige Militärbaracke am Segnespass zählt zu den ältesten Berghütten der Region. Und sie liegt mitten im UNESCO-Welterbe Tektonik Arena Sardona. Hier ist die Entstehung der Alpen so deutlich zu sehen wie kaum anderswo. Beim Zusammenstoß der beiden Kontinente Afrika und Europa schoben sich vor 250–300 Mio. Jahren ältere Erdmassen auf eine viel jüngere Gesteinsschicht. Was damals weit unter der Erdoberfläche stattfand, ist heute hoch oben im Gebirge in Form der Glarner Hauptverschiebung zu bestaunen. So z. B. auf dem Piz Segnes und Piz Sardona an der Grenze zwischen dem Kanton Glarus und St. Gallen. Die Gipfel beider Berge bestehen aus sehr alten Gesteinen der Verrucano-Decke, die bei der Auffaltung der Alpen über die jüngeren Schichten geschoben wurden. Hierhin führt kein offizieller Wanderweg. Einheimische verraten bei Interesse aber dennoch, wo es für geübte Bergsteiger nach oben geht. Auch beim Aufstieg von Naraus zur Mountain Lodge sieht man mit etwas Wetterglück die Glarner Hauptverschiebung, dazu das spektakuläre Martinsloch. Gut 6 m breit und 18 m hoch ist der berühmte Durchbruch in der Bergkette der Tschingelhörner auf 2600 m. Jedes Jahr im Frühling und im Herbst fällt die Sonne an einigen Tagen morgens für ein paar Minuten durch das Loch auf den Kirchturm von Elm. Der Zustieg zum Martinsloch über einen unmarkierten Weg bleibt geübten Wanderern vorbehalten.

Die Mountain Lodge befindet sich nur einige hundert Meter weiter rechts und bietet sich zur Einkehr oder als Übernachtungsmöglichkeit geradezu perfekt an. Auf der Hütte schläft man in rustikalem Umfeld auf geschichtsträchtigem Boden. Das einfache Matratzenlager ist gut geheizt, die Schlafsäcke warm und das Abendessen dreigängig. Und das, obwohl sämtliche Lebensmittel mit dem Helikopter gebracht werden müssen. Der Landeplatz liegt ein paar Meter von der Hütte entfernt auf einem unscheinbar kleinen Flachstück am Segnespass. Gelagert wird alles in einem kleinen Raum zwischen Hausmauer und Fels, hier bleiben die Waren schön kühl und frisch. Die Sanitäranlagen der Mountain Lodge sind spartanisch: Es gibt ein Waschbecken am Eingang mit Wasser aus dem Tank und Seife. Auf der Suche nach der Toilette muss man die vier Wände verlassen und dem Weg zum Dixieklo folgen. Für abenteuerlustige Explorer genau das Richtige! Wer wissen will, wie sich so ein Besuch im Militärbunker ab den 1970er-Jahren angefühlt hat, der sollte einen Blick ins Hüttenbuch werfen. Hier finden sich Aufzeichnungen zu diversen Wartungsarbeiten, Gewittern und Schneestürmen, aber auch zu dem ein oder anderen vorzüglichen Gulasch. Trotzdem, die Unbequemlichkeiten nimmt man gerne in kauf – spätestens dann, wenn man bei Sonnenuntergang auf der Terrasse sitzt und den einmaligen Ausblick vom Logenplatz in den Alpen genießt.

SCHWEIZ

 ### Zustieg zur Mountain Lodge

Der Weg von Flims zum Segnespass ist lang und kräftezehrend. Nur gut, dass es heutzutage eine Steighilfe gibt! So fährt man mit der Gondel von Flims nach Foppa und nach kurzem Umstieg weiter nach Naraus (1842 m). Von dort führt ein Panoramaweg in ca. zwei Stunden zur Segneshütte. Durch grüne Wiesen und vorbei an mehreren Wasserfällen geht es zunächst relativ eben durch den unteren Segnesboden weiter, bevor man an dessen Ende auf steilem Pfad über schroffen Fels und vorbei am Martinsloch zur Lodge ansteigt.

Länge der Tour 8 km, 1000 Höhenmeter, Gehzeit ca. 4–5 Std.

ADRESSE
Mountain Lodge,
Tektonikarena Sardona,
Tel. +41 797040594,
www.segnespass.ch

ANREISE
Hinweis: Die Mountain Lodge ist **nur zu Fuß** erreichbar (siehe Text).
Öffentlich: Mit der Bahn bis Chur. Von hier verkehren regelmäßig Postbusse nach Flims und Laax. Wer mit der Rhätischen Bahn anreist, steigt in Ilanz aus und in den Postbus um.
Mit dem Auto: Von Zürich über die A3/A13 in Richtung Chur bis zur Ausfahrt Reihenau. Über die Route 19 geht es in ca. 30 Minuten nach Flims.
Flughafen Zürich: 142 km

 ### Trutg dil Flem – der Flimser Wasserweg

Der Flimser Wasserweg ist eine Wanderung für alle Sinne. Er kann in beide Richtungen begangen und mit dem Abstieg vom Segnespass kombiniert werden. Aus dem Tal wandert man zunächst durch einen Wald zur Schlucht. Hier kann man erstmals die bizarren, vom Wasser ausgewaschenen Felsformationen bewundern. Über insgesamt sieben unterschiedlich gestaltete Brücken geht es dann immer entlang des rauschenden Flems über Almwiesen nach oben zur Segneshütte, welche regionale Spezialitäten wie Pizokel auftischt. Nur ein paar Minuten weiter beginnt der untere Segnesboden, eine Ebene, von der sich grandiose Ausblicke auf die imposanten Tschingelhörner mit dem Martinsloch bieten. In einem kleinen Schaukasten steht Bienenhonig zum Verkauf bereit, die zugehörigen Bienenstöcke befinden sich unmittelbar dahinter. Der Wasserweg kann mithilfe der drei Bergstationen Foppa, Naraus und Grauberg in geruhsame Etappen unterteilt werden.

Länge der Tour 9,1 km, 1260 Höhenmeter, Gehzeit ca. 4-5 Std.

 ### Pinut – am ältesten Klettersteig der Welt

Bereits im 18. Jh. kletterten die Bauern aus dem Tal die steilen Wände des Flimsersteins empor. Dies aber nicht aus Sportsgeist, sondern aus der Not geboren: Die Gras- und Waldstücke zwischen den Felspartien sollten das bitter benötigte Futter für die Tiere einbringen. Nach und nach wurde der wagemutige Steig mit Eisenketten versichert. Heute ist es der älteste Klettersteig der Schweiz, der mit einer Klassifizierung von A–B als geeignet für Anfänger und Kinder eingestuft wird. Nur vor Leitern sollte man keine Angst haben, denn diese sind auf den rund 700 m Höhenunterschied zahlreich zu bewältigen. Geradezu einzigartig ist das Klettererlebnis bei Sonnenaufgang oder Vollmond. Wer sich beim Abstieg einiges an Strecke und Höhenmetern ersparen will, wählt den Weg über die »Scala Mola« nach Bargis und nimmt den Shuttlebus zurück nach Flims.

Schwierigkeitsgrad A–B, 930 Höhenmeter, Steigzeit 3,5 Std, mit Zustieg 4 Std., Abstieg je nach Route, www.klettersteig-flims.ch

 ### Zu den Gletschermühlen

Ungewöhnlich schön und außergewöhnlich kalt: Die Gletschermühlen der Alp Mora bieten die vielleicht schönste Form der Abkühlung nach einer hochsommerlichen Wanderung. Aber auch an kühleren Tagen zahlt sich der Anstieg von Bargis zur Alp Mora aus, denn der Panoramaweg über die Alp Lavadignas führt vorbei an imposanten Felswänden. Beim Aussichtspunkt Plaunca Dira wird die Anstrengung mit einem Weitblick von der Silvretta bis hin zum Oberalppass belohnt. Danach wandert man weiter ins Hochtal Muletg und passiert dabei die Lawinenverbauungen von Platt'Alva. Nun sind es nur noch wenige Minuten bis zu den Gletschermühlen. Dabei handelt es sich um soge-

FLIMS – MOUNTAIN LODGE SEGNESPASS

Geheimtipp: Die eiskalten Wasserbecken in den Gletschermühlen auf der Alp Mora bieten an heißen Sommertagen nach dem schweißtreibenden Anstieg eine willkommene Abkühlung.

nannte Strudelkolke, die der Bergbach aus dem Stein herausgeschliffen hat. In den Becken mit glasklarem, türkisem Wasser kann gebadet werden – auch wenn die eisigen Wassertemperaturen meistens nur ein kurzes Badevergnügen erlauben.

Länge der Tour (mit Abstieg nach Trin) 18 km, 870 Höhenmeter bergauf, 1550 bergab, Gehzeit ca. 6,5 Std.

Caumasee und Crestasee

Die Region rund um Flims hat im Sommer so einiges zu bieten, unter anderem traumhafte Wandermöglichkeiten an türkisblau leuchtenden Bergseen. Einer davon ist der idyllische Caumasee. Hier kann man überdies zu einer kleinen Insel schwimmen, oder man macht es wie die Einheimischen und springt einmal vom Felsen inmitten des Sees ins Wasser. Daher stammt auch das Bild der athletischen Frau, das noch heute das Logo des Ortes Flims ziert. Am Cauma- wie auch am ebenso schönen Crestasee können Ruderboote oder Stand-Up Paddles geliehen werden, am Crestasee gibt es zudem eine öffentliche Grillstelle. Der Besuch beider Seen ist gebührenpflichtig.

www.caumasee-flims.ch

Die Rheinschlucht

Den »Swiss Canyon« kann man zum einen von oben bestaunen, beispielsweise von der Aussichtsplattform »Il Spir«. Der Name kommt aus dem Romanischen und steht für Mauersegler. Oder aber man möchte dem Wasser näher kommen und nimmt an einer Wildwasser-Raftingtour teil. Ab Versam wird der Fluss von April bis Oktober befahren. Ob mit Schlauchboot, Kajak oder Kanu entscheidet der Teilnehmer. Neben Wildwasserstrecken gibt es auch ruhigere Flussabschnitte, auf denen man die steilen Felsen und ihre Bewohner wie Gämsen oder Flussregenpfeifer mit mehr Muße betrachten kann. Im Übrigen lässt sich die Rheinschlucht auch gut zu Fuß erkunden. Einer der vielen gut markierten Wanderwege führt von Versam aus etwa 1,5 Std. flussaufwärts.

www.rheinschlucht.ch

Mystische Steinkreise in Falera

Das autofreie Falera ist der ruhigste der drei Orte, welche im Sommer unter dem Sammelbegriff »Flims« und im Winter unter »Laax« vermarktet werden. Trotz der touristischen Entwicklung ist Falera ein Bauerndorf geblieben. Wer dorthin kommt, sollte genauer hinhören: Eine (leider schwindende) Mehrheit spricht im Alltag immer noch Rätoromanisch. Nahe der Kirche St. Remigius weist ein aus Menhiren gesetzter Steinkreis auf einen frühgeschichtlichen Kultplatz hin. Die Anlage entstand in der Bronzezeit (1600–1200 v. Chr.) und ist die größte Megalithanlage in der Schweiz. Sie steht unter Denkmalschutz. Auf der Website findet man weitere Informationen und Kontaktmöglichkeiten für Führungen.

www.parclamutta.falera.net

38 Cervo Mountain Boutique Resort (1663 m)
Das Matterhorn zum Greifen nah

Wer ungewöhnliche Berge liebt, wird sich am Matterhorn nicht satt sehen können. Zermatt, das kleine Dorf am Fuße des wohl berühmtesten Gipfels der Schweiz, bietet dafür die perfekte Aussichtsplattform. Zwischen Dorfrand und Skipiste verstecken sich unter hohen Nadelbäumen sechs exklusive Chalets mit Blick auf das Matterhorn. Im Winter setzt man den letzten Schwung direkt vor dem Restaurant des 5-Sterne-Designhotels. Ideal, um auf einen Apero einzukehren. Die fast schon legendären Cervo-Fries (Pommes mit Trüffelöl) vollenden den Sonnenuntergang. Das »Cervo Puro« serviert alpine Gerichte mit norditalienischem Touch und wurde für seine hervorragende Küche mit 14 Gault-Millau-Punkten ausgezeichnet. »Ferdinand«, das zweite Restaurant des Hauses, ist in einem eigenen kleinen Holzchalet untergebracht. Das junge Szenelokal hat sich auf Käsefondue spezialisiert und bietet die hauseigenen Mischungen sogar zum Mitnehmen an. Nach dem Essen zieht man sich dann gerne aufs Zimmer zurück. Die Einrichtung ist modern, erinnert manchmal an ein klassisches Alpenchalet, dann wieder an ein Jagdhaus und überrascht oft mit Details. Natürliche Materialien wie Filz, Loden, Holz und Stein geben den Ton an. Besonders luxuriös wohnt es sich z. B. in der Signature Spa Suite samt Terrasse mit Whirlpool und Dampfbad. Doch auch so gibt es pro Chalet einen eigenen Wellnessbereich, der nur für die Bewohner des Hauses zugänglich ist. Dank Sauna, Sanarium, Außenwhirlpool, Kneippbecken, Massage- und Ruheraum finden Körper und Geist hier gleichermaßen Erholung – und auf der Terrasse mit Matterhornblick das perfekte Bergpanorama.

ZERMATT – CERVO MOUNTAIN BOUTIQUE RESORT

Das Matterhorn (4478 m)

Der vermutlich meistfotografierte Berg der Welt macht es seinen Bewunderern nicht leicht: Je nach Sonnenschein ändern sich die Lichtverhältnisse im Sekundentakt und lassen die Speicherkarte der Kamera nur allzu rasch voll werden. Besonders schön ist der Anblick am frühen Morgen, wenn die aufgehende Sonne die Spitze des Berges erstrahlen lässt, der dabei an ein brennendes Streichholz erinnert. Nur wenige Minuten später ist dann schon das ganze Matterhorn in Sonne getaucht. Bis zu 3000 Bergsteiger versuchen jedes Jahr, seinen markanten Gipfel zu erklimmen. Die meistbegangene Route führt über den Hörnligrat nach oben. Allerdings verging seit der Erstbesteigung anno 1865 kein Jahr, in dem nicht zumindest ein tödlicher Unfall vorgekommen wäre. Viele Gipfeljäger überschätzen die Strapazen. Im Durchschnitt dauert der Aufstieg über 1218 Höhenmeter von der Hörnlihütte (3260 m) aus acht bis neun Stunden. Der Weltrekord wurde vom Schweizer Dani Arnold aufgestellt: Er benötigte für den Aufstieg über die Nordwand zum Gipfel nur eine Stunde und 46 Minuten!

www.zermatt.ch/matterhorn

Man muss nicht unbedingt Hausgast sein, um sich auf der Terrasse des Cervo mit Blick auf das Matterhorn mit köstlichen Schmankerln verwöhnen zu lassen.

Klein Matterhorn (3883 m)

Im Gegensatz zum »echten« Matterhorn, kann das kleine Matterhorn ganzjährig mit der Seilbahn besucht werden. Die höchstgelegene Bergbahnstation Europas auf 3883 m Höhe lockt mit einer Aussichtsplattform, dem »Matterhorn glacier paradise«. Das Panorama auf die italienischen, französischen und Schweizer Bergriesen ist phänomenal. Der Mont Blanc, der höchste Berg Europas, scheint zum Greifen nah. Am angrenzenden Theodulgletscher ist das Skigebiet ganzjährig geöffnet, sodass hier immer wieder auch Nationalmannschaften trainieren. Unter die Tagestouristen und Skifahrer mischen sich Hochalpinisten, die von hier aus mit der Besteigung der umliegenden Gipfel, wie z. B. dem Breithorn (4164 m), beginnen. Im Gletscherfeld zwischen Klein Matterhorn und Breithorn befindet sich ein künstlich erschaffener »Gletscher Palast«, der Teil der Erlebniswelt ist. Rund 15 m unter der Oberfläche gelegen, kann man hier auf eindrucksvolle Weise »das Innere« eines Gletschers erkunden.

www.matterhornparadise.ch

Zermatlantis

Das Museum im Zentrum von Zermatt nimmt den Besucher mit auf eine kleine Zeitreise. Die unterirdische Museumswelt zeigt das »alte Zermatt«, so wie es einmal war. Rund um einen Dorfplatz sind Originalgebäude aus Zermatt gruppiert. Geordnet nach historischen Themenbereichen geben sie einen guten Einblick in das damalige Leben in den Bergen. Im Bergführerhaus wird dann das Drama rund um die Erstbesteigung des Matterhorns im Jahre 1865 erzählt. Das zerrissene Seil aus jenen Tagen lässt den Betrachter erschauern und staunen. Wechselnde Sonderausstellungen vervollständigen das Angebot.

Kirchplatz, CH-3920 Zermatt,
Tel. +41 279 674 100, Mo–So 15–18 Uhr,
www.zermatt.ch/museum

SCHWEIZ

📷 Hinterdorf

Im »Hinterdorf« findet man rund 30 alte Gebäude des ursprünglichen Zermatt. Die Wohnhäuser, Ställe und Stadel gehen auf das 16. bis 18. Jh. zurück. Die meisten Häuser sind aus Lärchenholz gebaut, das aus den Wäldern rund um Zermatt stammt. Sein hoher Gehalt an Harz macht es widerstandsfähig gegen Schädlinge.

> **ADRESSE**
> Cervo Mountain Boutique Resort,
> Riedweg 156,
> CH-3920 Zermatt,
> www.cervo.ch/de
>
> **ANREISE**
> **Öffentlich:** Mit der Bahn bis Visp, von wo es mit der Matterhorn-Gotthard-Bahn weitergeht. Die Schmalspur-Zahnradbahn überwindet knapp 1000 Höhenmeter bis ins Zentrum von Zermatt. Hier wird man vom hoteleigenen Elektro-Shuttletaxi abgeholt. Die Zugfahrt ist wunderschön, das Matterhorn sieht man allerdings erst kurz vor der Ankunft in Zermatt.
> **Mit dem Auto:** Zermatt lässt sich besser mit der Bahn als mit dem Auto erreichen, denn Zermatt ist ohnehin verkehrsberuhigt. Bis Täsch ist die Zufahrt jedoch erlaubt, hier lässt man sein Auto in der Parkgarage stehen und fährt mit der Bahn, dem Taxi oder dem Limousinen-Service weiter.
> **Flughafen Genf:** 227 km
> **Flughafen Mailand:** 189 km
> **Flughafen Zürich:** 253 km

Unzählige Male fotografiert, immer wieder schön: Die Bilder vom Stellisee (2537 m) mit Matterhorn-Spiegelung gehen um die Welt.

Wind, Wetter und Sonneneinstrahlung haben die Hölzer im Laufe der Jahrhunderte natürlich schwarz gefärbt. Dunkle Außenwände haben den Vorteil, dass die Wärme besser gespeichert wird. Zu sehen sind weiterhin alte Speicher, in denen man früher Lebensmittel wie Trockenfleisch aufbewahrte. Die engen Gässchen und prächtigen Gebäude des alten Dorfes sind wunderschöne Fotomotive. Führungen bietet der örtliche Tourismusverband an.

Zermatt Tourismus, Bahnhofplatz 5,
CH-3920 Zermatt, www.zermatt.ch

🏔 Am Gornergrat (3089 m)

Mit der Zahnradbahn geht es vom Bahnhof Zermatt (1620 m) direkt auf den Gipfel des Gornergrats. Die Fahrt dauert in etwa eine halbe Stunde, dabei überwindet man auf spektakuläre, aber bequeme Art 1469 Höhenmeter. Die Strecke führt durch dunkle Tunnel und über eindrucksvolle Brücken, vorbei an Lärchenwäldern, Schluchten und Bergseen. Der Ausblick auf das Monte-Rosa-Massiv, die Dufourspitze und den Gornergletscher bleibt unvergesslich. Sage und schreibe 29 Berge, die mehr als 4000 m in die Luft ragen, sind zu bewundern. Am Gornergrat selbst befindet sich das höchstgelegene Hotel der Schweizer Alpen, ein Restaurant, eine Sternwarte und eine Shopping-Mall. Mit etwas Glück sieht man im Sommer bei der Aussichtsplattform der Bergstation Steinböcke. Spezielle Sonnenaufgangsfahrten oder Sonnenuntergangs-Abendessen bieten besonders schöne Fotomotive.

 www.gornergratbahn.ch

⭐ Der Sternenhimmel über den Alpen

Die Sternwarte am Gornergrat diente jahrzehntelang diversen Forschungszwecken. Heute ist sie für die Öffentlichkeit zugänglich und soll dazu anregen, die Faszination des Universums zu entdecken. So eröffnen zwei Spiegelteleskope einen genaueren Blick auf den Mond, die Planeten und ferne Galaxien. Während die elektronische All-Sky-Kamera mit Fischaugenobjektiv der globalen Betrachtung des Himmels dient, erlaubt das astronomische Teleskop das Aufspüren sogenannter »Deep-Sky-Objekte«. Gesonderte Veranstaltungen wie »Dining with the stars«

ZERMATT – CERVO MOUNTAIN BOUTIQUE RESORT

geben zudem die Möglichkeit, nicht nur den Nachthimmel über Zermatt näher zu erkunden, sondern zugleich den Gaumen mit einem »Fondue Chinoise« und einem leckeren Dessert zu verwöhnen.

stellarium-gornergrat.ch

Am 5-Seen-Weg

Mit der Standseilbahn geht es unterirdisch von Zermatt bis Sunnegga und weiter mit der kombinierten Gondel-Sesselbahn zum Blauherd. Eine gerade an heißen Tagen lohnenswerte Tour führt vorbei am Stellisee, Grindjisee und Grünsee über die Moräne des Findelgletschers zur Riffelalp. Stets im Blick – das eindrucksvolle Matterhorn. Die Seen bieten nicht nur willkommene Abkühlung, sondern auch wunderbare Fotomotive. Klassiker dabei ist die Spiegelung des Matterhorns auf der Wasserfläche des Stellisees, vorzugsweise am frühen Morgen, wenn es noch windstill ist. Von der Riffelalp geht es mit der Gornergrat-Bahn zurück nach Zermatt.

Länge der Tour 9,3 km, 286 Höhenmeter bergauf, 575 bergab, Gehzeit ca 2,5 Std.

Chez Vrony in Findeln (2130 m)

Kulinarisches Highlight des Skitages im Gebiet Sunegga ist der Einkehrschwung bei Chez Vrony. Das hier angebotene Fleisch stammt aus biologischer Eigenerzeugung, wobei die Tiere ausschließlich bestes Alpengras angeboten bekommen. Ob Hauswurst oder Alpkäse, alles wird nach uralten, überlieferten Rezepten hergestellt. Dazu gesellen sich frische Zutaten vom regionalen Markt. Auch wenn die Hütte auf den ersten Blick relativ klein wirkt, so bieten die vielen Winkel und Ecken des Hauses die Möglichkeit, die Besucher gemütlich unterzubringen und zu bewirten. Ein am Tisch mit anderen Gästen geteiltes Käsefondue und ein gutes Glas Wein von der erlesenen Weinkarte runden den Besuch perfekt ab. Im Winter erreicht man die Hütte mit Ski oder Schneeschuhen, im Sommer ist es eine einfache Wanderung. Allerdings sollte man rechtzeitig reservieren, da Chez Vrony nur untertags geöffnet ist.

Findeln, CH-3920 Zermatt, Tel. +41 027 967 25 52, Juni–Okt. 9.15–18, Dez.–April 9–16 Uhr, www.chezvrony.ch

Grillieren nach Herzenslust

Im gesamten Tal rund um Zermatt gibt es mehrere Feuerstellen, an denen man ohne Anmeldung sein eigenes Grillgut zubereiten darf. »Grillieren« ist bei Schweizer Familien nämlich überaus beliebt, und so werden dann auch genügend sichere Plätze in freier Natur zur Verfügung gestellt. Um Brennholz muss man sich nicht kümmern, man darf sich einfach vor Ort bedienen. Tische und Bänke stehen manchmal auch schon bereit, nur Zündhölzer und Zeitungspapier sollte man selbst mitbringen. Nicht zu vergessen das Grillgut! Genauere Informationen über die Orte samt deren jeweiliger Ausstattung (WC, Brunnen etc.) findet man auf der Website des Tourismusverbands.

www.zermatt.ch

Die Sonnenterrasse bei Chez Vrony ist mehr als beliebt. Kein Wunder: Die herzliche Bewirtung wie auch köstliche Speisen und Getränke sorgen für gute Stimmung.

39 Whitepod (1400 m)
Rundumblick in die Walliser Berge

Wer ein Faible für außergewöhnliche Unterkünfte hat, der ist bei Whitepod genau richtig: Auf einer Walliser Almwiese mit bestem Blick auf die Berge ringsum warten 19 igluförmige Bauten auf neugierige Besucher. Im Sommer tragen sie ein grünes Kleid, im Winter eine weiße Hülle, um sich besser in die Landschaft einzufügen. Das Abenteuer beginnt schon an der Rezeption, die etwa 15 Minuten unterhalb am Berg liegt. Dort wird man mit einem Rucksack, einer Übersichtskarte, einer Stirnlampe und einem Fernglas ausgestattet und wandert anschließend auf eigene Faust zum Iglu. Die Ausstattung der ungewöhnlichen Behausung überrascht mit einem großzügigen Bett mit Ausblick auf die transparente Vorderfront, einem sich selbst regulierenden Ofen und einem komfortablen, abgetrennten Badezimmer mit Dusche und WC. Es dominieren natürliche Materialien, die Holzwände sind mit alten Fotomotiven geschmückt. Auf einem kleinen Beistelltisch steht ein Teekocher, zwei Stühle und ein Tischchen direkt am Fenster laden zum Erholen ein. Für Schönwettertage gibt es zwei Liegestühle auf der Plattform vor dem Iglu, die zugleich als Terrasse fungiert.
Die Iglus sind aus Stahlstangen und wetterfesten Planen konstruiert, eine dreifache Isolierschicht hält die Wärmeverluste in Grenzen. Immerhin sind die Whitepods auch im Winter bewohnbar. Der automatische Ofen wird mit Pellets aus der Region beheizt. Auch ansonsten

bemüht man sich an allen Ecken und Enden, dem Anspruch an ein Eco-Luxury Hotel nachzukommen. In den Iglus ist auf Mülltrennung zu achten, die Reinigungsprodukte sind 100% biologisch abbaubar, die Toilettenartikel tragen das »EU-Ecolabel«, und die Lebensmittel stammen von regionalen Produzenten, vorzugsweise weitgehend unverpackt. Vier der 19 Pods wurden als thematische Suiten konzipiert: Im »Swiss Pod« empfangen den Gast massive Holzbalken und Kuhglocken, der »Wald Pod« ist durch sein Interieur aus Birkenstämmen gekennzeichnet, »007« überzeugt durch schlichte Eleganz, und der »Zen Pod« erinnert an japanisches Design. Die Suiten verfügen über eine private Sauna und eine kleine Bar, das Frühstück wird im Pod serviert. Alle anderen finden diese Annehmlichkeiten im Haupthaus, das als zentraler Angelpunkt inmitten der Pods gelegen ist. Bei Schönwetter ist das Frühstücksbüfett mit regionalen Köstlichkeiten auf der sonnigen Terrasse angerichtet. Die Tee- und Kaffeepause am Nachmittag stillt den kleinen Hunger zwischendurch mit Mehlspeisen und Obst. Das Abendessen nimmt man schließlich in dem urigen Restaurant »Les Cerniers« direkt neben der Rezeption ein. Zusätzlich zu verschiedenen Menü-Vorschlägen stehen auch regionale Spezialitäten wie Käsefondue und kalter Aufschnitt auf der Speisekarte. Und weil man im Urlaub nicht nur schläft und isst, verlockt ein vielfältiges Zusatzprogramm z. B. zu geführten Hundewanderungen, Tandemflügen und E-Bike-Touren. Besonderes Special: der hauseigene Skilift!

Direkt vor der Haustür

Direkt von den Whitpods aus starten zwei gut markierte Rundwanderwege durch den Wald. Die kürzere »Waldtour« ist einfach und ohne große Höhenunterschiede zu bewältigen, die »Chindonne-Tour« führt ein Stück höher auf den Berg. Gipfelstürmer können weiter zum Dent de Valerette (2058 m) aufsteigen. Für die Entspannung der Muskeln sorgen danach ein Saunagang und eine Massage aus dem hauseigenen Angebot, für Suite-Bewohner ist diese auch im eigenen Pod buchbar.

Waldtour: Länge der Tour 10 km, ca. 200 Höhenmeter, Gehzeit ca. 1,5 Std.
Chindonne-Tour: Länge der Tour 12 km, ca. 320 Höhenmeter, Gehzeit ca. 2,5 Std.

Zeugen der Eiszeit

Zwischen Monthey und Collombey gibt es riesige Findlinge zu sehen. Die jeweiligen Steine wurden vor langer Zeit durch den damaligen Gletscher hierher transportiert und zeugen somit von der letzten Eiszeit. Insgesamt acht Schilder erzählen auf dem Naturlehrpfad die Geschichte und den Ursprung der geschützten Steinblöcke.

Länge der Tour 4 km, 90 Höhenmeter bergauf, 225 bergab, Gehzeit ca. 1 Std.

Rund um die Dents du Midi

Die mehrtägige »Tour des Dents du Midi« führt von Champéry aus in drei Etappen einmal komplett um das markante Bergmassiv. Die Umrundung der ca. 2 km langen Bergkette mit ihren sieben Gipfeln ist allerdings nur für sportlich ambitionierte Tourengeher in drei Tagen machbar. Wer die grandiose Landschaft mit mehr Ruhe genießen will, sollte einen Tag zusätzlich einplanen, einen weiteren, wenn die Besteigung des Haute Cime (3257 m) geplant ist. Der Zustieg zum höchsten der sieben Gipfel liegt direkt am Weg und zählt zu den Höhepunkten der Wanderung. Da es unterwegs genügend Unterkünfte gibt, sind die Tagesetappen individuell planbar.

Länge der Gesamttour 52,6 km, 5053 Höhenmeter, Gehzeit ca. 24,5 Std., aufgeteilt in mindestens 3 Tagesetappen,
 www.dentsdumidi.ch/de

SCHWEIZ

 Aussichtsreiche Radtour von Monthey nach Champéry

Das Val d'Illiez hat eine perfekte Radtour mit Aussicht auf die Dents du Midi zu bieten. Startpunkt ist Monthey, von dort führt eine kurvige Straße nach Val d'Illiez. Am Weg liegt die Gemeinde Troistorrents, die viele Profisportler hervorgebracht hat, unter anderem den Radfahrer-Champion Steve Morabito. Die kleine Bäckerei am gepflasterten Dorfplatz hinter der Kirche ist der ideale Stopp für eine Wegzehrung. Zurück geht es von Champéry mit dem Regionalzug, der auf der Simplon-Linie zwischen Brig und St. Gingolph verkehrt.

Länge der Tour 14 km, 640 Höhenmeter, Fahrzeit ca. 2 Std.

ADRESSE
Whitepod,
Les Giettes, Des Cerniers,
CH-1871 Monthey,
www.whitepod.com/de

ANREISE
Öffentlich: Zum Beispiel mit den Nachtzügen der ÖBB bis Lausanne, weiter über Aigle-Monthey und mit dem Bus bis zur Endstation »Restaurant Les Cerniers«. Von hier sind es noch 150 Höhenmeter zu Fuß zu den Whitepods (ca. 15 Minuten).
Mit dem Auto: Anfahrt von Genf über die A1 und A9 in ca. 1,5 Std., Parkplatz gratis
Flughafen Genf: 125 km

 Mountainbike-Tour zum Col des Portes de Culet (1787 m)

Diese etwas anspruchsvollere Mountainbike-Tour beginnt gleichfalls in Monthey. Für das Warm-up sorgt die breite Straße von Morgins mit einer Steigung von fünf bis sieben Prozent. Auf der Höhe von Troistorrents gewinnt man über mehrere Kurven hinweg schnell an Höhe und kann einen Blick auf die Kirche von Val d'Illiez werfen. Nun zweigt man rechts ab, die Straße wird schmaler. Nun noch etwas in die Pedale treten, bevor man schließlich die Passhöhe Portes de Culet erreicht, die malerisch eingebettet in die für diese Region typischen Alpwiesen liegt.

Länge der Tour 19,9 km, 1387 Höhenmeter, Fahrzeit ca. 2 Std.

 Klettersteige

Auch im Westen der Schweiz sind Klettersteige beliebte Ausflugsziele für kraxelfreudige Wanderer. Der den Whitepods nächstgelegene Klettersteig befindet sich in Chamery und ist für Kinder geeignet. So startet die »Via Ferrata von Tière« bei der Sous-Scex-Brücke in 900 m Höhe und führt auf 1126 m nach oben. Je nach Witterung hat der Steig von April bis Oktober geöffnet. Eine echte Herausforderung ist der Klettersteig »Tour d'Aï« bei Leysin in den Waadtländer Alpen. Die leicht überhängende und extrem ausgesetzte Tour ist nur etwas für geübte Klettersteiggeher.

www.myswitzerland.com

 Skigebiet Portes du Soleil

Das grenzüberschreitende Skigebiet zwischen der Schweiz und Frankreich vereint 12 Orte mit einem Skipass. Den Namen trägt die Region aufgrund der unterdurchschnittlichen Niederschlagsmengen. Im Sommer ist die Region ein beliebtes Wandergebiet, im Winter sind die Buckelpisten legendär. Wer an nur einem Skitag ordentlich Gas geben und Strecke machen will, ist auf der längsten Ski-Safari der Welt genau richtig: ganze 650 Pistenkilometer warten darauf, abgefahren zu werden. Das wäre allerdings nur bei einer durchschnittlichen Geschwindigkeit von 100 km/h möglich und ist damit utopisch. Berühmt berüchtigt ist auch die Piste »Le mur suisse«, welche mit einem Gefälle von 76° nur von den Besten der Besten zu meistern ist. Die bis zu 2 m hohen Buckel erschweren das Unterfangen noch zusätzlich – eine wahre Herausforderung!

de.portesdusoleil.com

 Montreux Rivera

Wer aus dem Norden zu den Whitepods anreist, fährt unweigerlich an der Stadt Montreux am Genfer See vorbei. Weltweit bekannt wurde diese unter anderem durch das jährlich stattfindende Jazz-Festival, das von Juni bis Juli auf verschiedenen Bühnen und in den Parks für Stimmung sorgt. Aber auch die spektakuläre Lage inmitten der Weinberge, die Architektur und das angenehm milde Klima am See machen Montreux einzigartig. Palmen,

WALLIS – WHITEPOD

Wer schon immer vom eigenen Vierbeiner geträumt hat, kann hier seine Qualitäten als Hundehalter erst einmal auf die Probe stellen: Whitepod bietet geführte Hundewanderungen an.

Zypressen und Pinien verleihen der Stadt ein südländisches Flair, während unweit die höchsten Berge der Alpen in den Himmel ragen. Die prächtigen Häuser am Seeufer stammen aus der Belle Époque, darunter auch der prunkvolle Fairmont-Le-Montreux-Palast. Wer nur kurz haltmacht, sollte sich einen Spaziergang an der Seepromenade und einen Abstecher auf die Weinterrassen des Lavaux (UNESCO-Welterbe) nicht entgehen lassen!

www.montreuxriviera.com

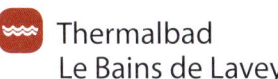 Thermalbad Le Bains de Lavey

Im wärmsten Thermalbad der Schweiz lässt es sich an Regentagen gut entspannen. Mit 69 °C sprudelt hier das Thermalwasser aus der Erde und wird auf Badetemperatur abgekühlt. Außen- wie Innenbecken können jeweils mit konstanten 33–36 °C aufwarten. Ein orientalischer Bereich mit drei Hamam, ein nordischer Pavillon mit drei Saunen wie auch Massagen und Schönheitsbehandlungen im hauseigenen Spa runden das vielseitige Angebot ab.

Rte des Bains 48, CH-1892 Lavey-Les-Bains, unterschiedliche Öffnungszeiten der einzelnen Bereiche, www.bains-lavey.ch/de

Salzbergwerk Bex

Auf den Spuren des »Sel des Alpes«, dem sogenannten Alpensalz, wandelt man bei einem Besuch der Salzminen von Bex. Das unterirdische Labyrinth lässt sich im Zuge eines Rundgangs mit deutschsprachigem Audioguide erkunden. Dabei werden die unterschiedlichen Techniken der Salzgewinnung, die seit Beginn des Abbaus im Jahr 1684 angewendet wurden, erklärt. Ergänzt wird der Rundgang mit einer audiovisuellen Show, einem Salzproduktions-Workshop und einer Verkostung der Produkte am Ende des Besuchs. Spezielle Events wie Nachtbesuche, Fotoausstellungen oder ein Bergarbeiter-Brunch im Herzen des Salzbergs werden auf der Website ausgeschrieben.

Route des Mines de Sel 55, CH-1880 Bex, Tel +41 244 630 330, Führungen auf Anfrage, www.seldesalpes.ch/de

---

Walliser Spezialitäten

Besser nicht entgehen lassen: Typische Spezialitäten der Region sind das Walliser Trockenfleisch, Rohschinken, Trockenspeck und Trockenwurst, das würzige Walliser Roggenbrot oder ein Walliser Raclette mit AOP-Käse. Mit rund 5000 ha Weinbergen ist das Wallis zudem die größte Weinregion des Landes und verfügt über die meisten AOP- und IGP-Produkte in der Schweiz. AOP ist eine Qualitätsauszeichnung für Produkte, die vollständig aus der Umgebung kommen, IGP für solche, bei denen mindestens ein Produktionsschritt in der Herkunftsregion stattfindet. Diese qualitativ hochwertigen Erzeugnisse werden unter anderem auch in den Top-Restaurants des Wallis verwendet. Insgesamt 60 Gaststätten sind mit dem Label »Walliser Köstlichkeiten« ausgezeichnet und bieten als solche Produkte von lokalen Landwirten und Winzern an.

Auf einem Felssporn am längsten Gletscher Frankreichs befindet sich das ehrwürdige Grand Hotel.